南昌航空大学学术文库
国家自然科学基金项目（71563030）
南昌航空大学科研成果专项资助基金资助出版

中国省域物流行业的碳排放特征与减排政策研究

周 叶 曾 珏 著

中国财经出版传媒集团

经济科学出版社

Economic Science Press

图书在版编目（CIP）数据

中国省域物流行业的碳排放特征与减排政策研究/周叶，曾珏著．
—北京：经济科学出版社，2018.11
ISBN 978 - 7 - 5141 - 9971 - 0

Ⅰ.①中… Ⅱ.①周…②曾… Ⅲ.①物资配送 - 二氧化碳 -
排气 - 政策 - 研究 - 中国 Ⅳ.①F259.23②X511

中国版本图书馆 CIP 数据核字（2018）第 260535 号

责任编辑：刘 丽 周建林
责任校对：刘 昕
版式设计：齐 杰
责任印制：王世伟

中国省域物流行业的碳排放特征与减排政策研究
周 叶 曾 珏 著
经济科学出版社出版、发行 新华书店经销
社址：北京市海淀区阜成路甲 28 号 邮编：100142
总编部电话：010 - 88191217 发行部电话：010 - 88191522
网址：www. esp. com. cn
电子邮件：esp@ esp. com. cn
天猫网店：经济科学出版社旗舰店
网址：http：//jjkxcbs. tmall. com
北京季蜂印刷有限公司印装
710 ×1000 16 开 17.75 印张 312000 字
2018 年 11 月第 1 版 2018 年 11 月第 1 次印刷
ISBN 978 - 7 - 5141 - 9971 - 0 定价：60.00 元
（图书出现印装问题，本社负责调换。电话：010 - 88191510）
（版权所有 侵权必究 打击盗版 举报热线：010 - 88191661
QQ：2242791300 营销中心电话：010 - 88191537
电子邮箱：dbts@ esp. com. cn）

前言

中国在 2009 年签订了《哥本哈根协议》，中国政府承诺到 2020 年将碳排放强度在 2005 年的水平上降低 40% ~ 50%，由于物流行业是能源消耗的主要行业之一，基于此本书对中国物流行业的碳排放进行研究。对其进行研究可以从多个角度出发，本书从碳排放因素分解、超效率数据包络分析、演化模型和政策仿真等方法出发，主要包括以下内容。

（1）以《中国统计年鉴》数据为基础，选取《中国能源统计年鉴》中交通运输、仓储和邮政业的能源消耗统计数据代表我国物流业的能源消耗统计数据，运用普通最小二乘法和地理加权回归分析影响物流 CO_2 排放量的周转货物量、物流行业人均国内生产总值（Gross Domestic Product，GDP）和物流能源消耗强度这三个影响因素，从全国和省域的角度分析影响因素的差异。

（2）基于超效率数据包络分析方法，在数据包络分析（Data Envelopment Analysis，DEA）投入和产出指标的确定上，采用五要素投入（资本、劳动、能源、二氧化碳排放量、二氧化硫排放量）和两要素产出（年总产值和年物流周转量）模型，对我国各省域物流行业的生态效率进行评价。

（3）运用多元统计方法深入地探索不同生态效率省域物流行业碳排放特征，传统的 EKC（Environmental Kuznets Curve，环境库兹涅茨曲线）为二次回归模型，而三次回归模型较二次更全面灵活，因此本书选择三次回归模型来检验单位周转货物 CO_2 排放量与物流行业单位周转货物的 GDP 两者之间的关系。

（4）运用演化博弈理论建立了碳税政策下政府与物流企业的两方演化博弈模型，并用系统动力学方法对演化博弈过程进行模型仿真。结果表明，政府碳监管的奖惩、碳税率的定价、政府监管成本、政府监管的初始概率等因素对物流企业的碳减排效率起到关键性的作用。

（5）运用雅可比矩阵分析了碳交易政策下政府和物流企业的演化博弈稳定策略，使用 MATLAB 对系统的行为影响因素进行分析，讨论了物流企业进入碳交易平台和不进入碳交易平台这两种情形。结果表明，调控政府对物流企业的低碳补贴，政府低碳执政获得的收益，政府对物流企业征收的超额排放罚款，物流企业进入碳交易平台的费用，政府对物流企业超额排放仍然不进入碳交易平台的罚款这些参数对整个演化博弈系统的演化路径都产生了较大的影响。

对中国省域物流行业的碳排放特征和政策的研究，需要应用多种研究方法从多维角度展开。本书首先采用 IPCC 清单法对碳排放量进行核算，再应用超效率数据包络分析法、多元统计方法、地理加权回归和系统动力学等研究方法，系统地分析中国各省域物流行业碳排放的特征、生态效率、空间差异、碳排放政策等问题；并针对物流行业的碳排放现状，结合现阶段国内外物流行业的碳减排政策，提出了现阶段中国物流行业的碳减排政策。本书有助于读者了解和熟悉我国物流行业各省域物流行业碳排放的时空特征，进一步探索我国省域物流行业碳排放的规律，为碳减排政策的制定和实施提供科学依据。

本书适合从事物流管理、区域经济、生态环境等方面研究的高校和科研机构的研究人员，以及政府管理部门和物流企业等相关人员阅读与参考。

本书的出版得到了国家自然科学基金项目（71563030）和南昌航空大学科研成果专项资助基金的资助，它建立在许多学者的研究成果基础之上，在此一并表示衷心的感谢！另外，还要感谢张孟晓、杨洁、唐恩斌和郭玲俊等研究生对本书出版所作出的贡献；同时，还要特别感谢经济科学出版社的刘丽编辑在本书的立项、编写、出版等过程中的辛勤付出！

　　由于对中国省域物流行业碳排放的研究，需要结合环境科学、管理科学、经济学、社会学、系统科学等学科的交叉研究。本书只是初步研究了中国省域物流行业碳排放的特征和碳减排政策的问题，还有大量内容需要深入挖掘和研究，由于学识有限，本书难免存在不足与疏漏，恳请广大读者批评指正！

目　录

第1章
绪　　论

1.1　研究背景与意义

1.1.1　温室气体排放被认为是全球气候变暖的元凶

1820 年之前，没有人问过地球是如何获取热量的这一问题，而让 – 巴普蒂斯特 – 约瑟夫·傅里叶（Fourier, Jean Baptiste Joseph, 1768—1830 年，法国数学家与物理学家）1820 年回到法国后，将大部分时间用于对热传递的研究，并在 1824 年发表了论文《地球及其表层空间温度概述》。他得出的结论是：尽管地球确实将大量的热量反射回太空，但大气层还是拦下了其中的一部分并将其重新反射回地球表面。他将此比作一个巨大的钟形容器，顶端由云和气体构成，能够保留足够的热量，使得生命的存在成为可能。其实只因为地球红外线在向太空的辐射过程中被地球周围大气层中的某些气体或化合物吸收才最终导致全球温度普遍上升，所以这些气体的功用和温室玻璃有异曲同工之妙，都是只允许太阳光进，而阻止其反射，进而实现保温、升温作用，因此被称为温室气体。其中既包括大气层中原来就有的水蒸气、二氧化碳、氮的各种氧化物，也包括近几十年来人类活动排放的氯氟甲烷（CH_2ClF）、氢氟化物、全氟化物（PFCs）、硫氟化物（SF_6）、氯氟化物（CFCs）等。

进入工业社会以来，由于人类大规模开发利用自然资源，导致生态恶化、资源枯竭和全球气候变暖。气候变化及其影响是多尺度、全方位、多层次的，正面和负面影响并存，但负面影响更受关注。全球变暖对许多地区的自然生态系统已经产生了影响，如气候异常、海平面升高、冰川退缩、冻土融化、河（湖）冰迟冻与早融、中高纬生长季节延长、动植物分布范围向极区和高海拔区延伸、某些动植物数量减少、一些植物开花期提前等。例如，中国的天山山脉处于内陆高海拔地区，雪线明显上移。美国、欧洲等地区湿度较大，人工温室气体加速水汽对流反而造成极端的低温和高温天气，从而引发地球生态环境的恶化。由此可见，气候变暖对人类的影响日益显著，应对气候变暖刻不容缓。

瑞典物理化学家 Arrhenius 在 1896 年就提出化石燃料将会增加大气中二氧化碳的浓度，从而导致全球变暖。但当时并未引起人们的重视，直到 20 世纪 50 年代后期，科学界才开始注意并研究全球气候变化与温室气体的关系。联合国政府间气候变化专门委员会（Intergovernmental Panel on Climate Change, IPCC）自 1990 年以来定期对气候变化的现状进行了五次评估，这五次评估报告用事实证明了全球气候变暖的现象，并且指出人为活动对全球气候变化的影响。2001 年第三次评估报告，对未来 100 年气候变化进行预测，认为气候变暖是毋庸置疑的。2014 第五次评估报告中，进一步确认了气候变暖的事实，并基于新的科学观测、更为完善的归因分析和气候系统模式模拟结果，进一步证实人类活动与全球气候变暖之间存在着因果关系。越来越多的研究表明：全球性气候变暖是气候周期性波动和人类活动引起温室效应共同作用的结果，温室气体排放是全球气候变暖的主要因素。而在各种温室气体中，二氧化碳是人工来源中最重要的一种，占总量的三分之二以上，不仅所占比重较大，而且存活时间较长，在大气中的寿命为 50～200 年，二氧化碳气体具有吸热和隔热的功能，在大气中二氧化碳的增多会形成一种无形的玻璃罩，使得太阳辐射到地球上的热量无法向外层空间扩散，从而引起全球气候变暖。由于温室效应加强所带来的全球变暖的各种影响的持续性、不可逆转性，国际社会已将气候变化列为全球十大环境问题之首，同时减缓气候变暖、减少二氧化碳等温室气体排放量也被列入议程。

1.1.2　国际社会积极推进温室气体减排和中国的践行

1962 年蕾切尔·卡逊发表的作品《寂静的春天》（*Silent Spring*）引发了美

国以至于全世界的环境保护事业，拉开了环保运动的序幕。1972 年联合国大会设置了环境规划署以统筹国际环境问题，1983 年联合国成立了世界发展委员会，1995 年又成立了世界可持续发展工商理事会，以推进环保运动。1992年，在巴西里约热内卢举行的联合国环境与发展大会通过了《联合国气候变化框架公约》（以下简称《公约》），正式确认了全球正在变暖。《公约》于 1994年生效，其最终目标是"将大气中温室气体的浓度稳定在防止气候系统受到危险的人为干扰的水平上"。《公约》是世界上第一个为全面控制二氧化碳等温室气体的排放，应对全球气候变化给人类经济和社会带来不利影响的国际公约，也是国际社会在解决全球气候变化问题方面进行国际合作的一个基本框架。《公约》确定了"共同但有区别的责任"原则，为气候变化国际谈判制定了总体框架，得到了全球绝大多数国家的支持。据联合国的有关资料，截至2009 年 12 月 4 日，已有 192 个国家批准了《公约》，这些国家被称为《公约》缔约方。此外，欧盟作为一个整体也是《公约》的一个缔约方。1997 年，《公约》第三次缔约方大会在日本京都举行。会议通过了《京都议定书》（以下简称《议定书》），为 37 个发达国家及欧盟设立了强制性减排温室气体目标。截至 2009 年 12 月 4 日，已有 184 个《公约》缔约方签署议定书。议定书对2008—2012 年第一承诺期发达国家的减排目标作出了具体规定，但没有规定2012—2020 年第二承诺期发达国家的减排目标。议定书建立了旨在减排的 3个灵活合作机制，允许发达国家通过碳交易市场等灵活完成减排任务，而发展中国家可以获得相关技术和资金。

根据《公约》和《议定书》的有关规定，中国作为发展中国家，没有义务减少或限制碳排放量。具体是由发达国家提供项目所需的资金和技术，通过项目所实现的核证减排量来履行发达国家所承诺的减少本国温室气体排放量的义务[1]。而中国作为一个负责任的发展中国家，中国政府对能源和气候变化问题上给予高度重视，并作出了不懈的努力。2009 年 12 月，在哥本哈根举行的《联合国气候变化框架公约》第 15 次缔约方会议上签订的《哥本哈根协议》就发达国家实行强制减排及发展中国家采取自主减缓行动做出了安排，在此次会议上，我国政府承诺到 2020 年将碳排放强度在 2005 年水平上降低 40% ~45%；2010 年 12 月，在墨西哥坎昆召开的联合国气候大会上，发达国家和发展中国家在碳减排问题上虽未能达成共识，但中国代表团在会上提出，不管谈判进展如何，中国自己要在国内采取行动，到 2020 年完成碳强度减排 40% ~

45%的目标。为此，2009 年中国政府宣布了控制温室气体排放的量化行动目标。2014 年 5 月，国务院办公厅印发了《2014—2015 年节能减排低碳发展行动方案》，进一步硬化了节能减排降碳指标、量化任务、强化措施，对节能减排降碳工作提出了具体要求。2014 年 11 月 12 日，在北京 APEC 会议举办期间，中国和美国达成了《中美气候变化联合声明》，中国承诺在 2030 年左右二氧化碳排放达到峰值且将努力早日达峰，并计划到 2030 年非化石能源占一次能源消费比重提高到 20% 左右。这是我国 2009 年 12 月，在哥本哈根世界气候大会上，宣布 2020 年单位国内生产总值二氧化碳排放比 2005 年下降 40% ~ 45%的目标之后，对世界的又一庄严承诺。能源与气候变化已经成为中央政府对各级地方政府考核的关键性指标[2]。

1.1.3　物流行业是中国实现碳减排目标的关键领域之一

近年来，受到经济全球化和网络经济的影响，物流产业进入了飞速发展时期。2000 年，世界全年物流行业规模为 3.6 万亿美元，与世界旅游业总收入基本相当。2016 年中国社会物流总额更是达到了 229.7 万亿元，而 2007 年只有 75.23 万亿元，2007—2016 年的十年间，中国社会物流总额增加了 154.47 万亿元，增长了 2 倍之多。物流行业作为国民经济的动脉系统，它连接经济的各个部门并使之成为一个有机的整体，其发展程度成为衡量一个国家现代化程度和综合国力的重要标志之一。

物流行业是我国能源消耗的主要行业之一，尤其是对成品油的消耗，稳居各行业首位，全国 90% 以上的汽油和 60% 以上的柴油均被物流业所消耗。2004—2016 年，我国物流业的能源消耗量一直呈现上升趋势，由 2004 年的 14783.26 万吨增长到 2016 年的 39307.32 万吨，增长了近 2 倍之多。物流业是我国能源消耗增长最快的行业之一，其平均年增长率接近 8%，远远高于同时期我国能源消费总量 5.71% 的年平均增长率。IPCC 2007 的评估报告显示，如果保持当前的能源消耗方式，物流业的能源消耗量将以每年约 2% 的速度增长，到 2030 年将比现在高出 80%[3]。中国是能源消费大国，同样也是碳排放大国，受到全球气候变暖的压力，中国面临的减排压力也越来越严峻。物流业同时也是我国二氧化碳排放的主要来源之一，二氧化碳排放量占了全国碳排放总量的 18.9%。物流业还是我国二氧化碳排放增长速度最快的行业之一，据统计，中国二氧化碳排放量从 2003 年的 23521.6 万吨增加到了 2012 年的 65029.44 万吨，增长迅猛。2017 年中国二氧化碳排放量占全球总量的近 26%，中国的二氧化碳排放量已超过之前二氧化碳排放量最大的美国，成为全球二氧化碳排放量第一大国。因此，物流行业的碳减排直接关系到中国能否顺利实现碳减排的目标。

1.2 研究现状述评

本节将对碳排放和物流碳排放的相关研究成果和研究进展进行归纳、总结和述评。第一部分是关于碳排放核算研究文献综述，其中包括碳排放核算方法和碳排放影响因素分析；第二部分是关于碳排放政策方面的文献综述，主要包括碳税和碳交易方面政策；第三部分是关于物流行业碳排放相关研究综述，具体包括物流业能源消耗研究、物流业碳排放研究和物流业碳减排政策的研究。

1.2.1 碳排放核算研究

碳排放核算是低碳发展相关研究的现实基础。国内外专家学者对碳排放核算的相关研究主要包括碳排放量核算方法选择和碳排放因子的分解分析，其中碳排放核算方法是核心所在。

1. 碳排放量核算方法

国内外的碳排放核算体系从分析主题来说，可以分为两部分：一部分是基于国家或区域的核算；另外一部分是基于产品、企业，以及某个项目的核算。事实上，基于国家或区域的核算就是通常大家熟知的 IPCC 清单法，是由世界气象组织（World Meteorological Organization，WMO）和联合国环境署（United Nations Environment Programme，UNEP）在 1988 年共同建立的政府间气候变化专门委员会，对联合国和 WMO 的所有成员方开放，目前已有 195 个成员方，定期为决策者提供气候变化科学基础知识、气候变化影响与未来风险、适应与减缓方案的评估报告，尝试从科学与政治两个角度推进碳排放领域的研究与实践，以达到各国政府合作减少碳排放的目的。1994 年 IPCC 公布了《国家温室气体清单指南》（以下简称《指南》）[4]。《指南》中采集的数据有两种，即活动数据和排放系数，某一活动的碳排放量是用其活动数据乘以相对应的排放系数计算得到的，并且《指南》中提供了各种不同排放系数的默认值[5]。这种核算方法是当前被广泛认可的最具权威性的核算碳排放的方法。

基于产品与企业的核算方法又被称为碳足迹核算。对某一产品，核算其碳排放，是对该产品整个生命周期内涉及的碳排放进行核算，其中由英国标准协会、英国碳信托有限公司和英国环境、食品与农村事务部联合制定的 PAS 2050 标准，是目前最完整的公共可用规范。基于企业的碳核算公认的方法指南是《温室气体协议：企业核算和报告准则》简称为"企业核算 GHG 协议"（Greenhouse Gases，GHG）；基于项目的核算通常所指的是清洁发展机制（Clean and Development Mechanisms，CDM），也就是发达国家通过 CDM 能够从发展中国家实施的减排或碳吸收项目中取得经过验证的减排量（Carbon Emission Reduction，CER）[6]。对比两种核算方法体系各有优势，现有研究中，往往是根据不同的研究对象综合运用不同的核算方法。我国国内碳排放量数据尚缺乏正式的官方统计。现有研究中的碳排放数据都是通过估算得到的，且根据不同的研究对象主要采用国际上主流的两种核算体系。下面介绍国内外运用这两种核算体系所做的研究。

刘竹等（2011）参照 IPCC 温室气体排放清单编制方法，将能源消费碳排放核算方法分为 3 种核算方式：①基于能源平衡表的能源消费碳排放核算；②基于一次能源消费量的能源消费碳排放核算；③基于终端能源消费量的能源消费碳排放核算，并分别根据 3 种能源消费核算方法构建城市能源消费碳排放核算体系。以北京市为案例对比不同方法的能源消费碳排放核算结果[7]。孙建卫等（2010）基于 IPCC 温室气体清单方法，对 1995—2005 年中国各行业的相关统计数据的碳排放进行了核算，发现工业部门对碳排放总量和碳排放强度的变化起决定作用，因此工业部门是实现碳减排的关键[8]。Peter 等（2016）使用 IPCC 清单法与 GHG 的排放量估算施肥和土壤碳的变化对农产品碳足迹领域进行了核算[9]。李肖如等（2016）系统梳理了 IPCC 及我国国家和地方层面（上海市、天津市）的钢铁行业碳核算方法，分析了方法特点、核算边界及排放因子的选择，并进行了实例分析[10]。王海鲲等（2011）将城市温室气体排放源分成工业能源、交通能源、居民生活能源、商业能源、工业过程和废物 6 个单元，建立了一套针对城市的温室气体排放核算方法体系，并以无锡市为例，对我国城市碳排放特征进行了分析[11]。沈杨等（2017）建立了基于生命周期的酒店业碳排放核算框架和低碳指标，并以宁波市为案例城市，对其 3 种类型的酒店进行碳排放核算和低碳指标的分析[12]。史祎馨（2014）利用 PAS 2050 规范，构建了适用于第三方物流服务公司的物流业务碳足迹模型和测算方法[13]。Sen（2013）构建了钢铁工业生命周期的 GHG 碳排放核算模型，认为与生命周期分析相关的碳排放核算对于实现碳减排具有重要意义[14]。冯文艳等（2014）以印染企业产品碳足迹核算为例，采用产品碳足迹生命周期评价（Life Cycle Assessment，LCA）法分析纺织服装产品工业碳足迹核算中分配的原因[15]。Liptow & Janssen（2018）以生命周期理论为基础，使用最近提出的气候影响评估方法对生物基础产品进行评估，讨论不同生命周期过程当中的碳排放[16]。

总体来看，国外学者对碳排放的核算更多地偏向于产品和企业的核算，并且重视核算体系与标准的研究；而国内学者关于碳排放核算的研究大多基于国家、区域或产业的核算，这是因为国内的研究大部分是基于现有的国家和相关机构发布的二手统计资料，而对于企业或者产品碳核算过程中的第一手数据资料则相对比较难以收集，所以导致国内针对具体产品、企业的碳排放核算研究较少。

2. 碳排放的影响因素测算方法

碳排放的影响因素研究对后续碳减排的研究有着至关重要的作用，本书给出了当前中国碳排放量影响因素的主流测算方法和主要的研究结果，对各类研究方法进行梳理和归纳。

（1）情景分析法。情景分析法在低碳城市的政策制定和发展战略研究领域被广泛应用，发挥了重要的预测分析工具作用。以情景分析法为基础的研究多基于人为设定不同情景及相应参数的方式开展预测，根据经济、社会、能源利用等的历史发展规律及未来政策导向、发展走势等设定情景分析的相关条件，探讨低碳城市发展可能的能源需求和碳排放状况，最后根据预测的多种可能给出相应的改善环境管理的计划行动。余艳春（2007）[17]和娄伟（2012）[18]将情景分析法应用到交通规划和能源规划中。朱婧（2016）等基于河北省全域的数据资料和实地调查，核算了河北省下辖 11 个地级市能源活动引起的碳排放，分析了 2005—2013 年碳排放的时空演化规律，以情景分析方法为基础，预测了河北省 2030 年的碳排放状况[19]。情景分析法研究的实质是构建了一套中长期战略预测的框架，基于现实情况或可预见到的未来发展趋势，预测未来情形和发展过程的一系列方案，即通过模型模拟，分析不同低碳情景的经济社会环境影响[20][21][22]。

当前国际上对国家碳排放量的统计，基本上是按照国家总能耗及累计能耗来估计。对能源需求量的碳排放量的估算使用单位产值能耗法预测。

单位产值能耗法的估算公式为

$$E_t = E_0 \left[(1-m)^t (1+n)^t \right] \tag{1-1}$$

式中：E_t 为第 t 年能源需求量预测值；E_0 为基年能源消费量；m 为年度单位 GDP 节能率；n 为 GDP 增长速度。

碳排放情景分析法认为，影响中国的碳排放总量的因素主要是经济增长（GDP 增长率）、能源结构调整和能耗及碳减排率。该理论的分析方法是：将过去精确的某年作为基年，设定基年我国的碳排放总量为 a_0，假设第一年的 GDP 年增长率为 m_1，清洁能源在总能源消耗中的占比增 p_1，能耗或碳排放下降率为 q_1，则第二年，我国的碳排放总量 a_1 为

$$a_1 = a_0(1+m_1)(1-p_1)(1-q_1) \tag{1-2}$$

而第 n 年我国的碳排放总量为

$$a_n = a_0 \left(1 - \sum_i^n p_i \right) \prod_i^n \left[(1+m_i)(1-q_i) \right] \tag{1-3}$$

式中：下标 i 表示第 i 年的相应数据；同时从式（1-1）和式（1-2）中可以看出公式中认定清洁能源的碳排放为 0。并且从基期到第 n 年的碳排放累积量 C 为：$C = \sum a_i$，这里 C 为 m_i，p_i，q_i 的函数。

通过设定不同的 GDP 增长率、清洁能源的占比和能耗或碳排放下降率，可得到不同的碳排放累积总量和碳排放极值和拐点[23]。

采用该方法的研究主要有国际能源署（International Energy Agency，IEA）和我国一些权威部门。如国家发展改革委能源研究所将我国未来碳排放分为节能情景、低碳情景和强化低碳情景三种模式进行分析，并预测了各情景下一次能源的需求量[24]。

（2）结构分解分析法（Structural Decomposition Analysis，SDA）。SDA 是一种以投入产出模型为基础的比较静态分析法。投入产出模型最早于 20 世纪 30 年代 Leontief 提出，在 1971 年 Leontief 又将 SDA 和投入产出法结合分析了美国空气污染排放的变动情况[25]。结构分解分析一般都基于投入产出模型

（Input – Outout，IO），其计算公式为

$$x = (I - A)^{-1}y \qquad\qquad (1-4)$$

式中：y 代表投入；$(I-A)^{-1}$ 为里昂惕夫逆矩阵；x 为总产出。

如果将式（1–4）的两边同时乘以碳排放系数矩阵 E，就可以得到总的碳排放量 C，即，$C = E(I-A)^{-1}y$。如果 y 可以分解成 $y_v \cdot y_s \cdot y_t$ 的形式（y_v 代表规模效应，y_s 代表结构效应，y_t 代表技术效应），同时 $F = E(I-A)^{-1}$，则第 t 期相对于第 0 期的碳排放量的变化就可以表示成

$$\Delta C = \Delta(F_{y_v y_s y_t}) = \Delta F_{y_v y_s y_t} + F_{\Delta y_v y_s y_t} + F_{y_v \Delta y_s y_t} + F_{y_v y_s \Delta y_t} \qquad (1-5)$$

如果计算当期和基期的碳排放规模效应大小，可以在假定技术、结构等其他因素不变的情况下，仅规模变化导致的碳排放变化的大小，其他的效应也用同样的方法可得。该方法起源于 Grossman 和 Krueger（1991）研究 NAFTA（North American Free Trade Agreement，北美自由贸易协定）对环境的影响[26]。目前 SDA 被广泛运用，如 Casler（1998）对美国经济中的二氧化碳排放进行了 SDA[27]。Chen（2008）结合简单的凯恩斯模型和双层克莱姆生产函数框架提出了一种"输入—输出结构分解分析法"[28]。闫云凤等（2010）对影响中国 CO_2 排放增长的因素采用 IO 和 SDA 进行了定量分析[29]。Xia（2012）基于能源投入产出表对中国 2002—2005 年能源强度做了结构分解分析[30]。Akpan（2015）对日本 1995—2005 年技术变化对工业排放影响进行"输入—输出结构分解分析"[31]。周国富等（2017）使用价值型投入—产出表结合能源平衡表，探讨编制混合型能源投入产出表，同时采用 SDA 对天津能源变动的影响效应进行分析[32]。王丽萍（2018）对中国 1997—2014 年物流业的直接能耗碳排放和基于投入产出表的隐含碳排放进行了测算[33]。

（3）指数因素分解分析法（Index Decomposition Analysis，IDA）。指数因素分解法最早由 Kaya 提出，之后很多学者在 Kaya 恒等式的基础上对碳排放影响因素进行了拓展研究[34]。IDA 主要有 Laspeyres 指数分解法和 Paasche 指数分解法。Laspeyres 法是以解释变量的基期指标值为权数，Paasche 法是以解释变量的当期指标值为权数，但本质都是把各个解释变量的微分展开，且两者均有分解残差。相较于结构分解分析法，指数因素分解分析法更灵活、更简便。Gandar（1995）测试了 Laspeyres 指数分解法和 Paasche 指数分解法对经济计量结果的影响，表明精确指数估计的重要性[35]。孙慧钧（1966）将 Laspeyres 指数与 Paasche 指数进行比较，认为前者使用更广泛[36]。黄元生（2015）使用

Laspeyres 分解法对 2006—2012 年东部地区经济增长与碳排放进行分析[37]，结果表明东部经济增长方式正在向集约型转变，不同省份的经济发展模式与经济发达程度无关。

目前，被广泛应用的还有 Divisia 指数分解法。该方法是将对数形式下的碳排放核算式就时间先后进行微分、积分运算，尤其适用于连续数据。Divisia 指数法还可细分为自适应权重分解法（Adaptive Weighting Divisia，AWD）、算术平均指数分解法（Arithmetic Mean Divisia Index，AMDI）和对数平均指数分解法（Logarithmic Mean Divisia Index，LMDI）。其中，AWD 假定各参数为单调函数并最后求解各单项积分作为权数，其结果最接近现实，但计算过程极其繁杂；AMDI 取两个端点值的算术平均数为权数，简单易行，但分解结果存在残差；LMDI 分解无残差，且对零值和负值数据可以进行有效的技术处理[38]。指数分解法一般利用 Kaya 恒等式建立碳排放量关系式，该模型设定碳排放量与经济产出、经济结构、能源使用效率、能源结构等因素有关。该类研究的模型一般设定如下：设 C 为全国总碳排放量，C_i 为部门 i 的碳排放量，则有

$$C = \sum_i C_i = \sum_i G \times \frac{V_i}{G} \times \frac{E_i}{V_i} \times \frac{C_i}{E_i} = \sum_i G \times S_i \times I_i \times F_i \quad (1-6)$$

也可将式（1-6）除以人口进行人均碳排放考察

$$U = \frac{C}{P} = \sum_i \frac{G}{P} \times S_i \times I_i \times F_i = \sum_i Y \times S_i \times I_i \times F_i \quad (1-7)$$

式中：G 为经济产出；E_i 为第 i 部门的能源消费量；V_i 为第 i 部门的产出，用部门 i 的增加值表示；S_i 代表第 i 部门的产出份额，$S_i = \frac{V_i}{G}$；I_i 为第 i 部门的能源消费强度，$I_i = \frac{E_i}{V_i}$，即单位产出的能源消费量；F_i 为第 i 部门的碳排放强度，即单位产出的碳排放量，$F_i = \frac{C_i}{E_i}$；P 为全国人口总量；Y 为人均 GDP。

然后对式（1-6）或式（1-7）进行处理，一般采用 LMDI 法得到碳排放变化量 ΔC 加法形式的 LMDI 分解公式

$$\Delta C = C_t - C_0 = \Delta C_{out} + \Delta C_{str} + \Delta C_{Eint} + \Delta C_{Cint} \quad (1-8)$$

式中：经济规模效应 $\Delta C_{out} = \sum L(C_{it} - C_{i0}) \ln\left(\frac{G_t}{G_0}\right)$；经济结构效应 $\Delta C_{str} =$

$$\sum L(C_{it} - C_{i0})\ln\left(\frac{I_{it}}{I_{i0}}\right); \quad \Delta C_{Eint} = \sum_i L(C_{it} - C_{i0})\ln\left(\frac{I_{it}}{I_{i0}}\right) \text{ 为能源强度效应;}$$

$$\Delta C_{Cint} = \sum_i L(C_{it} - C_{i0})\ln\left(\frac{F_{it}}{F_{i0}}\right) \text{ 为碳排放强度效应}^{[39]}。$$

对于 $a > 0$,$b > 0$,对数平均数 $L(a, b)$ 的定义是

$$L(a, b) = \begin{cases} \dfrac{a - b}{\ln a - \ln b} & a \neq b \\ a & a = b \end{cases} \quad\quad (1-9)$$

Ang & Zhang 在 2000 年对各种指数分解法进行合意性检验,发现 LMDI 比精炼 Laspeyres 指数分解法更为实用[40]。LMDI 作为这一研究领域重要的分析工具得到广泛使用。姜向亚(2013)基于 LMDI 分解模型,采用泰尔熵标准指数法对我国在 1990—2010 年碳排放量在全国尺度、三大经济区域尺度和八大经济区域尺度三种不同尺度上的区域碳排放差异[41]。Cahill 等(2010)使用 ODEX 和 LMDI 对比衡量能源效率,以爱尔兰工业为例,结果表明 LMDI 更优于 ODEX,但两种结果均存在数据波动的影响[42]。顾阿伦[43](2016)和杨磊玉[44](2016)也选用 LMDI 分解模型对中国产业碳排放影响因素进行分析。

(4)回归分析。回归分析法主要是通过两种形式:一是对 EKC(Environment Kuznets Curve,环境库兹涅茨曲线)是否存在和出现拐点的计算;二是基于 STIRPAT(Stochastic Impacts by Regression on Population, Affluence, and Technology),通过对人口、财产、技术三个自变量和因变量之间的关系进行评估模型的中国碳排放的影响因素研究。EKC 最早由 Grossman 和 Krueger 提出,最初有关 EKC 的研究主要针对二氧化硫、粉尘、水污染等环境污染问题,后来才逐渐扩展到 CO_2 分析[26]。在国内,林伯强(2009)采用传统 EKC 与在 CO_2 预测的基础上预测的两种方法,对中国的二氧化碳 EKC 做了对比研究和预测,是中国首次对中国二氧化碳排放拐点和预测进行的研究。实证结果表明,中国二氧化碳 EKC 的理论拐点应为 2020 年左右,但实证结果拐点到 2040 年还未出现,能源强度中的工业能源强度对二氧化碳排放有显著影响[45]。随后刘华军(2011)利用 1952—2007 年时间序列数据和 1995—2007 年省际面板数据,对中国二氧化碳排放的环境库兹涅茨曲线进行了经验估计[46]。宋马林(2011)分省对中国各地区环境改善时间路径进行 EKC 分析,认为上海、北京等省市已经达到 EKC 拐点,而辽宁和安徽等省市不存在库兹涅茨曲线,且大

多数省份在 1~6 年均可达到 EKC 拐点[47]。

表 1.1 为各种碳排放影响因素分析法的归纳。

表 1.1   碳排放影响因素分析法

体系	具体分解法	文献/机构
情景分析法	节能情景 低碳情景 强化情景	中国国家发展改革委能源研究所
结构分解法 SDA	以投入产出模型为基础	Leontief 和 Ford (1972)
指数因素分解法 IDA	Laspeyres 指数分解法	Sun (1998)
	Paasche 指数分解法	H. Paasche (1874)、孙惠钧等 (1996)
	Divisia 指数分解法	Ang 和 Zhang (2000)
回归分析	EKC	Grossman 和 Krueger (1991)
	STIRPAT 模型	Ehrlich 和 Holden (1971、1972)

在对碳排放影响因素的研究当中，大部分学者是通过"IPAT"方程建立 STIRPAT 模型来实现。由于 IPAT 模型的不足（该模型假设人为驱动因素和环境因素之间存在线性关系），后人在该模型的基础上建立了当前广为应用的 STIRPAT 模型，避免了 IPAT 模型无法实现的自变量和因变量之间的非线性关系计量。IPAT 方程是由 Ehrlich 和 Holden (1971) 首次提出，是被广泛认可的模型[48]。

孙敬水（2011）利用 1990—2009 年统计数据，基于扩展的 STIRPAT 模型，对我国发展低碳经济的主要影响因素及其贡献率进行了实证研究[49]。卢娜（2011）和黄蕊（2016）均采用 STIRPAT 模型对能源消费影响因素进行分析[50][51]。马宏伟（2015）利用 1978—2010 年统计数据，基于扩展的 STIRPAT 模型和向量误差修正模型 VECM 对变量之间的 Granger 长期因果关系进行了检验，对影响我国人均二氧化碳排放的因素进行了实证研究[52]。

1.2.2 碳排放政策研究

关于碳排放政策的研究，本书主要从碳税和碳交易政策这两个方面讨论，通过对国内外对碳税和碳交易方面的研究进行回顾，了解碳排放政策的研究发展。

1. 碳税方面

国内外的研究主要集中在碳税的内涵、属性和外延，碳税设计，以及碳税征收对碳减排效果、国家经济发展、产业竞争力、收入分配效应等影响方面。例如，Nordhaus（1992）提出了 DICE 模型（Dynamic Integrated Climate-Economy Model，动态综合气候—经济模型），并用来研究最优温室气体减排与碳税的关系[53]。Baranzini 等（2000）评估了碳税政策对竞争力、分配和环境的影响，研究表明，碳税是碳减排的一个有效政策，其对经济的负面影响可以通过税收的设计和对财政收入的使用来补偿[54]。Bruvoll 等（2004）评估了挪威自 1991 年实施的碳税政策对碳减排的影响，研究认为，尽管税收收入相当可观，但碳税的影响已经不大[55]。Lee 等（2007）运用模糊目标规划方法，模拟了三种碳税方案下碳减排的力度和经济影响[56]。Metcalf 等（2009）认为应在碳税征收中考虑通过调整所得税等税收制度改革来平衡碳税的再分配效应[57]。Meng 等（2013）通过对澳大利亚数据的模拟分析，认为碳税可以有效削减排放，但会造成经济温和收缩[58]。Yusuf（2015）应用均衡模型研究了印度尼西亚这一发展中国家的碳税分配情况，认为与大多数工业化国家的研究不同，印度尼西亚征收碳税并不一定是一种倒退。通过统一降低商品税率来回收收入，可能会减少不利的总产出效应，而统一的一次性转移则可能提高累进性[59]。Lee（2018）采用全球宏观经济计量能源—环境—经济模型 E3ME，结合电力行业未来技术转型模型 FTT‑Power 情景分析了碳税对日本 2030 年 NDC（Nationally Determined Contribution，国家自主贡献）温室气体减排目标的宏观经济影响，结果表明，日本可以实现其 NDC 目标，同时通过回收碳税所得的收入，可使国内生产总值增加到基线以上[60]。

在国内，王金南等（2009）运用 CGE（Computable General Equilibrium，可计算的一般均衡）模型模拟了碳税征收对中国宏观经济、节约能源和抑制 CO_2 排放的影响，结果表明征收低税率的碳税是一种可行选择，其对中国经济影响有限，但对减缓碳排放增长具有明显的刺激效果[61]。陈诗一（2010）设计了一个基于方向性距离函数的动态行为分析模型对 2009—2049 年中国节能减排的损失和收益进行模拟分析，支持了环境治理可导致环境和经济双赢发展的"环境波特假说"[62]。杨超等（2011）采用动态碳税调整机制构建多目标碳税投入产出模型，来研究碳税税制设计、最优税率的选择及征收碳税对宏观经济的影响[63]。周晟吕等（2011）采用基于动态可计算一般均衡模型（CGE）

构建的能源—环境—经济模型，模拟了不同碳税税率及碳税收入使用方式的减排效果及对经济的影响[64]。林伯强等（2012）利用修正的 ElSerafy 使用者成本法来估计煤炭资源耗减成本，研究发现对煤炭资源征收 5%～12% 的资源税，宏观经济成本在可承受范围之内，而且能够反映煤炭作为稀缺性资源的耗减成本[65]。娄峰（2014）构建动态可计算一般均衡（DCGE）模型，模拟分析了 2007—2020 年不同碳税水平、不同能源使用效率、不同碳税使用方式对碳减排强度、碳排放强度边际变化率、部门产出及其价格、经济发展和社会福利等变量的影响[66]。刘宇（2015）运用动态 CAS－GE 模型基于无税收返还、减免消费税和减免生产税三种情景下，模拟了中国 2015 年开征 100 元/吨碳税的经济影响，结果表明碳税使全国碳排放总量下降 8.15%，且碳税的征收有利于抑制通货膨胀[67]。吴士健（2017）构建了中央、地方双重治理体制下，中央、地方环保部门同碳排放企业间的三方博弈模型，通过模型均衡分析和仿真研究了双层治理体制下实施阶梯式碳税政策对不同主体行为的影响[68]。

2. 碳交易方面

国内外的研究主要集中在碳交易制度设计（包括交易模式、排放总量确定、初始额度分配、交易监管等），及其对碳减排效果、经济发展和行业格局等方面的影响。例如，Stavins（1995）认为排放权交易制度应考虑八方面因素：总量控制目标、分配机制、排污许可、市场运行、市场定义、监督与实施、分配和政治性问题、与现行法律和制度的整合[69]。Christiansen 等（2005）认为政府政策、技术指标、市场基本面，乃至气候等因素都在一定程度上影响了排放权价格，宏观经济状况则决定了市场的均衡价格[70]。Stranlund（2007）研究了在排放权交易许可条件下使企业减排成本实现最优成本效率的实施条件，提出在监管者可以用不变的边际处罚来引导企业使减排总成本实现最小化[71]。Perdan 等（2011）认为在克服技术和非技术障碍后，应在政治支持和经济稳定条件下，逐步在地域、时间和覆盖行业等范畴扩大碳排放交易[72]。Venmans（2012）认为免费分配带来的意外收益将使财富由消费者向企业转移，降低了收入分配的公平性[73]。Nazifi（2013）通过对 EUAs（EU Allowances Units，欧盟配额）和 CERs（Certified Emission Reductions，经核证的减排量）的动态价格变化的参数分析，指出交易限制、监管变化和 CERs 的不确定性是影响排放权价格的重要因素[74]。Gulbrandsen 等（2013）研究发现，EU ETS 通过影响电力价格对纸浆和造纸业产生冲击，使得造纸业在碳减排技术的研发和应用方面进行大量投入[75]。在国内，汤铃等（2014）基于 Multi-Agent 模型构建了我国碳交易机制仿真模型，以测算不同碳交易机制设定对我国经济与环境的影响，研究结果表明，碳交易机制能够有效促进我国碳减排，但会对经济产生一定冲击；祖父准则比标杆准则的碳排放权配置政策对经济的冲击作用相对较小[76]。任松彦等（2015）通过构建广东省两区域动态 CGE 模型，分析实施可调控总量的碳交易机制对广东省及参与部门的经济影响[77]。

针对这些碳减排政策的比较和选择也是国内外研究的热点之一，例如，Adly 等（2009）对比了碳税与碳交易两种政策，认为在信息充分且不存在不确定性情况下，两种政策都可以使企业减排成本最小，如果考虑到未来的不确定性、税收扭曲，以及收入分配效应等问题，则两种政策的效用不同[78]。Cháve 等（2009）的研究认为排放权交易许可和排放标准这两种环境政策工具，在企业完全遵守下的实施成本均低于不完全遵守下的实施成本，而且排放权交易的实施成本不比排放标准的低[79]。刘小川等（2009）分析了 5 种二氧化碳减排政策工具各自的特点，并对其进行了对比分析[80]。石敏俊等（2013）基于动态 CGE 模型构建了中国能源—经济—环境模型，模拟了单一碳税、单一碳排放交易以及碳税与碳交易相结合的复合政策等不同情境下的减排效果、经济影响与减排成本[81]。高杨等（2014）采用管制最优规划模型，同时考虑减排成本、监督成本和惩罚成本，对分别实施碳排放标准和碳排放权交易许可两种政策工具下监管者最优成本效率的监管决策进行分析，并对其成本效率进行对比研究[82]。吴立波（2014）构建了中国多区域动态一般均衡模型，模拟分析了各省市 2007—2020 年的边际减排成本曲线，并就其对温室气体控排的碳排放权交易与碳税政策的选择进行了研究[83]。魏庆坡（2015）通过分析绝对减排目标和相对减排目标与碳税的兼容性，提出相对减排目标下的碳交易和碳税兼容的可能性，并提出通过引入组合制度来帮助中国减排路径的选择[84]。赵黎明（2016）使用情景分析法，基于二层决策机制的层次性和动态反馈性，构建碳减排二层规划决策模型，结果表明与单一型政策相比，复合型碳减排政策体系下企业享有更高的减排决策弹性[85]。

综上所述，国内外对于碳税和碳排放权交易两种碳减排政策的研究成果很多，但重点是对宏观国家层面和重点碳排放行业（如电厂）等进行研究，而对于省域物流行业研究的还比较少见。如何对省域物流行业碳减排的碳税和碳交易的机制进行有效设计，碳税或者碳交易的实施对于省域物流行业又会产生什么样的影响，碳减排政策如何有效实施等这些问题都是当前需要研究的问题。

1.2.3　物流行业碳排放相关研究

中国面临能源供应和能源消耗效率的问题，而物流业是我国能源消耗和二氧化碳排放的主要行业之一，在国家节能减排战略实施中居于重要地位，因而物流业能源消耗研究也成为热点。本小节以中国物流业为研究对象，从现有涉及物流业能源消耗和二氧化碳排放方面的文献挖掘有效信息，梳理我国物流业节能减排文献研究的历史脉络，从最初的交通运输的能源消耗研究到后面低碳物流概念的兴起，学者们对物流业碳排放的研究也更加的深入，本小节从物流业能源消耗、物流业碳排放和物流业碳减排政策三个视角对现有的物流业相关文献进行总结和归纳，并指出现有文献的研究不足和本书研究的切入点。

1. 物流业能源消耗研究

物流起源于仓储和运输，其中，运输在物流的所有职能中最为重要，因此有关物流的研究最初以运输为主。对于物流业的能源消耗，交通运输的能源消耗量在整个物流行业当中居于首要位置，物流行业90%以上的能源都是由交通运输所消耗。因此，对于物流业能源消耗的研究最初主要集中在交通运输视角。如芮小明（2012）利用LMDI和Refined Laspeyres指数分解法和宏观VAR计量模型，从内部和外部两个角度，对1985—2008年我国交通运输业能源强度的变动原因进行了实证分析[86]。柯水发（2015）采用情景分析对2001—2011年北京交通运输业进行阐述，并测算2005—2011年北京市交通运输能源消费而产生的碳排放量，结果发现北京市交通能源消耗主要来自煤油和柴油，通过改变交通运输的能源使用结构可以有效调减北京市交通运输业的碳排放量[87]。袁长伟（2017）基于2004—2013年交通运输碳排放数据，采用考虑非期望产出超效率SBM模型测度中国省域交通运输全要素碳排放效率，探讨中国省域及东、中、西部交通运输碳排放效率空间分布及趋势变动，分析中国交通运输全要素碳排放效率的空间聚集特性及其主要影响因素[88]。

随着中国城市化的发展,城市交通问题也日益受到人们的关注,有关城市交通能源消耗的研究也迅速发展起来。王炜(2001)对中国城市交通系统可持续发展规划的框架进行研究,对理论体系中的 4 个关键技术——可持续发展的城市交通系统模式、高度信息化社会条件下的城市交通需求预测技术、城市交通系统能源消耗分析与预测技术、城市交通系统环境影响评价与预测技术进行了详细论述[89]。周银香(2012)应用系统动力学(System Dynamics,SD)理论,构建仿真模型对城市交通能源消耗和碳排量进行仿真预测,进而提出城市交通低碳发展的对策和建议[90]。常世彦等(2010)利用 MAED(Model for Analysis of Energy Demand,能源需求分析模型)对我国城市之间客运交通能源消耗情况进行了分析,认为客运周转量的增加、客运交通模式和能耗强度的转变对城市之间客运交通能源消耗有很大影响[91]。张秀媛(2014)对我国城市交通能耗及碳排放进行测算,并以北京市公共交通系统为例,测算全生命周期能耗及排放总量和强度[92]。朱长征(2017)采用 LMDI 法对 2007—2013 年西安城市交通碳排放从能源结构碳强度、交通结构、交通能源强度、城市化率、经济发展规模、人口效应六个效应进行因素分解,认为交通结构、城市化率、经济发展规模、人口效应为正向效应,拉动总体效应,经济发展规模是西安市城市交通碳排放的主要驱动因素[93]。

单一地从交通运输的角度很难解决物流业整体层面的问题。因此,国内外学者开始越来越多的关注物流业能源消耗的问题。如张立国等(2015)基于中国 30 个省、市、自治区 2003—2012 年物流业的能源消耗面板数据,使用 DEA – Malmquist 生产率指数分析方法,构建了物流业全要素能源效率的测度模型,认为规模效率是导致省域能源效率差异的主要原因[94]。Dai(2016)基于 1980—2010 年的数据,采用 LMDI 方法分析了我国物流能耗历史变化的关键因素。中国物流业能源消耗的变化主要归因于物流活动的增长、货物运输方式的转移、运输强度的增加和能源强度的总体提高[95]。物流环节很多,Zajac(2011)构建了物流仓库系统的数学模型,计算物流仓库系统的能耗,解决了目前在物流仓储方面无法直接计算能源消耗方法的问题[96]。张诚(2014)构造超越对数函数模型对物流业不同能源投入要素的产出弹性、替代弹性以及技术进步差异情况进行分析,认为天然气能源投入对中国物流能源利用效率提高贡献最大,电力、天然气为代表的清洁能源可以有效替代石油和煤炭[97]。

武富庆（2016）运用 VAR 模型、Johansen 协整检验、Granger 检验、脉冲响应分析及方差分解等方法对全国 1995—2012 年物流发展、物流能源消耗与产业结构之间的关系进行了实证研究[98]。

从上述有关物流业能源消耗研究发现，目前物流业能源消耗的文献还较少，有关物流业能源消耗研究还需要在以下两个方面进一步展开：一是从全要素视角研究物流业能源消耗的文献并不多见。由于物流业的投入要素很多，除能源要素以外其他要素的使用也很关键，要素之间的合理配置才能最大效率地利用资源，发挥更好的经济效益，然而当前的研究以注重能源单一要素的居多，全要素视角的研究还相对比较少见；二是研究物流业能源消耗影响因素的文献相对较少。物流业的能源消耗较高，而其关键因素是哪些？只有抓住的关键因素，政府的政策才有着力点，才能够更好地促进物流业节能减排，实现行业的健康可持续发展。

2. 物流业碳排放研究

随着人们对环境保护越来越重视，碳排放问题逐渐成为研究的热点。2008年，时任中国物流与采购联合会副会长的戴定一首次分析了物流与低碳经济发展的协调问题，探讨了物流业的低碳发展思路，提出了低碳物流的思想[99]。随后，学者沿着宏观层面的全国或区域物流、中观层面的行业或省域物流以及微观层面企业物流的逻辑，逐渐形成了物流业低碳发展理念研究、物流系统低碳排放设计研究和物流业的碳排放计量研究等三个视角，并结合具体地区或者具体产业深入研究了物流业的二氧化碳排放问题。

（1）低碳物流发展理念研究。将低碳经济理念引入到物流业中，最初解释和归纳低碳物流内涵或概念的文献较多，徐旭（2011）剖析了低碳物流的内涵与特征，从物流活动的主要环节研究了低碳物流的发展模式[100]。杨辰晨（2015）从低碳物流的内涵和特征出发，对低碳物流存在的问题提出相应的政策[101]。汤中明（2016）以低碳经济水平为因变量、物流碳排放强度和单位GDP 物流成本为自变量，构建多元线性回归模型，探讨物流业对低碳经济的影响[102]。范璐（2011）从政府宏观层面、企业规划和技术层面考虑低碳物流发展路径[103]。后来，学者们开始研究促进物流业低碳化发展的支撑环境问题，如李丽（2013）构建了低碳物流环境、低碳物流实力、低碳物流潜力、物流低碳水平为要素的低碳物流能力评价指标体系，以京津冀为例，采用模糊物元法对 2004—2010 年京津冀地区的数据进行实证分析，结果表明，京津冀地区的低碳物流能力呈逐年提高趋势[104]。李蜀湘等（2010）构建低碳物流金融支持模型，用低碳政策扶持、低碳法律制度、低碳资金供给、低碳信用担保、低碳中介服务等树立低碳物流金融物流理念[105]。近年来，通过研究低碳理念实现策略实现低碳物流绩效的文献也层出不穷。如李进（2015）建立了基于可信性的多目标模糊数学规划模型，并引入二氧化碳当量作为衡量物流网络对环境影响的评估指标，以提高低碳物流绩效[106]。林君暖（2017）分析了低碳物流优化方案，以探索我国物流行业发展与创新[107]。

（2）物流业碳排放影响因素研究。研究物流业碳排放影响因素对物流业碳减排至关重要，只有抓住影响物流业碳排放居高不下的关键因素，才能有针对性地实行减排措施。刘龙政（2012）对中国物流业碳排放的主要驱动因素能源结构、经济增长和能源效率进行研究，结果表明经济增长是促成物流产业碳排放增长的最重要因素，从提高能源效率、改善能源结构着手发展现代物流有利于低碳物流的发展[108]。李创（2016）基于2004—2014年物流运输能源消耗数据，利用对数平均迪氏分解法构造分解模型对物流运输产生的碳排放量进行因素分解，以量化手段得出碳排放因子、能源消耗结构、运输方式、物流运输货运量、能源消耗强度各因子对运输碳排放量的贡献大小[109]。杨建华（2016）估算了1998—2012年北京城市物流业的碳排放量，建立了北京城市物流业碳排放影响因素的通径分析模型，研究发现物流基础设施的建设是该阶段碳排放增长的决定性因素，经济发展水平、以石油为主的能源结构、城镇化是促进碳排放的重要因素，能源效率对碳排放的正向影响较弱，产业结构对碳排放具有负向影响[110]。金凤花等（2016）测算了1997—2004年区域物流碳排放数据，使用Tapio脱钩弹性系数和LMDI方法对区域物流碳排放的脱钩状态和影响因素进行分解。发现区域物流经济表现为多种脱钩状态，能源效率和能源消耗结构在样本近几年内为减碳因素，而人均GDP为增碳因素，区域物流的比重对区域物流碳排放影响不大[111]。

（3）物流业碳排放计量相关研究。近年来，随着统计数据的不断完善，部分学者开始借助代表物流业的统计数据（一般用统计年鉴中的交通运输、仓储和邮政业统计数据）实证分析计算物流业的二氧化碳排放，并对相关问题进行系统研究。在物流碳排放量计算方面，目前的研究主要有基于油料消耗[112]和基于运距[113]两种测算方法，除此之外，Ubeda（2010）以西班牙一家领先的食品配送公司Eroski为例来研究绿色物流，主要包括估计环境的影响（采用基于运距的方法来测算其配送作业碳排放量)、配送路线的重新优化(采用新的 CVRP 算法来缩短运距)、优化环境的影响(通过建立碳排放量最小的配送模型来进行优化)[114]。Piecyk（2009）采用集中讨论和大规模 Delphi 调查方法将影响货物运输需求、车辆油料消耗和相应碳排放的因素根据不同层次的物流决策分成六大类,并构建了三种场景对 2020 年公路运输碳排放量进行评估[115]。Hickman（2010）为伦敦市构建了一个运输和碳排放仿真模型,该模型可用于分析多种政策下的执行效果,为降低碳排放量提供参考[116]。王晓华（2009）利用 LEAP（Long-range Energy Analysis Plan system,远程能量分析计划系统）模型计算和分析北京市 2000—2030 年不同情景下的物流能源需求与环境排放,模型结果表明:所设计的各个发展情景对能源需求和碳排放量比基础情景均有不同程度的降低[117]。温宗国等（2009）采用物质流分析方法评估了我国公路交通系统的物质代谢,结果显示:2005 年中国公路交通系统的物质总输入为 521Mt,排放的污染物量占资源投入量的 28.3%[118]。朱松丽（2010）以不同燃料驱动类型车辆的保有量、年均运营距离、能源强度及排放强度为主要参数定量计算 2005 年北京和上海两市的城市交通能耗和 CO_2 排放量[119]。孙玮珊（2014）采用模糊数学计算方法以物流总成本和二氧化碳排放量最小化为目标,建立双目标绿色物流网络设计模型,认为当物流成本目标的权重为 0.15 ~ 0.80 时,物流成本与二氧化碳排放量处于相对稳定的状态;二氧化碳排放量上限对物流成本的影响较大,将二氧化碳排放量控制在 280000 以下,能够有效平衡经济因素和环境因素两者之间的关系[120]。钟聪儿（2016）运用遗传算法,以厦门市某物流配送企业为例,计算一个综合考虑碳排放和运输费用的配送路径优化模型,认为传统的配送路径安排中存在很大的碳排放改善空间;综合考虑碳排放和运输费用的车辆路径问题在有效实现绿色物流的同时能降低运输成本[121]。

综上所述,随着近年来我国物流业的快速发展,物流业的碳排放问题在国内外越来越受到学者的关注。他们从不同视角开展了研究,取得了不俗的成绩,产生了大量的研究成果。但是,就目前文献分析,还需要在以下两个方面进一步深化:一是物流业碳排放影响因素分析文献较少;二是从省域视角研究物流业碳排放的研究并不多见,大部分文献仅针对个别省份进行分析。由于我国省域区域空间和经济发展情况各异,各省在自己的区域范围内调配资源和制定政策,因此省域视角的研究能够更全面地分析,更有利于政策的落实。

3. 物流业碳减排政策研究

在我国现阶段，面对政策法规的不完善、物流技术相对不成熟的状况，低碳物流的发展受到来自各方面因素的影响和制约，低碳物流的发展不单依靠物流企业自身的改良，还有来自物流业碳排放政策的影响。潘双利（2011）提出区域物流低碳化发展的思路，对目前区域物流低碳化发展尚存在协调难度大、动力不足、成效不明显和技术支持缺乏等诸多难题，提出从出台更多鼓励性减排政策、"点线"结合减少碳排放和构建区域物流低碳化发展的服务平台入手，促进区域物流和物流行业的低碳化发展[122]。刘慧（2013）基于成本—碳排放权衡的物流网络设计问题，提出一个多目标整数规划模型来确定物流中心的个数、位置、客户区指派到物流中心的策略以及为客户区分配的车辆类型和车辆数量。应用标准化正规化约束法求解多目标问题的 Pareto 前沿，结果表明得到的 Pareto 前沿表明增加较少的物流成本，能够较大程度地降低碳排放[123]。唐丽敏（2013）通过分析物流与经济、能源、环境之间的关系，构建物流节能减排系统的系统动力学模型，分析模型中促进我国物流行业节能减排的政策影响因素，认为增加环保投入短期内对节能减排效果比较明显；降低公路周转货物，提高铁路及内河水路比重对节能减排效果显著；增加天然气的消费比重从长远来看有利于二氧化碳排放的减少[124]。李碧珍（2014）采用网络层次分析方法，从政府、行业、企业三个方面建立福建省低碳物流发展影响因子评价体系，验证低碳物流体系中是否存在着关键影响因子，并进一步提出福建省政府低碳物流政策的改变方向[125]。张华（2016）阐述了京津冀地区低碳物流发展现状及存在的问题，提出用政策开路，引导低碳物流发展；推动交通一体化，发展多式联运；推进低碳物流技术，减少环境污染；利用碳交易市场与碳金融，推动低碳物流发展；统筹京津冀物流园区，推广低碳物流园区建设；发展第四方物流，促进低碳物流发展这六个发展低碳物流的建议[126]。

综上所述，近年来学者从不同视角，使用不同方法对物流业碳排放政策进行了研究，取得了不俗的成绩，产生了大量的研究成果。但是，就目前文献分析，还需要在以下两个方面进一步深化：一是定量分析物流业碳排放政策的文献较少；二是从省域视角研究物流业碳排放政策的研究并不多见。

1.2.4　简要述评

从上述有关碳排放核算、物流业二氧化碳排放和碳排放政策等相关文献的研究发现，目前该视角的研究主要包括以下几个问题。

（1）实证研究方式的应用需要进一步加强。社会科学研究要服务于政府或者企业的管理决策行为，发挥建言献策的作用，充当政府或者企业的智库。实证研究由于立足于数据做支撑，因而更具有说服力，提出的政策建议针对性更强。

（2）关于物流行业角度进行定量研究的文献较少。定量研究是提供决策支持的基础，是发挥社会科学政府智囊的重要支撑条件，在统计数据不断完善的前提下，从整个行业视角进行物流碳排放计量的研究需要进一步加强。

（3）从区域视角研究物流业碳排放的文献较少。利用面板数据和空间计量方法研究物流业二氧化碳排放区域和省域差异的文献不多见。由于我国幅员辽阔，不同地区的经济基础和发展模式差异很大，由此导致的产业政策也有很大不同，区域和省域视角的研究有利于检验不同地区的政策效果，使得提出的政策建议更具有针对性，更容易解决不同地区物流业发展的实际问题。

（4）从省域视角研究物流业碳排放的研究并不多见，大部分文献仅针对个别省份进行分析。由于我国采取的是由分省治理体制，各省在自己的区域范围内调配资源和制定政策，因此省域视角的研究能够更全面地分析，更有利于政策的落实。

1.3　研究方法、内容与思路

1.3.1　研究方法

（1）文献资料法。本书研究需要梳理国内外碳排放现状、碳排放计量方法、物流业碳排放等相关文献，借助图书馆和网络信息等平台广泛搜集国内外专家学者对于碳排放、碳排放影响因素分析、物流业碳排放现状等相关方面的研究成果,对搜集到的第二手资料进行定性分析,并将研究思路、研究方法具体化。

(2) 碳排放量核算方法。IPCC 清单法:根据消耗的能源数量乘以能耗排放系数来估算 CO_2 排放量。该方法是基于联合国政府间气候变化专门委员会(IPCC)《国家温室气体排放清单指南》(2006)。

(3) 碳排放因素分解法。Kaya 恒等式、对数平均迪氏指数法(LMDI)。Kaya 恒等式是日本 Yoichi Kaya 教授于 1989 年在 IPCC 的一次研讨会上提出,在定量地对 CO_2 排放量进行影响因素分析上,Kaya 恒等式是应用最广泛的模型之一。Kaya 恒等式将碳排放影响因素归纳为 4 个因子,每个因子的影响程度可以通过因素分解进行深层分析。现有研究表明:LMDI 是对各影响因素进行分解,最为实用和理想的效应分解方法。该方法不仅技术成熟、形式多样、计算方便,最大的优点是不产生无法解释的残差项。

(4) 超效率数据包络分析方法(Super-Efficiency Data Envelopment Analysis,SE – DEA)。数据包络分析方法(Data Envelopment Analysis,DEA)是由运筹学家 A. Charnes 和 W. W. Cooper 等在"相对效率评价"概念基础上,发展起来的一种效率评价方法。它以决策单元(Decision Making Unit,DMU)的投入、产出指标的权重系数为优化变量,借助于数学规划方法将 DMU 投影到 DEA 前沿面上,通过比较决策单元偏离 DEA 前沿面的程度来对决策单元的相对有效性作出综合评价。但一般的 DEA 方法无法对多个同时有效的 DMU 作出进一步的评价和比较,为了解决这个问题,Andersen 和 Petersen(1993)提出了 SE – DEA 模型,该模型的特点是:在评价某一具体 DMU 时,以其他所有的评价单元构成参考集而不考虑被评价单元本身,这样评价结果的效率值有可能大于 1,从而可以对那些同为 DEA 有效的 DMU 作出进一步的评价和比较。

(5) 多元统计分析方法。EKC 曲线是 20 世纪 50 年代诺贝尔奖获得者、经济学家库兹涅茨用来分析人均收入水平与分配公平程度之间关系的一种学说。研究表明,收入不均现象随着经济增长先升后降,呈现倒"U"型曲线关系。1991 年美国经济学家 Grossman 和 Krueger 针对北美自由贸易区谈判中,美国人担心自由贸易恶化墨西哥环境并影响美国本土环境的问题,首次实证研究了环境质量与人均收入之间的关系，指出了污染与人均收入间的关系为"污染在低收入水平上随人均 GDP 增加而上升，高收入水平上随 GDP 增长而下降"。实证表明 EKC 模型是检验环境污染与经济增长两者关系最直接的方法。

（6）地理加权回归（Geographical Weighted Regression，GWR）。Brunsdon 和 Fotheringham 于 1996 年首先提出了 GWR 模型，由于它能较好地研究不同空间位置的空间差异，因此主要被应用于房地产、农业及经济领域，近年来在能源经济学领域中也被广泛应用。GWR 的中心思想就是将数据的地理位置引入到回归参数中，通过相邻观测值的子样本数据信息对局部进行回归估计，随着空间上局部地理位置的变化，估计的参数也随之而不同。它是一种空间变系数回归技术，GWR 能够较好地刻画不同空间位置的碳排放空间差异，相较于利用全域信息获得假定常数的传统的经典回归模型（Ordinary Least Squares，OLS）而言，GWR 则是利用临近观测值的子样本数据信息进行局部回归分析而得，更能看出每个空间区域的特征。

（7）系统动力学（System Dynamics，SD）。系统动力学是由美国麻省理工学院（Massachusetts Institute of Technology，MIT）的福瑞斯特（J. W. Forrester）教授于 1956 年提出，为分析生产管理及库存管理等企业问题而提出的系统仿真方法，最初叫工业动态学。它是一门分析研究信息反馈系统的学科，也是一门认识系统问题和解决系统问题的交叉性综合学科。系统动力学以实际系统为依据，在确定系统边界和进行系统分析的基础上，明确其中的反馈关系，建立起系统因果分析图和流程图，对系统的作用机理进行定性分析；然后将系统反馈关系运用数学方程式表达，通过实证数据和合理假设，借助 Vensim 软件平台对系统进行模拟仿真分析。

1.3.2　研究内容

（1）文献研究。对本书研究领域主要涉及的国内外研究文献进行梳理和述评，包括对碳排放、碳排放核算、物流碳排放现状和碳排放的政策进行梳理分析。

（2）省域物流行业能源消耗分析。对 2004—2016 年中国省域能源消耗情况进行统计分析，了解和分析东中西部能源消耗的特征。

（3）物流行业碳排放核算研究。选用碳排放核算方法对省域物流行业碳排放分东部、中部和西部进行碳排放核算差异化分析。

（4）省域物流行业 SE-DEA 生态效率评价。运用 SE-DEA 模型对省域物流行业分析得到我国各省域物流行业 2006—2011 年的生态效率评价结果，通过生态效率的前沿面分析并寻找相应资源投入过高的区域。

（5）省域物流行业 EKC 特征研究。对中国各省域的 2005—2016 年物流行业采用 EKC 进行分析，有利于更好地了解不同省域的物流发展阶段及其碳排放特征。

（6）物流行业碳排放空间差异分析，使用 GWR 对省域物流业进行空间分析，更透彻全面地分析各省域因素影响物流碳排放的差异。

（7）运用 MATLAB 和系统动力学方法对物流业碳税及碳交易进行演化分析，根据分析结果提出物流业碳排放相关政策建议，通过对物流业碳排放系统全面的理论和实证分析，提出相应的碳排放政策建议，因地制宜地实施碳减排政策。

1.3.3　研究思路

本书的研究思路如下：理论分析—省域物流行业能源消耗分析—省域物流行业碳排放核算研究—省域物流行业 SE–DEA 生态效率评价—省域物流行业 EKC 特征研究—物流行业碳排放空间差异分析—物流行业碳排放政策研究—碳税政策下物流企业的碳减排行为分析—碳交易政策下物流企业的碳减排行为分析—基于系统动力学的碳减排政策设计—物流行业碳排放政策建议。

本书的研究思路如图 1.1 所示。

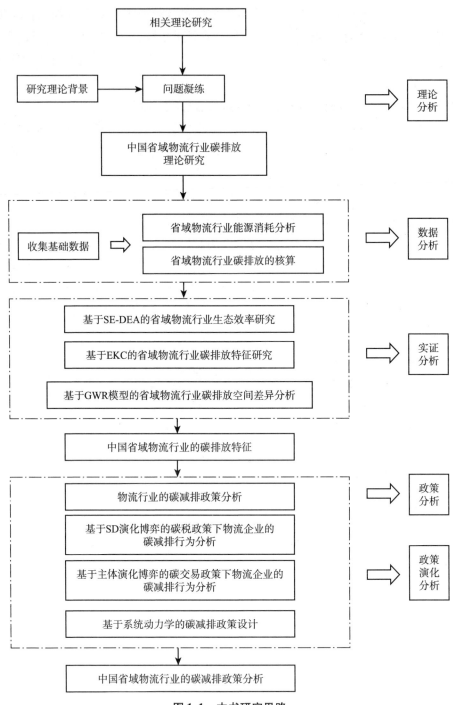

图 1.1　本书研究思路

第2章
省域物流行业能源消耗概况与分析

　　本章是关于省域物流行业能源消耗的概况分析，选择了全国 30 个省、自治区、直辖市，除去香港、澳门特别行政区和台湾地区，以及研究相关数据缺失的西藏自治区。以区域划分的方式，对这些省域能源消耗情况进行分析。区域视角的发展规划已经成为当前我国经济发展的一大特点，本章及后续的部分章节也将采取将省域划分到区域的研究方式来分析中国物流业的能源消耗和二氧化碳排放问题。区域视角的研究，关键是区域的划分，这里遵循现有大部分研究的划分方式，东部地区包括北京、天津、河北、辽宁、上海、江苏、浙江、福建、山东和广东 10 个省市，中部地区包括山西、吉林、黑龙江、安徽、江西、河南、湖北和湖南 8 个省，西部地区包括内蒙古、广西、海南、重庆、四川、贵州、云南、陕西、甘肃、青海、宁夏和新疆 12 个省区市。

　　物流业作为一个新兴产业，在 20 世纪末期才逐渐引起人们的重视。从目前各国的统计分析报告来看，数据中对"物流业"的统计数据目前还比较少见，即使是目前世界上最先进的北美产业分类体系（North American Industrial Classification System，NALS）也没有"物流业"这项单独的统计类别。2006 年，中国国家统计局开始出版发行《中国第三产业统计年鉴》，将物流业作为一个独立的类别进行统计。从该年鉴的历年统计数据分析，交通运输、仓储和邮政业几乎都占据了整个物流业 83% 以上的产业份额，可以很大程度上反映整个物流产业的发展状况。从当前有关物流业的研究文献分析，现有的研究资料基本都是用交通运输、仓储和邮政业的统计数据代替物流产业的统计数据，所以这里也以此作为数据的来源。本章是本书数据基础部分，主要选取2004—2016年《中国能源统计年鉴》中交通运输、仓储和邮政业的能源消耗统计数据代表我国物流业的能源消耗统计数据，由此计算我国物流业能源消耗的全国、区域和省域差异情况，并分析物流业能源强度变化趋势。

对于物流业的能源消耗，从《中国能源统计年鉴》的统计数据分析，有原煤、洗精煤、型煤、焦炭、焦炉煤气、其他煤气、汽油、煤油、柴油、燃料油、液化石油气、其他石油制品、天然气、热力、电力和其他能源16种类型。其中，煤炭、焦炭、汽油、煤油、柴油、燃料油、液化石油气、天然气、热力和电力10种能源占据了全国物流业能源消耗99%以上的份额，由于篇幅有限，本书主要展示了煤合计、油品合计、天然气、热力和电力这五种能源的数据。

2.1　东部省域能源消耗

东部地区包括北京、天津、河北、辽宁、上海、江苏、浙江、福建、山东和广东10个省市，下面一一进行分析。

1. 北京

从表2.1中北京2004—2016年物流业能源消耗来看，北京市的煤能源消耗合计呈现整体下降的趋势，从2004—2007年每年递增，到2008年出现转折，出现下降趋势，从2004年的20.45万吨下降到2016年的7.99万吨；油品的消耗上，2004—2016年油品消耗呈现上升趋势，从2004年的278.32万吨增长到2016年的746.97万吨；天然气的消耗在2010年出现一个突增，随后又回落；热力的消耗上，2004—2008年处于持续增长的状态，2009—2016年除去2012年的69.11百亿千焦，其他年份数据基本保持在500百亿千焦的水平之上；电力的消耗上，在2004—2011年均保持增长状态，从2004年的16.07亿千瓦时增长到2011年的61.96亿千瓦时，2012年回落到0.03亿千瓦时，2013—2016年保持在45亿千瓦时左右的水平。

表 2.1　　　　　　　　北京 2004—2016 年物流业能源消耗表

年份	煤合计/万吨	油品合计/万吨	天然气/亿立方米	热力/百亿千焦	电力/亿千瓦时
2004	20.45	278.32	1.7		16.07
2005	22.89	294.77	1.19	140.68	13.96
2006	26.17	371.62	1.52	295.00	23.29
2007	27.29	432.35	2.14	508.44	34.82
2008	26.89	493.59	2.70	963.53	44.84
2009	25.15	514.57	2.74	582.45	49.24
2010	20.29		127.27		
2011	18.00	598.71	2.38	689.70	61.96
2012	15.47		3.54	69.11	0.03
2013	15.94	648.13	2.35	603.86	44.64
2014	16.09	682.27	3.17	615.33	45.02
2015	12.36	708.59	2.11	594.20	47.31
2016	7.99	746.97	1.99	538.60	50.61

2. 天津

从表 2.2 中天津 2004—2016 年物流业能源消耗来看，天津市的煤能源消耗合计整体比较平稳，从 2004—2009 年每年递减，到 2010 年出现高峰，高峰过后煤能源消耗又出现下降趋势，从 2004 年的 22.02 万吨下降到 2016 年的 21.49 万吨，整体保持在水平状态；油品的消耗上，2004—2016 年油品消耗呈现上升趋势，从 2004 年的 204.31 万吨增长到 2016 年的 255.00 万吨，油品能源增长也相对平稳，没有出现大幅度的增长；天然气的消耗在 2010 年出现一个突增，从 2009 年的 0.14 亿立方米到 2010 年的 112 亿立方米，随后又回落到 2016 年的 1.33 亿立方米；热力的消耗上，从 2005 年的 72.56 百亿千焦增长到 2007 年的 100.27 百亿千焦，随后又降到 2009 年的 78.77 百亿千焦，2011—2016 年保持在 150 百亿千焦的水平；电力的消耗上，从 2004—2016 年基本保持增长状态，从 2004 年的 6.72 亿千瓦时一直增长到 2016 年的 38.27 亿千瓦时。

表2.2 天津2004—2016年物流业能源消耗表

年份	煤合计/万吨	油品合计/万吨	天然气/亿立方米	热力/百亿千焦	电力/亿千瓦时
2004	22.02	204.31			6.72
2005	21.67	204.42		72.56	6.52
2006	17.37	213.81		82.62	6.90
2007	15.49	210.69		100.27	9.35
2008	18.91	234.94		45.18	11.07
2009	19.56	253.20	0.14	78.77	12.58
2010	30.74		112.00		
2011	28.41	286.98	0.17	144.86	17.86
2012	29.86	296.98		146.31	24.84
2013	28.58	234.99	1.15	132.62	22.77
2014	29.02	248.82	1.38	151.49	24.91
2015	24.57	251.06	1.14	187.95	34.47
2016	21.49	255.00	1.33	210.73	38.27

3. 河北

从表2.3中河北2004—2016年物流业能源消耗来看,河北省的煤能源消耗合计整体先上升后下降,从2004年的21.01万吨突升到2005年的59.04万吨,后一直下降到2009年的37.33万吨,后又波动降到2016年的9.94万吨;油品的消耗上,2004—2016年油品消耗呈现整体上升趋势,从2004年的42.05万吨增长到2005年的381.39万吨,后持续增长到2013年的543.40万吨,2014年和2015年稍有下降,到2015年的483.43万吨,随后到2016年上升到588.66万吨;天然气的消耗在2010年出现一个突增,从2009年的1.62亿立方米到2010年的374.35亿立方米,随后又回落到2016年的4.90亿立方米;热力的消耗上,从2004年的39.74百亿千焦持续增长到2014年的102.08百亿千焦,到2016年突增到551.74百亿千焦;电力的消耗上,2004—2016年基本保持增长状态,从2004年的31.72亿千瓦时一直增长到2016年的95.36亿千瓦时。

表2.3　　　　　　　　　河北 2004—2016 年物流业能源消耗表

年份	煤合计/万吨	油品合计/万吨	天然气/亿立方米	热力/百亿千焦	电力/亿千瓦时
2004	21.01	42.05		39.74	31.72
2005	59.04	381.39		46.69	35.73
2006	41.77	403.42	0.33	63.6	39.10
2007	44.28	428.63	0.35	67.416	42.99
2008	35.96	430.59	0.69	67.416	45.02
2009	37.33	420.39	1.62	74.16	47.95
2010	43.44		374.35		
2011	40.85	536.11	2.69	92.51	67.29
2012	44.28	535.00		95.74785	70.58
2013	35.69	543.40	4.50	72.04	81.09
2014	30.69	494.03	3.50	102.08	86.91
2015	12.83	483.43	3.90	551.74	87.55
2016	9.94	588.66	4.90	551.74	95.36

4. 辽宁

从表 2.4 中辽宁 2004—2016 年物流业能源消耗来看，辽宁省的煤能源消耗合计先上升后下降，整体上相对平稳，2004 年煤能源消耗合计是 89.71 万吨到 2016 年煤能源消耗合计 73.55 万吨，煤能源消耗保持良好；油品的消耗上，2004—2016 年油品消耗呈现整体上升趋势，且上升较快，从 2004 年的 371.40 万吨增长到 2012 年的 1224.81 万吨，2013 年和 2014 年稍有下降，分别到 1010.46 万吨和 1087.18 万吨，2016 年增长到 1161.40 万吨；天然气的消耗在 2010 年出现一个突增，从 2009 年的 0.02 亿立方米到 2010 年的 529.10 亿立方米，随后又回落到 2011 年的 0.05 亿立方米，随后逐渐增长到 2016 年的 3.03 亿立方米；热力的消耗上，从 2004 年的 23.67 百亿千焦持续增长到 2009 年的 391.54 百亿千焦，随后下降到 2016 年的 275.59 百亿千焦；电力的消耗上，从 2004—2016 年基本保持增长状态，从 2005 年的 22.35 亿千瓦时一直增长到 2016 年的 53.13 亿千瓦时。

表 2.4   辽宁 2004—2016 年物流业能源消耗表

年份	煤合计/万吨	油品合计/万吨	天然气/亿立方米	热力/百亿千焦	电力/亿千瓦时
2004	89.71	371.40		23.67	
2005	95.12	431.04		30.65	22.35
2006	96.45	431.04		194.27	22.38
2007	84.74	875.34		277.28	23.03
2008	85.65	870.69	0.02	391.54	26.42
2009	90.77	913.62	0.02	391.54	29.74
2010	67.03		529.10		
2011	65.93	1133.58	0.05	200.32	37.36
2012	77.11	1224.81		201.01	39.05
2013	80.96	1010.46		139.23	43.09
2014	76.00	1087.18	2.61	161.37	43.00
2015	89.95	1200.77	3.27	208.67	46.74
2016	73.55	1161.40	3.03	275.59	53.13

5. 上海

从表 2.5 中上海 2004—2016 年物流业能源消耗来看，上海市的煤能源消耗合计整体处于一个较低的水平，且 2004—2016 年持续下降，从 2004 年的 10.61 万吨下降到 2016 年的 0.80 万吨；油品的消耗上，2004—2016 年物流业油品消耗处于较高水平且呈现上升趋势，从 2004 年的 803.65 万吨一直增长到 2016 年的 1507.31 万吨；天然气的消耗在 2010 年出现一个突增，从 2009 年的 0.29 亿立方米到 2010 年的 168.79 亿立方米，随后又回落到 2011 年的 0.32 亿立方米；热力的消耗上，从 2004 年的 7.61 百亿千焦持续增长到 2009 年的 79.33 百亿千焦，后下降到 2010 年的 38.74 百亿千焦，又上升至 2011 年的 69.69 百亿千焦，到 2016 年热力消耗为 25.00 百亿千焦；电力的消耗上，2004—2016 年基本保持增长状态，从 2005 年的 13.85 亿千瓦时一直增长到 2016 年的 45.82 亿千瓦时。

表 2.5　　　　　　　　上海2004—2016年物流业能源消耗表

年份	煤合计/万吨	油品合计/万吨	天然气/亿立方米	热力/百亿千焦	电力/亿千瓦时
2004	10.61	803.65	0.18	7.61	13.85
2005	12.16	913.40	0.20	17.00	14.35
2006	6.03	1073.72	0.18	22.70	17.22
2007	5.92	1225.72	0.19	22.15	19.61
2008	5.91	1262.86	0.25	22.33	23.72
2009	5.57	1281.59	0.29	79.33	25.89
2010	4.81		168.79	38.74	
2011	2.86	1300.71	0.32	69.69	38.37
2012	1.91	1326.58		65.69	38.74
2013	1.73	1320.94	0.51	59.74	40.34
2014	1.11	1318.03	0.70	60.14	41.26
2015	0.80	1380.83	0.81	55.65	42.12
2016	0.80	1507.31	0.67	25.00	45.82

6. 江苏

从表 2.6 中江苏 2004—2016 年物流业能源消耗来看，江苏省的煤能源消耗合计整体处于下降的趋势，从 2004 年的 29.50 万吨上升到 2005 年的 50.68 万吨，而后持续下降到 2016 年的 2.18 万吨；油品的消耗上，2004—2016 年物流业油品消耗处于较高水平且呈现上升趋势，从 2004 年的 548.88 万吨一直增长到 2016 年的 1258.06 万吨；天然气的消耗在 2010 年出现一个突增，从 2009 年的 1.03 亿立方米到 2010 年的 388.98 亿立方米，随后又回落到 2011 年的 4.34 亿立方米，2016 年增长到 10.58 亿立方米；热力的消耗上，从 2008 年的 28.9 百亿千焦持续增长到 2011 年的 79.38 百亿千焦，后下降到 2016 年的 10.46 百亿千焦；电力的消耗上，从 2004—2016 年基本保持增长状态，从 2005 年的 17.53 亿千瓦时一直增长到 2016 年的 70.12 亿千瓦时。

表 2.6   江苏 2004—2016 年物流业能源消耗表

年份	煤合计/万吨	油品合计/万吨	天然气/亿立方米	热力/百亿千焦	电力/亿千瓦时
2004	29.50	548.88			17.53
2005	50.68	551.68			16.45
2006	47.44	590.99	0.20		16.90
2007	42.30	651.34	0.22		19.50
2008	41.31	740.34	1.00	28.9	22.89
2009	41.63	771.02	1.03	25.44	25.40
2010	35.00		388.98		
2011	3.20	945.36	4.34	79.38	39.99
2012	2.89	1027.25		23.4	47.24
2013	3.91	1102.80	4.65	48.42	52.26
2014	2.46	1191.79	7.48	35.42	57.23
2015	2.57	1225.16	10.04	20.11	62.72
2016	2.18	1258.06	10.58	10.46	70.12

7. 浙江

从表 2.7 中浙江 2004—2016 年物流业能源消耗来看，浙江省的煤能源消耗合计整体水平较低且处于下降的趋势，从 2004 年的 7.13 万吨持续下降到 2016 年的 0.66 万吨；油品的消耗上，2004—2016 年物流业油品消耗处于较高水平且呈现上升趋势，从 2004 年的 416.40 万吨一直增长到 2016 年的 959.26 万吨；天然气的消耗在 2010 年为峰值 342.00 亿立方米，随后回落到 2011 年的 0.02 亿立方米，持续到 2016 年；热力的消耗上，从 2004 年的 14.43 百亿千焦下降到 2007 年的 1.3073 百亿千焦，后上升到 2015 年的 11 百亿千焦，随后下降到 2016 年的 4.67 百亿千焦；电力的消耗上，从 2005—2016 年基本保持增长状态，从 2005 年的 12.13 亿千瓦时一直增长到 2016 年的 60.96 亿千瓦时。

表 2.7   浙江 2004—2016 年物流业能源消耗表

年份	煤合计/万吨	油品合计/万吨	天然气/亿立方米	热力/百亿千焦	电力/亿千瓦时
2004	7.13	416.40		14.43	
2005	7.26	485.89			12.13

年份	煤合计/万吨	油品合计/万吨	天然气/亿立方米	热力/百亿千焦	电力/亿千瓦时
2006	5.00	556.74			14.09
2007	3.92	616.32		1.3073	16.70
2008	2.00	669.09		4.32	18.72
2009	3.00	687.58		5.1748	21.24
2010	4.00		342.00		
2011	0.38	808.36	0.02	7	31.78
2012	0.33	848.91		4.7743	33.21
2013	0.40	884.81	0.02	4.49	40.52
2014	0.21	901.34	0.02	8.5671	44.88
2015	0.21	955.83	0.02	11	51.24
2016	0.66	959.26	0.02	4.67	60.96

8. 福建

从表2.8中福建2004—2016年物流业能源消耗可以看出，福建省的煤能源消耗合计整体处于下降的趋势，从2004年的5.09万吨上升到2006年的11.21万吨，而后持续下降到2007年的5.8万吨，2009年上升到10万吨，后一直下降到2016年的1.90万吨；油品的消耗上，2004—2016年物流业油品消耗一直处于上升趋势，从2004年的251.74万吨一直增长到2016年的694.76万吨；天然气的消耗在2010年为峰值，达到267.70亿立方米，随后回落到2011年的0.33亿立方米，2016年增长到1.54亿立方米；热力的消耗上，只有2010年的数据为3.91百亿千焦；电力的消耗上，从2004—2016年基本保持增长状态，从2004年的12.44亿千瓦时一直增长到2016年的29.1亿千瓦时。

表2.8 福建2004—2016年物流业能源消耗表

年份	煤合计/万吨	油品合计/万吨	天然气/亿立方米	热力/百亿千焦	电力/亿千瓦时
2004	5.09	251.74			12.44
2005	10.50	252.86			11.44
2006	11.21	272.73			12.26

年份	煤合计/万吨	油品合计/万吨	天然气/亿立方米	热力/百亿千焦	电力/亿千瓦时
2007	5.80	307.81			12.89
2008	6.00	408.58			13.57
2009	10.00	445.56			13.82
2010			267.70	3.91	
2011	4.00	540.45	0.33		19.83
2012	3.48	559.22			20.62
2013	3.20	571.06	1.50		21.40
2014	3.00	622.19	1.52		24.26
2015	2.00	657.27	1.52		25.64
2016	1.90	694.76	1.54		29.10

9. 山东

从表2.9中山东2004—2016年物流业能源消耗来看,山东省的煤能源消耗合计整体处于下降的趋势,从2004年的43.40万吨上升到2006年的115.29万吨,而后下降到2016年的26.41万吨;油品的消耗上,2004—2016年物流业油品消耗一直处于上升趋势,从2004年的446.78万吨一直增长到2016年的1224.90万吨;天然气的消耗在2010年出现一个高峰,达到905亿立方米,随后又回落到2016年的5.85亿立方米;热力的消耗上,只有2010年的数据为0.19百亿千焦;电力的消耗上,从2004—2016年基本保持增长状态,从2004年的16.34亿千瓦时一直增长到2016年的89.64亿千瓦时。

表2.9　　　　　　　　　　山东2004—2016年物流业能源消耗表

年份	煤合计/万吨	油品合计/万吨	天然气/亿立方米	热力/百亿千焦	电力/亿千瓦时
2004	43.40	446.78		190.00	16.34
2005	109.80	1043.73	0.65	210.00	19.57
2006	115.29	1161.76	0.72	231.00	22.05
2007	71.90	1303.14	0.75	242.00	26.5855
2008	25.51	1389.78	1.06	351.00	31.2265

年份	煤合计/万吨	油品合计/万吨	天然气/亿立方米	热力/百亿千焦	电力/亿千瓦时
2009	26.40	1538.14	1.07	403.00	35.5348
2010	29.40		905	0.19	
2011	30.58	1743.67	5.49	464.83	57.81
2012	27.28	1956.76		476.00	65.9439
2013	27.28	1127.11	3.29	476.00	66.54
2014	25.81	1160.54	3.4164	512.06	72.4528
2015	25.81	1181.47	5.02	529.76	80.85
2016	26.41	1224.90	5.85	542.76	89.64

10. 广东

从表 2.10 中广东 2004—2016 年物流业能源消耗来看，广东省的煤能源消耗合计整体水平较低但处于上升的趋势，从 2004 年的 1.26 万吨持续上升到 2016 年的 4.54 万吨；油品的消耗上，2004—2016 年物流业油品消耗处于较高水平且呈现上升趋势，从 2004 年的 924.71 万吨一直增长到 2016 年的 2117.88 万吨；天然气的消耗在 2010 年为峰值 834.71 亿立方米，随后回落到 2011 年的 1.96 亿立方米，2015 年增长到 3.08 亿立方米，随后又落到 2016 年的 1.99 亿立方米；热力的消耗上，从 2010 年的 5.30 百亿千焦下降到 2015 年的 2.61 百亿千焦，随后增长到 2016 年的 538.60 百亿千焦；电力的消耗上，2004—2016 年呈现出先下降后上升再下降的趋势，从 2004 年的 60.66 亿千瓦时下降到 2008 年的 39.50 亿千瓦时，后持续上升到 2015 年的 82.42 亿千瓦时，随后又降到 2016 年的 50.61 亿千瓦时。

表 2.10　　　　　　　　广东 2004—2016 年物流业能源消耗表

年份	煤合计/万吨	油品合计/万吨	天然气/亿立方米	热力/百亿千焦	电力/亿千瓦时
2004	1.26	924.71			60.66
2005	1.40	1236.21			30.44
2006	1.50	1271.57			32.48

续表

年份	煤合计/万吨	油品合计/万吨	天然气/亿立方米	热力/百亿千焦	电力/亿千瓦时
2007	1.67	1401.75			37.24
2008	1.78	1510.92			39.50
2009	1.87	1583.45			45.20
2010	2.04		834.71	5.30	
2011	2.16	1784.26	1.96		65.29
2012	2.43	1869.34			68.11
2013	2.64	1778.48	2.68	2.54	72.06
2014	4.31	1861.41	3.00		75.52
2015	4.42	1940.30	3.08	2.61	82.42
2016	4.54	2117.88	1.99	538.60	50.61

2.2　中部省域能源消耗

中部地区包括山西、吉林、黑龙江、安徽、江西、河南、湖北和湖南8个省。

1. 山西

从表 2.11 中山西 2004—2016 年物流业能源消耗来看，山西省的煤能源消耗合计整体先下降后上升的趋势，从 2004 年的 86.00 万吨下降到 2010 年的 54.94 万吨，后上升到 2015 年的 69.26 万吨，2016 年回落至 56.45 万吨；油品的消耗上，2004—2016 年物流业油品消耗整体处于上升趋势，从 2004 年的 146.60 万吨一直增长到 2015 年的 505.65 万吨，2016 年回落到 487.51 万吨；天然气的消耗在 2010 年达到高峰至 324.13 亿立方米，随后又回落到 2011 年的 5.63 亿立方米，2016 年增长到 8.75 亿立方米；热力的消耗上，只有 2013 年的数据值为 17.68 百亿千焦，2016 年上升至 35.54 亿立方米；电力的消耗上，2004—2016 年持续上升，从 2004 年的 25.52 亿千瓦时持续上升到 2016 年的 58.43 亿千瓦时。

表 2.11 山西 2004—2016 年物流业能源消耗表

年份	煤合计/万吨	油品合计/万吨	天然气/亿立方米	热力/百亿千焦	电力/亿千瓦时
2004	86.00	146.60			25.52
2005	68.00	200.35			31.07
2006	64.00	217.56	0.50		37.32
2007	54.61	224.81	0.55		41.01
2008	64.85	460.56	0.30		40.66
2009	53.42	472.75			41.18
2010	54.94		324.13		
2011	55.86	455.85	5.63		
2012	63.73	473.63			51.92
2013	46.56	502.58	0.19	17.68	21.44
2014	56.45	487.51	6.47		58.79
2015	69.26	505.65	8.10		54.31
2016	56.45	487.51	8.75	35.54	58.43

2. 吉林

从表 2.12 中吉林 2004—2016 年物流业能源消耗可以看出，吉林省的煤能源消耗合计整体处于上升的趋势，从 2004 年的 91.47 万吨先上升到 2006 年的 123.82 万吨，后下降到 2012 年的 87.33 万吨，到 2015 年上升到 541.12 万吨，2016 年回落至 489.13 万吨；油品的消耗上，2004—2016 年物流业油品消耗整体处于上升趋势，从 2004 年的 55.30 万吨一直增长到 2016 年的 261.63 万吨；天然气的消耗在 2010 年达到高峰至 194.06 亿立方米，随后又回落到 2011 年的 2.02 亿立方米，2016 年下降到 0.25 亿立方米；热力的消耗上，整体先上升后下降，从 2004 年的 117.34 百亿千焦上升到 2008 年的 577.66 百亿千焦，降到 2013 年的 181.72 百亿千焦，后上升到 2016 年的 357.51 百亿千焦；电力的消耗上，2004—2015 年整体小幅上升，从 2004 年的 8.64 亿千瓦时上升到 2016 年的 22.95 亿千瓦时。

表 2.12　　　　　　　　吉林 2004—2016 年物流业能源消耗表

年份	煤合计/万吨	油品合计/万吨	天然气/亿立方米	热力/百亿千焦	电力/亿千瓦时
2004	91.47	55.30		117.34	8.64
2005	116.28	97.36		235.05	12.98
2006	123.82	118.49		334.48	12.94
2007	89.61	201.80		377.36	11.15
2008	104.55	225.66	3.72	577.66	11.57
2009	104.05	228.10	3.72	276.03	12.08
2010	127.31		194.06		
2011	119.16	254.24	2.02	497.63	13.94
2012	87.33	282.67		589.23	14.47
2013	510.14	243.91	0.03	181.72	17.43
2014	489.13	261.63	0.04	241.82	17.87
2015	541.12	242.88	0.05	357.51	19.22
2016	489.13	261.63	0.25	357.51	22.95

3. 黑龙江

从表 2.13 中黑龙江 2004—2016 年物流业能源消耗可以看出，黑龙江省的煤能源消耗合计整体处于上升的趋势，从 2004 年的 8.36 万吨先上升到 2009 年的 115.35 万吨，后下降到 2010 年的 78.78 万吨，到 2015 年上升到 449.82 万吨，2016 年出现小幅回落，下降至 403.00 万吨；油品的消耗上，2004—2015 年物流业油品消耗整体处于上升趋势，从 2004 年的 215.31 万吨持续增长到 2016 年的 493.27 万吨；天然气的消耗上，2010 年的数据达到 135.41 亿立方米，2016 的数据呈现急剧下滑的情况，仅有 1.73 亿立方米；热力的消耗上，整体上升幅度较大，从 2008 年的 2.64 百亿千焦上升到 2011 年的 371.08 百亿千焦，又持续上升到 2016 年的 846.76 百亿千焦；电力的消耗上，2004—2015 年整体小幅上升，从 2004 年的 7.28 亿千瓦时上升到 2016 年的 16.59 亿千瓦时。

表 2.13　　　　　　　　黑龙江 2004—2016 年物流业能源消耗表

年份	煤合计/万吨	油品合计/万吨	天然气/亿立方米	热力/百亿千焦	电力/亿千瓦时
2004	8.36	215.31			7.28
2005	113.62	236.85			8.43
2006	145.64	267.27			9.57
2007	125.82	282.00			8.80
2008	121.25	230.64		2.64	21.11
2009	115.35	286.90			8.69
2010	78.78		135.41		
2011	376.57	377.57		371.08	11.19
2012	277.67	460.19		817.80	11.76
2013	370.83	471.11		890.00	13.43
2014	403.00	501.33		899.65	13.80
2015	449.82	496.49		830.48	13.14
2016	403.00	493.27	1.73	846.76	16.59

4. 安徽

从表 2.14 中安徽 2004—2016 年物流业能源消耗可以看出，安徽省的煤能源消耗合计整体先上升后下降的趋势，从 2004 年的 14.60 万吨先上升到 2011 年的 42.18 万吨，后 2015 年上升到 19.30 万吨，2016 年又下降至 19.08 万吨；油品的消耗上，2004—2015 年物流业油品消耗整体处于上升趋势，从 2004 年的 162.44 万吨持续增长到 2015 年的 611.55 万吨，2016 年下降到 602.67 万吨；天然气的消耗从 2009 年的 1.07 亿立方米突增到 2010 年的 217.92 亿立方米，随后又回落到 2011 年的 3.00 亿立方米，2016 年增长到 5.00 亿立方米；热力的消耗上，整体相对平稳，从 2009 年的 0.41 百亿千焦上升到 2014 年的 5.13 百亿千焦，2016 年出现小幅回落，下降至 3.98 百亿千焦；电力的消耗上，2004—2016 年整体小幅上升，从 2004 年的 5.40 亿千瓦时上升到 2016 年的 32.23 亿千瓦时。

表 2.14 安徽 2004—2016 年物流业能源消耗表

年份	煤合计/万吨	油品合计/万吨	天然气/亿立方米	热力/百亿千焦	电力/亿千瓦时
2004	14.60	162.44			5.40
2005	13.40	184.87			4.98
2006	14.70	208.54			6.22
2007	15.27	256.63	0.02		8.95
2008	34.37	252.09	0.92		10.53
2009	34.99	261.97	1.07	0.41	12.16
2010	38.35		217.92		
2011	42.18	331.39	3.00	2.56	17.93
2012	15.52	496.36		5.04	19.75
2013	18.40	548.31	4.10	5.4	21.09
2014	19.09	602.27	5.43	5.13	22.47
2015	19.30	611.55	4.93		26.74
2016	19.08	602.67	5.00	3.98	32.23

5. 江西

从表 2.15 中江西 2004—2016 年物流业能源消耗可以看出,江西省的煤能源消耗合计整体呈现下降的趋势,从 2004 年的 13.00 万吨下降到 2011 年的 1.80 万吨,后 2016 年上升到 6.5 万吨;油品的消耗上,2004—2015 年物流业油品消耗整体处于上升趋势,从 2004 年的 208.09 万吨持续增长到 2015 年的 452.52 万吨,2016 年出现小幅回落,下降至 413.90 万吨;天然气的消耗在 2010 年出现峰值 209.77 亿立方米,随后又回落到 2011 年的 0.03 亿立方米;热力的消耗上,只有 2004 年的数据 5.01 百亿千焦;电力的消耗上,2005—2016 年整体上升,从 2005 年的 4.35 亿千瓦时上升到 2016 年的 34.06 亿千瓦时。

表 2.15 江西 2004—2016 年物流业能源消耗表

年份	煤合计/万吨	油品合计/万吨	天然气/亿立方米	热力/百亿千焦	电力/亿千瓦时
2004	13.00	208.09		5.01	
2005	2.56	211.49			4.35
2006	1.99	223.49			4.45

年份	煤合计/万吨	油品合计/万吨	天然气/亿立方米	热力/百亿千焦	电力/亿千瓦时
2007	2.77	227.81			7.64
2008	5.16	228.48			8.92
2009	3.76	236.55			10.64
2010	3.06		209.77		
2011	1.80	313.61	0.03		17.49
2012	2.70	327.23	0.04		18.71
2013	3.50	404.82			20.65
2014	6.50	413.90			21.79
2015	5.00	452.52			28.46
2016	6.50	413.90			34.06

6. 河南

从表 2.16 中河南 2004—2016 年物流业能源消耗来看，河南省的煤能源消耗合计整体处于先上升后下降的趋势，从 2004 年的 5.26 万吨先上升到 2011 年的 40 万吨，后 2016 年下降到 6.74 万吨；油品的消耗上，2004—2015 年物流业油品消耗整体处于上升趋势，从 2004 年的 331.13 万吨持续增长到 2015 年的 852.52 万吨，2016 年出现小幅回落，下降至 774.46 万吨；天然气的消耗从 2007 年的 0.02 亿立方米突增到 2010 年的 350.01 亿立方米，随后又回落到 2012 年的 49 亿立方米，2014 年下降到 6.57 亿立方米，2016 年上升至 8.34 亿立方米；热力的消耗上，整体先下降后上升再下降，从 2005 年 0.51 百亿千焦增长到 2009 年的 18 百亿千焦，后下降到 0.36 百亿千焦，2013 年上升到 484.90 百亿千焦，2016 年急剧下降至 35.79 百亿千焦；电力消耗上，2004—2015 年整体小幅上升，从 2004 年的 29.99 亿千瓦时上升到 2016 年的 109.96 亿千瓦时。

表 2.16　　　　　　　　河南 2004—2016 年物流业能源消耗表

年份	煤合计/万吨	油品合计/万吨	天然气/亿立方米	热力/百亿千焦	电力/亿千瓦时
2004	5.26	331.13			29.99
2005	20.00	340.59	0.02	0.15	31.87

年份	煤合计/万吨	油品合计/万吨	天然气/亿立方米	热力/百亿千焦	电力/亿千瓦时
2006	20.00	357.62	0.02	14.75	33.42
2007	20.00	424.41	0.02	16.89	36.32
2008	15.63	451.40		16.00	37.9
2009	17.36	504.00		18.00	39.02
2010	25.11		350.01	0.36	
2011	40.00	641.39		0.80	54.9
2012		728.40	49	440.82	55.33
2013	8.66	801.24		484.90	78.14
2014	6.74	804.75	6.57		67.52
2015	10.48	852.52			80.64
2016	6.74	774.46	8.34	35.79	109.96

7. 湖北

从表 2.17 中湖北 2004—2016 年物流业能源消耗来看，湖北省的煤能源消耗合计整体先上升后下降的趋势，从 2004 年的 74.50 万吨先上升到 2011 年的 538.10 万吨，后 2016 年下降到 67.29 万吨；油品的消耗上，2004—2016 年物流业油品消耗整体处于上升趋势，从 2004 年的 454.31 万吨持续增长到 2015 年的 900.69 万吨，2016 年回落至 866.88 万吨；天然气的消耗从 2009 年的 2.28 亿立方米突增到 2010 年的 287.14 亿立方米，随后又回落到 2011 年的 4.51 亿立方米，2015 年下降到 7.09 亿立方米，2016 年上升到 7.34 亿立方米；热力的消耗上，整体上升，从 2010 年 3.59 百亿千焦增长到 2016 年的 5.19 百亿千焦；电力的消耗上，2004—2016 年整体小幅上升，从 2004 年的 13.15 亿千瓦时上升到 2016 年的 46.96 亿千瓦时。

表 2.17　　　　　　　　　湖北 2004—2016 年物流业能源消耗表

年份	煤合计/万吨	油品合计/万吨	天然气/亿立方米	热力/百亿千焦	电力/亿千瓦时
2004	74.50	454.31			13.15
2005	105.67	560.70			13.71

年份	煤合计/万吨	油品合计/万吨	天然气/亿立方米	热力/百亿千焦	电力/亿千瓦时
2006	116.24	598.86			14.21
2007	138.50	650.49			11.93
2008	175.20	752.62	2.05		10.86
2009	173.99	710.73	2.28		12.71
2010	334.67		287.14	3.59	4.12
2011	538.10	716.68	4.51		25.47
2012	399.16	771.32	62.61		29.43
2013	69.76	888.53	5.17	4.75	34.81
2014	67.29	882.50	6.76	4.75	37.606
2015	67.73	900.69	7.09	5.02	42.1
2016	67.29	866.88	7.34	5.19	46.96

8. 湖南

从表 2.18 中湖南 2004—2016 年物流业能源消耗来看，湖南省的煤能源消耗合计整体呈现上升的趋势，从 2004 年的 18.90 万吨先上升到 2005 年的 28.10 万吨，后 2006 年下降到 8.10 万吨，后几年持续上升，到 2015 年上升到 169.15 万吨，2016 年下降到 163.15 万吨；油品的消耗上，2004—2016 年物流业油品消耗整体处于上升趋势，从 2004 年的 335.08 万吨持续增长到 2015 年的 812.10 万吨，2016 年下降到 709.37 万吨；天然气的消耗从 2009 年的 0.51 亿立方米突增到 2010 年的 345.77 亿立方米，随后又回落到 2011 年的 0.75 亿立方米，2016 年上升到 2.10 亿立方米；热力的消耗上从 2010 年的 2.32 百亿千焦增长到 2011 年的 34.96 百亿千焦；电力的消耗上，2004—2015 年整体小幅上升，从 2004 年的 20.03 亿千瓦时上升到 2016 年的 48.42 亿千瓦时。

表 2.18　　　　　　　　湖南 2004—2016 年物流业能源消耗表

年份	煤合计/万吨	油品合计/万吨	天然气/亿立方米	热力/百亿千焦	电力/亿千瓦时
2004	18.90	335.08			20.03
2005	28.10	377.79			19.05

年份	煤合计/万吨	油品合计/万吨	天然气/亿立方米	热力/百亿千焦	电力/亿千瓦时
2006	8.10	412.32			20.63
2007	9.99	452.11	0.03		24.22
2008	26.74	371.51	0.26		24.16
2009	21.71	480.95	0.51		24.34
2010	59.62		345.77	2.32	
2011	66.61	597.78	0.75	34.96	1.86
2012	68.12	537.74	2.22		35.99
2013	151.32	651.73	1.82		37.02
2014	163.15	712.69	1.96		39.55
2015	169.15	812.10	1.96		42.53
2016	163.15	709.37	2.10		48.42

2.3　西部省域能源消耗

西部地区包括内蒙古、广西、海南、重庆、四川、贵州、云南、陕西、甘肃、青海、宁夏和新疆12个省区市。

1. 内蒙古

从表2.19中内蒙古2004—2016年物流业能源消耗来看,内蒙古的煤能源消耗合计整体上升幅度较大,从2004年的118.18万吨先上升到2009年的220.22万吨,2010年下降到199.72万吨,后几年持续上升,到2015年719.53万吨,2016年下降至297.46万吨;油品的消耗上,2004—2016年物流业油品消耗整体处于先上升后下降的趋势,从2004年的146.63万吨持续增长到2012年的764.66万吨,2016年下降到362.97万吨;天然气的消耗从2009年的1.01亿立方米突增到2010年的541.75亿立方米,随后又回落到2012年的4.30亿立方米,2015年上升到5.07亿立方米,2016年又降至4.42亿立方米;热力的消耗上整体较高且先上升后下降,从2004年的790.65百亿千焦增长到2012年的1393.97百亿千焦,2016年下降到208.42百亿千焦;电力的消耗上,2004—2016年整体小幅上升，从 2004 年的 4.99 亿千瓦时上升到 2016 年的 24.73 亿千瓦时。

表 2.19　　　　　　　　内蒙古 2004—2016 年物流业能源消耗表

年份	煤合计/万吨	油品合计/万吨	天然气/亿立方米	热力/百亿千焦	电力/亿千瓦时
2004	118.18	146.63		790.65	4.99
2005	178.67	333.95	0.17	798.44	6.14
2006	120.08	418.91	0.20	947.60	6.55
2007	139.84	483.22	0.30	974.41	6.69
2008	147.40	564.16	0.59	989.10	8.64
2009	220.22	613.35	1.01	1008.20	12.65
2010	199.72		541.75		
2011	215.71	764.66	4.30	1070.82	20.12
2012	481.97	763.65		1393.97	19.60
2013	588.94	446.62	3.25	534.08	22.23
2014	636.20	411.62	4.54	570.25	23.24
2015	719.53	376.10	5.07	698.09	23.02
2016	297.46	362.97	4.42	208.42	24.73

2. 广西

从表 2.20 中广西 2004—2016 年物流业能源消耗来看，广西的煤能源消耗合计整体较小且呈现下降趋势，从 2004 年的 14.70 万吨上升到 2009 年的 31.66 万吨，2010 年下降到 0.15 万吨，2012—2016 年基本保持在 0.17 万吨左右；油品的消耗上，2004—2016 年物流业油品消耗整体处于上升趋势，从 2004 年的 251.01 万吨持续增长到 2016 的 601.48 万吨；天然气的消耗 2010 年为 351.37 亿立方米，随后又回落到 2014 年的 0.10 亿立方米，2015 年上升到 0.79 亿立方米，2016 下降至 0.56 亿立方米；热力的消耗上未统计到数据；电力的消耗上，2004—2016 年整体小幅上升，从 2004 年的 7.12 亿千瓦时上升到 2015 年的 27.12 亿千瓦时。

表 2.20   广西 2004—2016 年物流业能源消耗表

年份	煤合计/万吨	油品合计/万吨	天然气/亿立方米	热力/百亿千焦	电力/亿千瓦时
2004	14.70	251.01			7.12
2005	16.32	292.44			6.78
2006	19.26	343.88			6.79
2007	19.39	379.03			7.1499
2008	31.66	384.95			7.63
2009	30.15	437.38			10.21
2010	0.15		351.37		
2011	0.16	529.91			13.31
2012	0.17	573.87			14.35
2013	0.17	448.07			15.74
2014	0.17	564.93	0.10		18.85
2015	0.17	580.97	0.79		23.29
2016	0.10	601.48	0.56		27.12

3. 海南

从表 2.21 中海南 2004—2016 年物流业能源消耗来看，海南省的煤能源消耗数据较少，只有 2004 年和 2005 年的数据，分别是 6.1 万吨和 5.6 万吨；油品的消耗上，2004—2016 年物流业油品消耗整体呈现先上升后下降的趋势，从 2004 年的 87.72 万吨持续增长到 2012 年的 205.38 万吨，2016 年下降到 179.73 万吨；天然气的消耗从 2009 年的 0.56 亿立方米突增到 2010 年的 71.44 亿立方米，随后又回落到 2013 年的 1.12 亿立方米，2015 年下降到 0.75 亿立方米，2016 年又稍回升到 0.81 亿立方米；热力的消耗上未统计到数据；电力的消耗上，2004—2016 年整体小幅上升，从 2004 年的 1.8 亿千瓦时上升到 2016 年的 5.45 亿千瓦时。

表 2.21   海南 2004—2016 年物流业能源消耗表

年份	煤合计/万吨	油品合计/万吨	天然气/亿立方米	热力/百亿千焦	电力/亿千瓦时
2004	6.10	87.72			1.80
2005	5.60	87.44			1.35

续表

年份	煤合计/万吨	油品合计/万吨	天然气/亿立方米	热力/百亿千焦	电力/亿千瓦时
2006		100.47	0.21		1.46
2007		109.40	0.28		1.53
2008		158.52	0.51		1.65
2009		180.03	0.56		1.74
2010			71.44		
2011		202.96	1.02		2.75
2012		205.38			3.39
2013		187.22	1.12		3.59
2014		181.03	0.41		3.84
2015		186.85	0.75		4.19
2016		179.73	0.81		5.45

4. 重庆

从表2.22中重庆2004—2016年物流业能源消耗来看，重庆市的煤能源消耗合计整体小幅下降，从2004年的21.28万吨先上升到2013年的42.52万吨，2015年下降到14.83万吨，2016年稍回升至16.64万吨；油品的消耗上，2004—2016年物流业油品消耗整体持续上升，从2004年的193.60万吨持续增长到2016年的563.09万吨；天然气的消耗从2009年的1.75亿立方米突增到2010年的270.40亿立方米，随后又回落到2012年的3.45亿立方米，2016年突升到150.2592亿立方米；热力的消耗上稍有上升，只有2004年和2013年的数据，分别是6百亿千焦和15.06百亿千焦；电力的消耗上，2004—2016年整体小幅上升，从2005年的8.01亿千瓦时上升到2016年的18.88亿千瓦时。

表2.22　　　　　　　　　重庆2004—2016年物流业能源消耗表

年份	煤合计/万吨	油品合计/万吨	天然气/亿立方米	热力/百亿千焦	电力/亿千瓦时
2004	21.28	193.60	0.01	6.00	
2005	21.26	201.15	0.1		8.01
2006	21.21	218.72	0.1		6.35
2007	21.93	271.72	0.1		8.00

续表

年份	煤合计/万吨	油品合计/万吨	天然气/亿立方米	热力/百亿千焦	电力/亿千瓦时
2008	24.95	308.99	0.11		9.34
2009	24.94	277.85	1.75		9.17
2010	28.43		270.40		
2011	32.27	357.75	3.45		11.63
2012	36.59	400.97			13.35
2013	42.52	446.72	7.15	15.06	
2014	14.52	430.80	7.19		16.47
2015	14.83	520.96	7.56		17.86
2016	16.64	563.09	150.2592		18.88

5. 四川

从表 2.23 中四川 2004—2016 年物流业能源消耗可以看出，四川省的煤能源消耗合计整体小幅下降，从 2004 年的 13.53 万吨先上升到 2009 年的 17.04 万吨，2010 年下降到 10 万吨，2016 年下降到 6.3 万吨；油品的消耗上，2004—2016 年物流业油品消耗整体呈现先上升后下降的趋势，从 2004 年的 308.26 万吨持续增长到 2012 年的 751.76 万吨，2015 年下降到 602.11 万吨，2016 年上升到 865.39 万吨；天然气的消耗从 2009 年的 0.57 亿立方米突增到 2010 年的 223.02 亿立方米，随后又回落到 2012 年的 4.98 亿立方米，2016 年上升到 6.1 亿立方米；热力的消耗只有 2010 年的数据为 10.08 百亿千焦；电力的消耗上，2004—2016 年整体小幅上升，从 2004 年的 19.37 亿千瓦时上升到 2016 年的 42.60 亿千瓦时。

表 2.23　　　　　　　　　四川 2004—2016 年物流业能源消耗表

年份	煤合计/万吨	油品合计/万吨	天然气/亿立方米	热力/百亿千焦	电力/亿千瓦时
2004	13.53	308.26	1.52		19.37
2005	11.01	346.58	1.67		21.16
2006	11.43	415.87	1.69		17.45
2007	12.68	499.32	2.07		22.71

年份	煤合计/万吨	油品合计/万吨	天然气/亿立方米	热力/百亿千焦	电力/亿千瓦时
2008	15.75	587.55	0.49		20.29
2009	17.04	690.77	0.57		22.89
2010	10.00		223.02	10.08	
2011	13.14	756.95	4.98		29.49
2012	5.03	751.76	150.00		32.28
2013	5.00	455.26	2.11		36.16
2014	4.85	639.93	5.96		35.32
2015	4.52	602.11	5.86		36.63
2016	6.30	865.39	6.10		42.60

6. 贵州

从表2.24中贵州2004—2016年物流业能源消耗来看，贵州省的煤能源消耗合计整体先上升后下降，从2004年的9.40万吨先上升到2013年的80.86万吨，2014年下降到68.00万吨，2016年下降到8.00万吨；油品的消耗上，2004—2016年物流业油品消耗整体呈现上升的趋势，从2004年的108.92万吨持续增长到2012年的402.44万吨，2013年下降到358.41万吨，2016年上升到514.51万吨；天然气的消耗2010年为192.16亿立方米，随后又回落到2013年的0.89亿立方米，2016年上升到1.42亿立方米；热力的消耗上未统计到数据；电力的消耗上，2004—2016年整体小幅上升，从2004年的17.29亿千瓦时上升到2016年的25.98亿千瓦时。

表2.24　　　　　　　　贵州2004—2016年物流业能源消耗表

年份	煤合计/万吨	油品合计/万吨	天然气/亿立方米	热力/百亿千焦	电力/亿千瓦时
2004	9.40	108.92			17.29
2005	9.50	133.16			17.18
2006	8.80	165.48			16.50
2007	8.85	203.83			19.96
2008	7.23	265.63			18.02

续表

年份	煤合计/万吨	油品合计/万吨	天然气/亿立方米	热力/百亿千焦	电力/亿千瓦时
2009	12.62	267.60			20.50
2010	15.32		192.16		
2011	15.16	343.63			25.94
2012	42.76	402.44			26.26
2013	80.86	358.41	0.89		21.89
2014	68.00	388.03	1.30		24.35
2015	9.19	464.26	1.40		23.86
2016	8.00	514.51	1.42		25.98

7. 云南

从表 2.25 中湖南 2004—2016 年物流业能源消耗来看，湖南省的煤能源消耗合计整体小幅下降，从 2004 年的 27.31 万吨先下降到 2013 年的 13.88 万吨，2016 年上升到 15.15 万吨；油品的消耗上，2004—2016 年物流业油品消耗整体呈现先上升后下降的趋势，从 2004 年的 92.81 万吨持续增长到 2015 年的 662.72 万吨；天然气的消耗 2010 年的数据为 399.68 亿立方米，随后回落到 2012 年的 0.06 亿立方米，2013 年下降到 0.02 亿立方米；热力的消耗上只有 2010 年的数据为 0.21 百亿千焦；电力的消耗上，2004—2016 年整体波动性上升，从 2004 年的 6.25 亿千瓦时上升到 2016 年的 27.67 亿千瓦时。

表 2.25　　　　　　　云南 2004—2016 年物流业能源消耗表

年份	煤合计/万吨	油品合计/万吨	天然气/亿立方米	热力/百亿千焦	电力/亿千瓦时
2004	27.31	92.81			6.25
2005	28.20	337.99			15.20
2006	24.96	384.96			12.57
2007	24.96	415.50			13.10
2008	18.75	430.42			14.231
2009	18.33	442.66			14.59
2010	18.38		399.68	0.21	
2011	17.66	594.49	0.06		18.55

年份	煤合计/万吨	油品合计/万吨	天然气/亿立方米	热力/百亿千焦	电力/亿千瓦时
2012	14.29	637.60			20.11
2013	13.88	605.40	0.02		19.59
2014	15.13	685.60			23.65
2015	15.05	662.72			24.20
2016	15.15	693.55	0		27.67

8. 陕西

从表 2.26 中陕西 2004—2016 年物流业能源消耗可以看出，陕西省的煤能源消耗合计整体先上升后下降，从 2004 年的 4.93 万吨先上升到 2012 年的 59.10 万吨，2016 年下降到 22.47 万吨；油品的消耗上，2004—2016 年物流业油品消耗整体呈现上升趋势，从 2004 年的 200.71 万吨持续增长到 2015 年的 470.57 万吨，2016 年降至 394.20 万吨；天然气的消耗整体小幅上升，从 2004 年的 0.82 亿立方米增长到 2011 年的 4.60 亿立方米，随后又回落到 2016 年的 2.79 亿立方米；热力的消耗上整体先下降后上升，从 2005 年的 32.82 百亿千焦下降到 2012 年的 0.18 百亿千焦，2015 年增长到 54.91 百亿千焦；电力的消耗上，2004—2016 年整体小幅上升，从 2004 年的 24.81 亿千瓦时上升到 2016 年的 60.68 亿千瓦时。

表 2.26　　　　　　　　　陕西 2004—2016 年物流业能源消耗表

年份	煤合计/万吨	油品合计/万吨	天然气/亿立方米	热力/百亿千焦	电力/亿千瓦时
2004	4.93	200.71	0.82		24.81
2005	19.65	251.07	1.30	32.82	26.16
2006	42.32	255.44		30.00	27.83
2007	25.80	306.90			32.62
2008	78.64	367.48			34.67
2009	38.00	462.81	3.55		36.89
2010	52.00		356.00		
2011	55.90	538.85	4.60	0.17	43.47

续表

年份	煤合计/万吨	油品合计/万吨	天然气/亿立方米	热力/百亿千焦	电力/亿千瓦时
2012	59.10	550.41		0.18	47.48
2013	31.58	449.24	2.520	40.18	49.47
2014	28.58	477.05	2.612	42.06	53.14
2015	27.24	470.57	3.260	54.91	53.37
2016	22.47	394.20	2.790	93.10	60.68

9. 甘肃

从表 2.27 中甘肃 2004—2016 年物流业能源消耗可以看出，甘肃省的煤能源消耗合计整体先上升后下降，从 2004 年的 35.74 万吨先上升到 2009 年的 53.00 万吨，2010 年下降到 50.00 万吨，到 2016 年上升为 45 万吨；油品的消耗上，2004—2016 年物流业油品消耗整体呈现上升趋势，从 2004 年的 118.00 万吨持续增长到 2014 年的 303.88 万吨，2016 年下降到 260.89 万吨；天然气的消耗整体小幅上升，从 2004 年的 0.38 亿立方米持续上升到 2016 年的 3.50 亿立方米；热力的消耗上整体呈现上升趋势，从 2012 年的 12.03 百亿千焦持续增长到 2016 年的 255.00 百亿千焦；电力的消耗上，2004—2016 年整体小幅上升，从 2004 年的 14.47 亿千瓦时上升到 2016 年的 40.70 亿千瓦时。

表 2.27 　　　　　　　　甘肃 2004—2016 年物流业能源消耗表

年份	煤合计/万吨	油品合计/万吨	天然气/亿立方米	热力/百亿千焦	电力/亿千瓦时
2004	35.74	118.00	0.38		14.47
2005	48.07	130.86	0.35		15.34
2006	52.59	131.70	0.67		17.97
2007	54.59	128.21	0.74		24.61
2008	53.00	137.77	0.78		27.71
2009	53.00	145.40	1.30		28.92
2010	50.00		143.00		
2011	50.20	176.50	1.43		31.89
2012	46.00	205.06		12.03	33.29

年份	煤合计/万吨	油品合计/万吨	天然气/亿立方米	热力/百亿千焦	电力/亿千瓦时
2013	33.00	299.17	1.64	51.00	38.96
2014	29.00	303.88	2.10	208.00	40.01
2015	28.00	280.65	2.80	250.00	41.04
2016	45.00	260.89	3.50	255.00	40.70

10. 青海

从表2.28中青海2004—2016年物流业能源消耗来看，青海省的煤能源消耗合计整体先上升后下降，从2004年的9.60万吨先上升到2008年的14.55万吨，2009年下降到13.73万吨，后几年持续下降到2016年的6.67万吨；油品的消耗上，2004—2016年物流业油品消耗整体呈现持续上升的趋势，从2004年的11.36万吨持续增长到2016年的94.71万吨；天然气的消耗从2009年的0.57亿立方米突增到2010年的54.34亿立方米，随后又回落到2011年的0.89亿立方米，2016年上升到2.12亿立方米；热力的消耗上整体呈现上升的趋势，从2008年的4.50百亿千焦增长到2016年的92.00百亿千焦；电力的消耗上，2004—2016年整体小幅上升，从2004年的0.97亿千瓦时上升到2016年的6.77亿千瓦时。

表 2.28　　　　　　　　　青海2004—2016年物流业能源消耗表

年份	煤合计/万吨	油品合计/万吨	天然气/亿立方米	热力/百亿千焦	电力/亿千瓦时
2004	9.60	11.36			0.97
2005	12.42	14.32	0.47		0.92
2006	11.06	16.56	0.50		0.95
2007	11.26	38.22	0.45		1.01
2008	14.55	46.13	0.68	4.50	1.16
2009	13.73	54.27	0.57	5.03	1.35
2010	12.49		54.34		
2011	12.75	65.72	0.89	4.66	3.22
2012	11.95	67.14		10.00	5.346

年份	煤合计/万吨	油品合计/万吨	天然气/亿立方米	热力/百亿千焦	电力/亿千瓦时
2013	9.82	69.03	1.39	10.50	5.33
2014	7.82	78.91	0.97	12.50	5.73
2015	7.86	80.61	1.92	91.40	6.23
2016	6.67	94.71	2.12	92.00	6.77

11. 宁夏

从表 2.29 中宁夏 2004—2016 年物流业能源消耗来看，宁夏的煤能源消耗合计整体先上升后下降，从 2004 年的 2.13 万吨先上升到 2007 年的 13.35 万吨，2008 年下降到 4.10 万吨，2012 年上升到 6.43 万吨，后几年持续下降到 2016 年的 5.12 万吨；油品的消耗上，2004—2016 年物流业油品消耗整体呈现上升的趋势，从 2004 年的 24.34 万吨持续增长到 2008 年的 82.30 万吨，2016 年上升到 99.52 万吨；天然气的消耗从 2009 年的 1.62 亿立方米突增到 2010 年的 75.54 亿立方米，随后又回落到 2011 年的 1.73 亿立方米，2015 年上升到 3.25 亿立方米，2016 年降至 2.59 亿立方米；热力的消耗上整体呈现先上升后下降的趋势，从 2005 年的 10.00 百亿千焦增长到 2008 年的 150.00 百亿千焦，2009 年下降到 10.00 百亿千焦，2013 年上升到 51.40 百亿千焦，2016 年下降到 28.35 百亿千焦；电力的消耗上，2004—2016 年整体小幅上升，从 2004 年的 3.70 亿千瓦时上升到 2016 年的 7.32 亿千瓦时。

表 2.29　　　　　　　　宁夏 2004—2016 年物流业能源消耗表

年份	煤合计/万吨	油品合计/万吨	天然气/亿立方米	热力/百亿千焦	电力/亿千瓦时
2004	2.13	24.34			3.70
2005	12.13	64.50	0.15	10.00	4.52
2006	12.77	75.09	0.01	30.00	4.76
2007	13.35	79.12	0.10	80.21	4.91
2008	4.10	82.30	0.21	150.00	5.34
2009	6.42	73.12	1.62	10.00	5.89
2010	6.75		75.54		

续表

年份	煤合计/万吨	油品合计/万吨	天然气/亿立方米	热力/百亿千焦	电力/亿千瓦时
2011	6.20	84.49	1.73	38.00	7.02
2012	6.43	87.44		41.40	7.59
2013	5.23	90.64	2.45	51.40	7.70
2014	4.82	95.05	2.75	20.74	7.48
2015	4.82	95.73	3.25	28.74	7.11
2016	5.12	99.52	2.59	28.35	7.32

12. 新疆

从表2.30中新疆2004—2016年物流业能源消耗可以看出，新疆的煤能源消耗合计整体上升的趋势，从2004年的21.00万吨先上升到2006年的57.57万吨，2011年下降到49.30万吨，后几年持续上升，到2015年上升到61.16万吨，2016年稍降至54.85万吨；油品的消耗上，2004—2016年物流业油品消耗呈现整体上升的趋势，从2004年的150.44万吨持续增长到2016年的532.44万吨；天然气的消耗从2009年的3.10亿立方米突增到2010年的172.00亿立方米，随后又回落到2011年的3.70亿立方米，2016年上升到11.52亿立方米；热力的消耗上整体上升，从2004年的13.00百亿千焦增长到2009年的25.00百亿千焦，2010年下降到0.02百亿千焦，2016年上升到90.00百亿千焦；电力的消耗上，2004—2016年整体小幅上升，从2004年的3.90亿千瓦时上升到2015年的29.39亿千瓦时，2016年稍降至25.47亿千瓦时。

表2.30　　　　　新疆2004—2016年物流业能源消耗表

年份	煤合计/万吨	油品合计/万吨	天然气/亿立方米	热力/百亿千焦	电力/亿千瓦时
2004	21.00	150.44	0.07	13.00	3.90
2005	56.60	210.00	2.92	23.00	4.74
2006	57.57	251.03	3.00	23.00	8.09
2007	55.00	261.56	3.10	24.00	11.39
2008	53.00	270.52	3.20	24.00	6.11

续表

年份	煤合计/万吨	油品合计/万吨	天然气/亿立方米	热力/百亿千焦	电力/亿千瓦时
2009	52.00	260.79	3.10	25.00	6.08
2010	50.00		172.00	0.02	
2011	49.30	310.73	3.70	39.00	7.69
2012	51.00	356.67		39.00	10.17
2013	51.00	414.88	6.70	80.00	16.99
2014	50.90	430.49	7.90	70.01	24.08
2015	61.16	509.73	9.97	89.00	29.39
2016	54.85	532.44	11.52	90.00	25.47

2.4 研究结论

为了能更好地对比各个区域和省域的能源消耗情况，本节利用能源折算系数，将各种能源消耗统一换算成标准煤，进行总体分析。

按照表2.31中的能源折算系数，各种能源消耗都可以统一换算成标准煤，将这些换算后的标准煤数据加总，即可得到中国物流业的能源消耗量。其计算公式为

$$E = \sum_i^n c_i \times e_i \qquad (2-1)$$

式中：c_i 为第 i 种能源的能源折算系数；e_i 为第 i 种能源的消耗量。

根据2004—2016年我国物流业的相关数据，结合表2.31和式（2-1），可以计算出我国物流业的能源消耗量。

表2.31　　　　　　　　　各种能源折算标准煤参考系数

能源种类	折算标准系数
原煤	0.7143 千克标准煤/千克
洗精煤	0.9000 千克标准煤/千克
焦炭	0.9714 千克标准煤/千克
汽油	1.4714 千克标准煤/千克

能源种类	折算标准系数
煤油	1.4714 千克标准煤/千克
柴油	1.4571 千克标准煤/千克
天然气	1.3300 千克标准煤/立方米
液化石油气	1.7143 千克标准煤/千克
原油	1.4286 千克标准煤/千克
燃料油	1.4286 千克标准煤/千克
焦炉煤气	0.6143 千克标准煤/立方米
炼厂干气	1.5742 千克标准煤/千克
电力	0.1229 千克标准煤/千瓦小时
热力	0.03412 千克标准煤/百万焦耳

表2.32 的数据是我国2004—2016 年东部、中部、西部地区的能源消耗情况，从表中可以看出，2004—2016 年，我国物流业的能源消耗情况整体呈现出东部高于西部，西部又高于中部的特点。东部地区由于经济发达，物流业的能源消耗量要远大于西部和中部地区。但是，在样本年内的物流业产值平均为698.5 亿元（1978 年价格），比中部地区的352.1 亿元（1978 年价格）和西部地区的255.8 亿元（1978 年价格）的总和都高，说明东部地区的物流能源利用率较高，而作为西部地区物流产值低于中部地区的情况下，物流业能源消耗量却大于中部地区，说明西部地区的能源效率较低。

表 2.32　　　　2004—2016 年我国物流业能源消耗区域描述统计　　单位：万吨标准煤

年份	东部	中部	西部
2004	5039	2453	2894
2005	7083	2804	3087
2006	8160	3387	4323
2007	9275	3714	4913
2008	10419	4290	5389
2009	10937	4159	5806
2010	11708	4887	6268

续表

年份	东部	中部	西部
2011	11942	6029	6351
2012	12627	7101	7518
2013	11427	7503	6146
2014	11902	7279	6739
2015	12807	7680	7242
2016	13977	8098	6763

2004—2016 年我国各省、市和自治区的物流业能源消耗情况见表 2.33。从表中可以看出，样本年内山东的物流业能源消耗最高，青海省的物流业能源消耗量最低，其次是海南。特别值得关注的是，内蒙古作为西部地区，物流业能源消耗居于全国第二，高于东部的一些发达省份。能源消耗在样本中总体呈现上升的趋势。从物流业能源消耗的统计数据来看，能源消耗的问题不只是东部发达地区，全国各个地区的能源消耗都存在不同层次的问题，需要根据各个省份的具体情况具体分析。

表 2.33　　　2004—2016 年我国物流业能源消耗省域描述统计　　单位：万吨标准煤

地区	2004	2005	2006	2007	2008	2009	2010	2011	2012	2013	2014	2015	2016
北京	315	568	718	1004	1532	1532	1532	1371	1358	1315	1362	1365	1346
天津	233	230	321	336	310	364	483	478	498	420	456	499	527
河北	184	498	542	580	580	580	682	739	750	737	717	1139	1251
内蒙古	1060	521	1493	1604	1710	1855	1997	2076	2662	1594	1646	1822	898
山西	258	299	319	321	566	567	546	568	596	588	609	637	694
辽宁	485	821	1098	1261	1375	1426	1341	1342	1542	1274	1370	1479	1567
吉林	273	227	590	680	923	624	834	887	976	953	1010	1161	1123
黑龙江	231	359	422	417	376	411	530	1136	1567	1737	1810	1783	1824
上海	836	940	1120	1274	1315	1373	1476	1383	1433	1396	1393	1452	1580
江苏	596	619	655	714	834	865	1089	1072	1105	1212	1294	1321	1351
浙江	438	690	573	694	694	694	694	848	887	930	955	1018	1025
安徽	182	203	229	284	298	310	350	397	541	597	654	663	681

续表

地区	2004	2005	2006	2007	2008	2009	2010	2011	2012	2013	2014	2015	2016
福建	269	275	296	327	428	469	520	560	584	592	645	681	727
江西	226	218	230	227	243	241	304	333	349	429	442	485	497
山东	696	1175	1532	1645	1799	2004	2086	2302	2530	1698	1772	1821	1890
河南	366	392	426	498	521	578	660	736	1225	1369	855	925	986
湖北	542	680	729	801	941	900	1025	1275	1205	990	983	1005	1217
湖南	374	425	441	486	423	528	637	697	643	839	914	1022	1078
广东	987	1268	1306	1441	1552	1631	1804	1848	1940	1852	1938	2032	2714
广西	273	316	370	406	424	478	506	543	588	464	584	605	629
海南	96	94	102	111	161	182	197	207	210	192	185	192	186
重庆	221	346	252	346	346	346	346	405	458	511	469	561	605
四川	341	381	447	537	628	735	743	575	794	472	657	641	920
贵州	136	161	191	233	291	301	348	384	471	462	482	499	550
云南	126	382	423	454	464	476	590	631	672	639	724	702	736
陕西	231	298	356	365	481	541	590	643	662	568	595	598	573
甘肃	169	195	203	208	219	229	248	260	298	424	583	602	605
青海	22	28	29	51	67	75	84	87	95	96	106	188	202
宁夏	30	92	114	242	242	242	242	137	145	157	130	139	143
新疆	188	275	343	355	357	347	377	402	461	566	578	693	714

　　以上数据表明我国省域物流业能源消耗整体呈现波动上升的趋势，从我国区域能源消耗来看，东部地区能源消耗要大于中西部地区，而西部地区能源消耗大于中部地区，西部地区能源利用效率较低。从我国省域能源来看，能源消耗较高的是山东和内蒙古，能源消耗较低的是青海和海南，基本符合区域能源消耗情况。对省域物流业能源消耗情况进行汇总和分析，可以为后面的研究提供数据支撑。

第 3 章
省域物流行业碳排放量的核算

本章同样选择了全国 30 个省、自治区、直辖市，除去香港、澳门特别行政区和台湾地区，以及研究相关数据缺失的西藏自治区。以区域划分的方式，对这些省域的碳排放量进行核算。

3.1 碳排放核算方法的选择

3.1.1 主要的碳排放核算方法

《联合国气候变化框架公约》（*United Nations Framework Convention on Climate Change*，UNFCCC）在 1992 年就提出要将大气中温室气体的浓度控制在一定范围内，但由于没有具体量化的减排指标，缺乏可操作性，直至 IPCC 温室气体排放清单的编制及算法的提出，才开启了温室气体排放核算体系的新时代。本书第 1 章介绍了碳排放核算的主要方法，下面主要介绍物流业碳排放核算方法。

根据《产品生命周期核算与报告标准》对温室气体核算范围的划分[127]，将碳排放测算分为直接能耗测算法和完全能耗测算法。直接能耗测算法是指根据产品或服务在生产过程中直接消耗的能源测算其碳排放量；而完全能耗测算法则考虑了产品在包括其他关联行业在内的整个生产链过程中所消耗的能源。

根据能源消耗结果，结合碳排放系数，就可以计算得出直接能耗的碳排放或完全能耗下的碳排放。其中，碳排放系数是指每一种能源燃烧或使用过程中单位能源所产生的碳排放数量。根据 IPCC 的假定，在一般使用过程中，可以认为某种能源的碳排放系数是不变的，并且都可以通过折算煤系数转化为标准煤。

下面介绍这两种主要测算方法。

（1）物流业直接能耗法的碳排放测算方法。IPCC 碳排放系数法是指将生产某种产品消耗的能源量与其碳排放系数相乘即可得其碳排放量，且 IPCC 假定，某种能源碳排放系数是不变的，由此可得，物流业直接能耗法的碳排放测算公式为

$$Q = EC_k \cdot \beta_k (NCV_k \cdot CEF_k \cdot COF_k \cdot 44/12) \quad (k=1,\ 2,\ \cdots,\ n) \quad (3-1)$$

式中：Q 表示物流业总的二氧化碳排放量；k 表示第 k 种能源；EC_k 表示物流业消耗的第 k 种能源的消耗量；β_k 表示第 k 种能源的折标准煤系数；NCV_k 表示第 k 种能源的平均低位发热量；CEF_k 表示第 k 种能源的单位热值含碳量；COF_k 表示第 k 种能源的碳氧化率；$44/12$ 为二氧化碳的分子量。

尽管电力属二次能源，但考虑中国电力生产环节中煤炭的消耗量巨大，因此，在计算物流业电力消耗造成的碳排放时需要对其转换为煤炭消耗量，具体转换公式为

$$CON_d = ELE \cdot p \cdot \beta_k \cdot C_k \quad (3-2)$$

式中：CON_d 为电力折煤消耗量；ELE 为物流业的耗电量；p 为当年火电比重；β_k 表示第 k 种能源的折标准煤系数；C_k 是折煤碳系数。

（2）基于投入产出法的物流业完全消耗碳排放测算方法。完全能耗系数是指对产品生产过程中间接碳排放的测算，投入产出法是一个很好的计算框架，适用于宏观层面计算。具体来说，以投入产出表为基础，利用直接消耗系数矩阵，得到直接碳排放系数，再利用公式（3-3）（其中 A 为直接消耗矩阵，I 为 A 的同阶单位矩阵，B 为完全消耗矩阵）得出完全消耗系数及矩阵。计算 j 部门对 i 部门的完全消耗系数 δ_{ij} 组成的完全消耗系数矩阵 B 的计算公式为

$$B = (I-A)^{-1} - I \quad (3-3)$$

式中：$(I-A)^{-1}$ 是里昂惕夫逆矩阵；A 为直接消耗系数 a_{ij} 组成的直接消耗矩阵，即 $A=[a_{ij}]$，直接消耗系数表示第 j 部门生产单位产品所直接消耗第 i 部门的产品数量，反映了部门之间的直接经济技术联系，其值 a_{ij} 是由第 j 部门的总产出 X_j（万元）与第 j 部门所需的第 i 部门投入 X_{ij}（万元）之比计算得到；

完全消耗系数 δ_{ij} 表示 j 部门每提供一单位的最终产品或服务需要直接和间接消耗（即完全消耗）i 部门的产品或服务数量。

3.1.2 物流业碳排放测算方法选择

物流业经济活动是主要碳排放源之一，也是温室气体减排、缓解气候变化的重要领域。从物流业的经济活动不难看出，化石能源的利用过程是其直接碳排放的最主要来源。从省域层面对我国物流业的碳排放量进行核算和比较分析，对于从宏观上掌控各省域物流业碳排放量及省域物流业节能减排目标确定具有重要的意义。本节首先给出了省域物流业 CO_2 排放量测算模型，测算了不同能源的 CO_2 排放因子及排放系数；接着，从 3.1.1 节中给出的物流业的碳排放测算方法直接能耗法和间接能耗法，选用直接能耗法，直接能耗法的碳排放可以根据能源消耗的数量与各类能源的碳排放因子进行精确计算，而间接能耗法计算过程中主要以中国各年的投入产出表为基础[128]。最后应用物流业直接能耗法核算我国各省域 2004—2015 年物流业的 CO_2 排放量。

本书所测算的物流 CO_2 排放量是依据各省域《中国能源统计年鉴》对交通运输业、仓储和邮政业的统计数据折算而成的，省域碳排放量的测算模型为

$$Q_c = Q_{pc} + Q_{cc} + Q_{gc} + Q_{ec} + Q_{hc} \qquad (3-4)$$

式中：Q_{pc} 为消耗石油燃料的碳排放量；Q_{cc} 为消耗煤炭的碳排放量；Q_{gc} 为消耗燃气的碳排放量；Q_{ec} 为消耗电能所折算的碳排放量；Q_{hc} 为消耗热能所折算的碳排放量。

（1）省域物流业石油燃料的 CO_2 排放量。物流作业过程中使用的石油燃料主要有汽油、煤油和柴油等，其主要的消耗是在运输和配送作业活动中，因此，以省域内物流作业活动所消耗的石油燃料量来核算所排放的碳量，其核算公式为

$$Q_{pc} = \sum (\text{不同燃油消耗量} \times CO_2 \text{ 排放系数}) \qquad (3-5)$$

式中：不同能源的 CO_2 排放系数见表 3.1。

（2）省域物流业煤炭燃料的 CO_2 排放量。物流作业过程中所使用的煤炭燃料主要用于为物流节点供热，因此，以区域内物流活动所消耗的煤炭燃料量来核算所排放的碳量，其核算公式为

$$Q_{cc} = \sum (\text{不同煤炭消耗量} \times CO_2 \text{排放系数}) \qquad (3-6)$$

（3）省域物流业燃气燃料的 CO_2 排放量。燃气燃料主要用于物流节点供暖和燃气能源车辆设备的运输搬运等物流作业，因此，以区域内物流活动所消耗的燃气燃料量来核算所排放的碳量，其核算公式为

$$Q_{gc} = \sum (\text{不同燃气消耗量} \times CO_2 \text{排放系数}) \qquad (3-7)$$

（4）省域物流业消耗电能折算的 CO_2 排放量。在物流作业过程中离不开电力资源，电的消耗本身不直接排放 CO_2，但电厂（主要是火电厂，其发电量 2008 年占全国总电量的 80.5%，本书考虑到能源采掘、加工、存储和运输过程中的 CO_2 溢散排放，故不考虑其他能源方式的发电，直接将火电厂的 CO_2 排放系数作为电能的 CO_2 排放系数）发电过程中会导致 CO_2 的排放，属于间接碳排放，因此，需要先核算出电能的 CO_2 排放系数，再根据省域内物流活动所消耗的电量来核算所排放的间接 CO_2 量，其核算公式为

$$Q_{ec} = \text{电能消耗量} \times CO_2 \text{排放系数} \qquad (3-8)$$

式中：电能的 CO_2 排放系数的计算公式为

$$CO_2 \text{排放系数} = \frac{\sum \text{火电厂能源消耗量} \times \text{各能源的} CO_2 \text{排放系数}}{\text{火电发电总量}}，\text{电能的}$$

CO_2 排放系数见表 3.1。

（5）省域物流业消耗热能折算的 CO_2 排放量。在我国北方省域，为了确保正常的物流业，需要对物流节点供暖，这就需要消耗热能，供暖本身不直接排放 CO_2，但供热厂产热过程中会导致 CO_2 的排放，属于间接碳排放，因此，需要先核算出热能的 CO_2 排放系数，其核算公式见式（3-9），由于每个省域所消耗的能源和供应的热能差别较大，根据《中国能源统计年鉴》中各省域的热能耗能和供应数据，分别核算出统计年鉴中物流业有热能需求的各省域的热能 CO_2 排放系数，见表 3.2，最后，根据省域内物流节点所消耗的热能来核算所排放的间接 CO_2 量，核算公式见式（3-10）。

$$\text{热能} CO_2 \text{排放系数} = \frac{\sum \text{省域热能厂能源消耗量} \times \text{各能源的} CO_2 \text{排放系数}}{\text{省域供热总量}}$$

$$(3-9)$$

$$Q_{hc} = \text{热能消耗量} \times CO_2 \text{排放系数} \qquad (3-10)$$

表 3.1 不同能源的 CO_2 排放因子及排放系数

能源类型	CO_2 排放因子 /($kgCO_2$/TJ)	平均低位发热量 /(kJ/kg)	CO_2 排放系数 /($kgCO_2$/kg)	能源类型	CO_2 排放因子 /($kgCO_2$/TJ)	平均低位发热量 /(kJ/kg)	CO_2 排放系数 /($kgCO_2$/kg)
原油	73300	41816	3.0651	型煤	97500	26344	2.5685
汽油	69300	43070	2.9848	焦炭	107000	28435	3.0425
煤油	71500	43070	3.0795	木材或木炭（作为其他能源数据）	112000	16726	1.8733
柴油	74100	42652	3.1605	液化石油气	63100	50179	3.1663
燃料油	77400	41816	3.2366	炼厂干气	57600	46055	2.6528
其他石油制品	73300	41816	3.0651	天然气	56100	38931	2.1840
原煤	98300	20908	2.0553	焦炉煤气	44400	17354	0.7705
洗精煤	94600	26344	2.4921	其他煤气	44400	16979	0.7539
其他洗煤	94600	8363	0.7911	电能（火力发电）			0.9439
煤焦油（作为其他焦化产品数据）	80700	33453	2.6997				

注：①表 3.1 的碳排放因子数据来源于《2006 年 IPCC 国家温室气体清单指南》第二卷"能源"部分，平均低位发热量数据来源于《中国能源统计年鉴 2009》。

②表 3.1 汽油的碳排放因子选用车用汽油的数据；煤油的碳排放因子选用航空煤油的数据；其他石油制品的均低位发热量选用原油的数据；原煤的碳排放因子是采用无烟煤的数据；洗精煤的碳排放因子选用炼焦煤的数据；其他洗煤的碳排放因子选用其他沥青煤的数据，平均低位发热量选用洗精煤的数据；型煤的碳排放因子选用棕色煤压块的数据，平均低位发热量选用洗精煤的数据；其他煤气采用煤气公司煤气的碳排放因子数据，平均低位发热量为各种煤气的低位发热量的均值；焦炉煤气的平均低位发热量选取给定范围的中值。

③化石燃气能源的 CO_2 排放系数的计算公式为

$$CO_2 \text{ 排放系数} = \frac{CO_2 \text{ 排放因子} \times \text{平均低位发热量}}{1 \times 10^9}$$

表 3.2 各省域的热能 CO_2 排放系数 单位：$kgCO_2/10^7kJ$

省域	北京	天津	河北	内蒙古	辽宁
热能 CO_2 排放系数	1127.8402	1198.0443	1536.2592	1809.5930	1366.2608
省域	吉林	黑龙江	上海	江苏	浙江
热能 CO_2 排放系数	1450.6843	1961.8757	1159.0703	1175.1879	1105.6856
省域	山东	河南	青海	宁夏	新疆
热能 CO_2 排放系数	1276.1823	1299.9234	1498.3826	1290.8562	1136.2933

注：其他省域物流活动未使用或未统计热能，故未核算。

3.2 东部省域碳排放量的核算

根据 3.1.2 节的 CO_2 排放量测量模型，采用 2004—2016 年各省域《中国能源统计年鉴》的交通运输、仓储和邮政业的数据，核算出我国各个省域 2004—2016 年物流业 CO_2 排放量，东部地区包括北京、天津、河北、辽宁、上海、江苏、浙江、福建、山东和广东 10 个省市。

1. 北京

表 3.3 是北京 2004—2016 年物流业 CO_2 排放量。北京的煤类 CO_2 排放量先上升后下降，由 2004 年的 42.03 万吨上升到 2008 年的 55.27 万吨，后降到 2016 年的 16.43 万吨。油品 CO_2 排放量持续上升，从 2004 年的 856.82 万吨到 2016 年的 2305.51 万吨。燃气 CO_2 排放量波动上升，从 2005 年的 25.99 万吨上升到 2016 年的 43.46 万吨。热能 CO_2 排放量从 2005 年的 15.87 万吨上升到 2008 年的 108.67 万吨，后下降到 2016 年的 60.75 万吨。电能 CO_2 排放量从 2004 年的 151.68 万吨上升到 2012 年的 652.31 万吨，后下降到 2016 年的 477.71 万吨。

表 3.3 北京 2004—2016 年物流业 CO_2 排放量表 单位：万吨

年份	煤类	油品	燃气	热能	电能	合计
2004	42.03	856.82			151.68	1050.53
2005	47.05	907.80	25.99	15.87	131.77	1128.48

年份	煤类	油品	燃气	热能	电能	合计
2006	53.79	1145.85	35.38	33.27	219.83	1488.12
2007	56.09	1332.79	47.60	57.34	328.67	1822.49
2008	55.27	1524.24	68.21	108.67	423.24	2179.63
2009	51.70	1589.24	60.63	65.69	464.79	2232.05
2010	42.14	1734.40	53.23	75.33	475.42	2380.52
2011	37.19	1849.29	51.89	77.79	584.81	2600.97
2012	32.79	1918.87	77.22	74.82	652.31	2756.01
2013	32.80	2001.96	51.32	68.11	421.36	2575.55
2014	33.11	2107.24	69.23	69.40	424.96	2703.94
2015	25.43	2187.78	46.08	67.02	446.56	2772.87
2016	16.43	2305.51	43.46	60.75	477.71	2903.86

2. 天津

表 3.4 是天津 2004—2016 年物流业 CO_2 排放量。天津的煤类 CO_2 排放量先由 2004 年的 45.26 万吨下降到 2007 年的 31.84 万吨，后上升到 2016 年的 44.18 万吨。油品 CO_2 排放量先上升后下降，从 2004 年的 639.75 万吨上升到 2012 年的 943.52 万吨，后下降到 2016 年的 797.32 万吨。燃气 CO_2 排放量处于上升状态，从 2008 年的 9.24 万吨上升到 2016 年的 29.05 万吨。热能 CO_2 排放量从 2005 年的 8.69 万吨上升到 2016 年的 25.25 万吨。电能 CO_2 排放量从 2004 年的 63.43 万吨上升到 2016 年的 361.23 万吨。

表 3.4　　　　　　　天津 2004—2016 年物流业 CO_2 排放量表　　　　　　单位：万吨

年份	煤类	油品	燃气	热能	电能	合计
2004	45.26	639.75			63.43	748.44
2005	38.87	640.06		8.69	61.54	749.16
2006	35.70	670.59		9.90	65.13	781.32
2007	31.84	659.78		12.01	88.25	791.88
2008	38.87	736.41	9.24	5.41	104.49	894.42
2009	40.20	793.49	3.08	9.44	118.74	964.95

续表

年份	煤类	油品	燃气	热能	电能	合计
2010	63.18	845.50	5.02	19.95	149.23	1082.88
2011	58.39	900.85	3.71	17.35	168.58	1148.88
2012	61.37	943.52	4.59	17.53	234.46	1261.47
2013	58.74	736.11	25.12	15.89	214.93	1050.79
2014	59.64	779.80	30.14	18.15	235.13	1122.86
2015	50.50	785.86	24.90	22.52	325.36	1209.14
2016	44.18	797.32	29.05	25.25	361.23	1257.03

3. 河北

表 3.5 是河北 2004—2016 年物流业 CO_2 排放量。河北的煤类 CO_2 排放量先由 2004 年的 43.46 万吨上升到 2012 年的 91.29 万吨，后下降到 2016 年的 20.43 万吨。油品 CO_2 排放量先上升后下降，从 2004 年的 290.66 万吨上升到 2012 年的 1713.62 万吨，后下降到 2015 年的 1515.88 万吨，随后增长到 2016 年的 1845.99 万吨。燃气 CO_2 排放量处于上升状态，从 2005 年的 0.08 万吨上升到 2016 年的 107.02 万吨。热能 CO_2 排放量从 2004 年的 6.11 万吨上升到 2016 年的 84.76 万吨。电能 CO_2 排放量从 2004 年的 299.41 万吨持续上升到 2016 年的 900.10 万吨。

表 3.5 　　　　　　河北 2004—2016 年物流业 CO_2 排放量表　　　　　单位：万吨

年份	煤类	油品	燃气	热能	电能	合计
2004	43.46	290.66		6.11	299.41	639.64
2005	121.61	1185.66	0.08	7.17	337.26	1651.78
2006	86.18	1253.76	7.26	9.77	369.06	1726.03
2007	91.35	1337.28	7.70	10.36	405.78	1852.47
2008	74.09	1344.00	24.42	10.36	424.95	1877.82
2009	76.93	1311.94	35.67	11.39	452.60	1888.53
2010	89.53	1533.98	41.27	13.26	556.52	2234.56
2011	84.23	1675.66	58.74	14.21	635.15	2467.99

年份	煤类	油品	燃气	热能	电能	合计
2012	91.29	1713.62	86.36	14.71	666.20	2572.18
2013	73.35	1700.50	98.28	11.07	765.41	2648.61
2014	63.08	1549.31	76.44	15.68	820.31	2524.82
2015	26.37	1515.88	85.18	84.76	826.38	2538.57
2016	20.43	1845.99	107.02	84.76	900.10	2958.30

4. 辽宁

表 3.6 是辽宁 2004—2016 年物流业 CO_2 排放量。辽宁的煤类 CO_2 排放量先由 2004 年的 184.36 万吨上升到 2009 年的 191.46 万吨，后下降到 2011 年的 139.11 万吨，随后又上升到 2016 年的 151.17 万吨。油品 CO_2 排放量持续上升，从 2004 年的 1149.27 万吨上升到 2016 年的 3628.69 万吨。燃气 CO_2 排放量先从 2006 年的 0.11 万吨上升到 2008 年的 11.41 万吨，后下降到 2010 年的 2.83 万吨，又上升到 2016 年的 66.18 万吨。热能 CO_2 排放量从 2004 年的 3.23 万吨上升到 2016 年的 37.65 万吨。电能 CO_2 排放量从 2005 年的 210.96 万吨持续上升到 2016 年的 501.49 万吨。

表 3.6　　　　　　　　辽宁 2004—2016 年物流业 CO_2 排放量表　　　　　单位：万吨

年份	煤类	油品	燃气	热能	电能	合计
2004	184.36	1149.27		3.23		1336.86
2005	195.50	2178.26		4.19	210.96	2588.91
2006	212.06	2430.08	0.11	26.54	211.24	2880.03
2007	182.67	2713.10	0.22	37.88	217.38	3151.25
2008	182.42	2702.06	11.41	53.49	249.38	3198.76
2009	191.46	2835.94	10.88	53.49	280.72	3372.49
2010	141.74	2985.53	2.83	27.24	311.49	3468.83
2011	139.11	3223.04	2.98	27.37	352.64	3745.14
2012	163.52	3464.37	4.14	27.46	368.59	4028.08
2013	172.95	3152.30	1.88	19.02	406.73	3752.88

年份	煤类	油品	燃气	热能	电能	合计
2014	156.20	3394.98	57.00	22.05	405.88	4036.11
2015	191.57	3532.03	71.42	28.51	441.18	4264.71
2016	151.17	3628.69	66.18	37.65	501.49	4385.18

5. 上海

表 3.7 是上海 2004—2016 年物流业 CO_2 排放量。上海的煤类 CO_2 排放量由 2004 年的 21.79 万吨下降到 2016 年的 1.64 万吨。油品 CO_2 排放量持续上升，从 2004 年的 2550.46 万吨上升到 2016 年的 4735.18 万吨。燃气 CO_2 排放量从 2004 年的 3.93 万吨上升到 2010 年的 7.83 万吨，后上升到 2016 年的 14.63 万吨。热能 CO_2 排放量从 2004 年的 0.88 万吨上升到 2010 年的 10.03 万吨，后下降到 2016 年的 2.89 万吨。电能 CO_2 排放量从 2004 年 130.73 万吨持续上升到 2016 年的 432.49 万吨。

表 3.7　　　　上海 2004—2016 年物流业 CO_2 排放量表　　　　单位：万吨

年份	煤类	油品	燃气	热能	电能	合计
2004	21.79	2550.46	3.93	0.88	130.73	2687.79
2005	26.53	2900.88	4.37	1.97	135.45	3069.20
2006	12.39	3405.29	14.04	2.63	162.54	3596.89
2007	12.17	3886.38	13.98	2.57	185.10	4100.20
2008	12.15	3976.81	16.16	2.59	223.89	4231.60
2009	11.45	4029.552	16.62	9.19	244.34	4311.152
2010	9.89	4145.09	7.83	10.03	321.96	4494.8
2011	5.88	3990.24	8.20	8.08	362.17	4374.57
2012	3.93	4079.25	9.21	7.61	365.67	4465.67
2013	3.56	4074.88	12.04	6.92	380.77	4478.17
2014	2.28	4056.60	15.97	6.97	389.45	4471.27
2015	1.64	4252.57	17.99	6.45	397.57	4676.22
2016	1.64	4735.18	14.63	2.89	432.49	5186.83

6. 江苏

表 3.8 是江苏 2004—2016 年物流业 CO_2 排放量。江苏的煤类 CO_2 排放量由 2004 年的 60.63 万吨上升到 2005 年的 104.16 万吨，后下降到 2016 年的 4.48 万吨。油品 CO_2 排放量持续上升，从 2004 年的 1685.87 万吨上升到 2016 年的 3877.09 万吨。燃气 CO_2 排放量从 2006 年的 5.08 万吨上升到 2016 年的 231.07 万吨。热能 CO_2 排放量从 2008 年的 3.40 万吨上升到 2010 年的 14.15 万吨，后下降到 2016 年的 1.23 万吨。电能 CO_2 排放量从 2004 年的 165.47 万吨持续上升到 2016 年的 661.86 万吨。

表 3.8　　　　　　　　江苏 2004—2016 年物流业 CO_2 排放量表　　　　　单位：万吨

年份	煤类	油品	燃气	热能	电能	合计
2004	60.63	1685.87			165.47	1911.97
2005	104.16	1688.06			155.27	1947.49
2006	97.50	1819.00	5.08		159.52	2081.10
2007	86.94	2009.15	5.05		184.06	2285.20
2008	84.90	2276.40	31.08	3.40	216.06	2611.84
2009	85.56	2370.98	23.90	2.99	239.75	2723.18
2010	71.94	2715.33	23.59	14.15	292.70	3117.71
2011	6.58	2910.12	94.79	9.33	377.47	3398.29
2012	5.94	3239.16	89.54	2.75	445.90	3783.29
2013	8.04	3396.11	101.56	5.69	493.28	4004.68
2014	5.06	3672.29	163.36	4.16	540.19	4385.06
2015	5.28	3775.75	219.27	2.36	592.01	4594.67
2016	4.48	3877.09	231.07	1.23	661.86	4775.73

7. 浙江

表 3.9 是浙江 2004—2016 年物流业 CO_2 排放量。浙江的煤类 CO_2 排放量由 2004 年的 14.59 万吨下降到 2016 年的 0.12 万吨。油品 CO_2 排放量持续上升，从 2004 年的 1287.73 万吨上升到 2016 年的 2961.87 万吨。燃气 CO_2 排放量变动不大，基本保持在 0.44 万吨。热能 CO_2 排放量从 2004 年的 1.60 万吨下降到 2008 年的 0.48 万吨后上升到 2015 年的 1.22 万吨，随后下降到 2016 年

的 0.52 万吨。电能 CO_2 排放量从 2005 年的 114.50 万吨持续上升到 2016 年的 575.40 万吨。

表 3.9　　　　　　　浙江 2004—2016 年物流业 CO_2 排放量表　　　单位：万吨

年份	煤类	油品	燃气	热能	电能	合计
2004	14.59	1287.73		1.60		1303.92
2005	14.92	2075.44			114.50	2204.86
2006	10.28	1722.82			133.00	1866.10
2007	8.05	1908.83		0.14	157.67	2074.69
2008	4.11	2075.44		0.48	176.67	2256.70
2009	6.17	2130.60		0.57	200.45	2337.79
2010	8.22	2298.90			254.55	2561.67
2011	0.78	2500.64	0.44	0.77	299.94	2802.57
2012	0.68	2682.88	0.36	0.53	313.49	2997.94
2013	0.82	2738.76	0.44	0.50	382.47	3122.99
2014	0.42	2788.05	0.44	0.95	423.59	3213.45
2015	0.43	2958.70	0.44	1.22	483.65	3444.44
2016	0.12	2961.87	0.44	0.52	575.40	3538.35

8. 福建

表 3.10 是福建 2004—2016 年物流业 CO_2 排放量。福建的煤类 CO_2 排放量由 2004 年的 12.31 万吨上升到 2006 年的 23.04 万吨，后下降到 2016 年的 3.91 万吨。油品 CO_2 排放量持续上升，从 2004 年的 783.72 万吨上升到 2016 年的 2153.32 万吨。燃气 CO_2 排放量从 2008 年的 0.01 万吨上升到 2016 年的 33.63 万吨。热能 CO_2 排放量未统计到数据。电能 CO_2 排放量从 2004 年的 117.42 万吨持续上升到 2016 年的 274.67 万吨。

表 3.10　　　　　　　福建 2004—2016 年物流业 CO_2 排放量表　　　单位：万吨

年份	煤类	油品	燃气	热能	电能	合计
2004	12.31	783.72			117.42	913.45

续表

年份	煤类	油品	燃气	热能	电能	合计
2005	21.58	781.88			107.98	911.44
2006	23.04	843.01			115.72	981.77
2007	11.92	955.17			121.67	1088.76
2008	12.33	1280.86	0.01		121.67	1414.87
2009	20.55	1376.90	9.43		130.45	1537.33
2010		1561.35	3.93		164.52	1729.80
2011	8.22	1655.54	7.21		187.18	1858.15
2012	7.15	1745.51	7.43		194.63	1954.72
2013	6.58	1764.04	32.76		201.99	2005.37
2014	6.17	1915.30	33.20		228.99	2183.66
2015	4.11	2021.20	33.20		242.02	2300.53
2016	3.91	2153.32	33.63		274.67	2465.53

9. 山东

表 3.11 是山东 2004—2016 年物流业 CO_2 排放量。山东的煤类 CO_2 排放量先从 2004 年的 89.20 万吨上升到 2007 年的 147.78 万吨，后下降到 2016 年的 54.28 万吨。油品 CO_2 排放量持续上升，从 2004 年的 1399.05 万吨上升到 2016 年的 3848.54 万吨。燃气 CO_2 排放量从 2005 年的 20.36 万吨上升到 2016 年的 127.76 万吨。热能 CO_2 排放量从 2004 年的 24.25 万吨上升到 2016 年的 69.27 万吨。电能 CO_2 排放量从 2004 年的 154.23 万吨持续上升到 2016 年的 846.11 万吨。

表 3.11　　　　山东 2004—2016 年物流业 CO_2 排放量表　　　单位：万吨

年份	煤类	油品	燃气	热能	电能	合计
2004	89.20	1399.05		24.25	154.23	1666.73
2005	225.67	3256.76	20.36	26.80	184.72	3714.31
2006	236.96	3627.17	29.79	29.48	208.13	4131.53
2007	147.78	4053.10	28.68	30.88	250.94	4511.38
2008	52.43	4341.24	23.15	44.79	294.75	4756.36

续表

年份	煤类	油品	燃气	热能	电能	合计
2009	54.26	4811.26	23.42	51.43	335.41	5275.78
2010	60.43	4972.39	104.83	54.00	421.96	5613.61
2011	62.84	5483.03	119.80	59.32	545.70	6270.69
2012	56.06	6260.23	97.96	60.75	622.44	7097.44
2013	56.07	3552.39	71.85	60.75	628.07	4369.13
2014	53.05	3656.18	74.61	65.35	683.88	4533.07
2015	53.05	3705.86	109.64	67.61	763.14	4699.30
2016	54.28	3848.54	127.76	69.27	846.11	4945.96

10. 广东

表3.12是广东2004—2016年物流业CO_2排放量。广东的煤类CO_2排放量先从2004年的2.67万吨上升到2016年的9.33万吨。油品CO_2排放量持续上升，从2004年的2870.86万吨上升到2016年的6600.25万吨。燃气CO_2排放量从2006年的44.18万吨上升到2015年的111.67万吨，后下降到2016年的43.46万吨。热能CO_2排放量未能统计到数据。电能CO_2排放量先从2004年的572.57万吨下降到2005年的287.32，后持续上升到2015年的777.96万吨，后下降到2016年的477.71万吨。

表3.12　　　　　广东2004—2016年物流业CO_2排放量表　　　单位：万吨

年份	煤类	油品	燃气	热能	电能	合计
2004	2.67	2870.86			572.57	3446.10
2005	2.88	3835.73			287.32	4125.93
2006	3.08	3943.07	44.18		306.58	4296.91
2007	3.43	4230.85	49.06		351.51	4634.85
2008	3.66	4685.28			372.84	5061.78
2009	3.84	4780.91	55.01		426.64	5266.40
2010	4.19	5369.77	42.81		513.48	5930.25
2011	4.44	5511.74	42.81		616.27	6175.26

续表

年份	煤类	油品	燃气	热能	电能	合计
2012	4.99	5910.73			642.89	6558.61
2013	5.43	5534.99	58.53		680.17	6279.12
2014	8.86	5790.38	65.52		712.83	6577.59
2015	9.08	6032.08	111.67		777.96	6930.79
2016	9.33	6600.25	43.46		477.71	7130.75

3.3　中部省域碳排放量的核算

根据给出的 CO_2 排放量测量模型，采用 2004—2016 年各省域《中国能源统计年鉴》的交通运输、仓储和邮政业的数据，核算出我国中部各个省域 2004—2016 年物流业 CO_2 排放量，中部地区包括山西、吉林、黑龙江、安徽、江西、河南、湖北和湖南 8 个省。

1. 山西

表 3.13 是山西 2004—2016 年物流业 CO_2 排放量。山西的煤类 CO_2 排放量相对较平稳，从 2004 年的 176.76 万吨下降到 2016 年的 116.02 万吨。油品 CO_2 排放量持续上升，从 2004 年的 455.51 万吨上升到 2015 年的 1577.25 万吨，2016 年回落至 1520.00 万吨。燃气 CO_2 排放量从 2006 年的 10.92 万吨上升到 2015 年的 176.90 万吨，2016 年回落至 141.30 万吨。热能 CO_2 排放量未能统计到数据。电能 CO_2 排放量从 2004 年的 240.88 万吨持续上升到 2016 年的 554.92 万吨。

表 3.13　　　　　　　　山西 2004—2016 年物流业 CO_2 排放量表　　　　单位：万吨

年份	煤类	油品	燃气	热能	电能	合计
2004	176.76	455.51			240.88	873.15
2005	139.76	624.63			293.27	1057.66
2006	131.54	676.82	10.92		352.26	1171.54
2007	112.24	698.79	12.01		387.09	1210.13

续表

年份	煤类	油品	燃气	热能	电能	合计
2008	133.29	1432.43	15.79		383.79	1965.3
2009	109.79	1470.58			388.70	1969.07
2010	112.92	1372.17	111.82		430.70	2027.61
2011	114.81	1421.15	122.96		478.65	2137.57
2012	130.98	1514.43	143.05		490.07	2278.53
2013	95.82	1566.43	4.15		202.37	1868.77
2014	116.02	1520.00	141.30		554.92	2332.24
2015	142.35	1577.25	176.90		512.63	2409.13
2016	116.02	1520.00	141.30		554.92	

2. 吉林

表 3.14 是吉林 2004—2016 年物流业 CO_2 排放量。吉林的煤类 CO_2 排放量从 2004 年的 188.06 万吨上升到 2015 年的 824.20 万吨，2016 年回落至 703.25 万吨。油品的 CO_2 排放量持续上升，从 2004 年的 169.39 万吨上升到 2016 年的 820.40 万吨。燃气 CO_2 排放量从 2006 年的 1.06 万吨上升到 2008 年的 90.49 万吨，后下降到 2016 年的 0.87 万吨。热能 CO_2 排放量从 2004 年的 17.02 万吨上升到 2008 年的 83.80 万吨，后下降到 2015 年的 51.86 万吨，2016 年出现急剧上升，达到一个峰值为 3361.43 万吨。电能 CO_2 排放量从 2004 年的 81.55 万吨持续上升到 2015 年的 181.42 万吨，2016 年回落至 168.87 万吨。

表 3.14   吉林 2004—2016 年物流业 CO_2 排放量表   单位：万吨

年份	煤类	油品	燃气	热能	电能	合计
2004	188.06	169.39		17.02	81.55	456.02
2005	238.99	300.50		34.10	122.52	696.11
2006	256.03	367.52	1.06	48.52	122.14	795.27
2007	185.42	631.35		54.74	105.24	976.75
2008	214.87	705.84	90.49	83.80	109.21	1204.21

续表

年份	煤类	油品	燃气	热能	电能	合计
2009	213.85	713.35	81.62	40.04	114.02	1162.88
2010	262.54	735.82	65.96	66.17	120.44	1250.93
2011	245.87	795.42	44.12	72.19	131.58	1289.18
2012	180.37	906.97	48.49	85.48	136.58	1357.89
2013	674.04	766.36	0.66	26.36	164.52	1631.94
2014	703.25	820.40	0.87	35.08	168.67	1728.27
2015	824.20	761.42	1.09	51.86	181.42	1819.99
2016	703.25	820.40	0.87	3361.43	168.67	5054.62

3. 黑龙江

表 3.15 是黑龙江 2004—2016 年物流业 CO_2 排放量。黑龙江的煤类 CO_2 排放量从 2004 年的 17.26 万吨上升到 2015 年的 924.52 万吨，2016 年回落至 828.29 万吨。油品 CO_2 排放量持续上升，从 2004 年的 661.47 万吨上升到 2016 年的 1512.84 万吨。燃气 CO_2 排放量只有 2006 年和 2008 年的数据，分别是 1.47 万吨和 9.24 万吨。热能 CO_2 排放量从 2008 年的 0.52 万吨上升到 2015 年的 162.93 万吨，2016 年急剧下滑至 4.20 万吨。电能 CO_2 排放量从 2004 年的 68.72 万吨持续上升到 2016 年的 130.26 万吨。

表 3.15　　　　　　黑龙江 2004—2016 年物流业 CO_2 排放量表　　　　单位：万吨

年份	煤类	油品	燃气	热能	电能	合计
2004	17.26	661.47			68.72	747.45
2005	233.52	727.20			79.57	1040.29
2006	299.33	817.59	1.47		90.33	1208.72
2007	258.60	863.15			83.06	1204.81
2008	249.21	709.54	9.24	0.52	199.26	1167.77
2009	237.08	885.02			82.02	1204.12
2010	161.92	928.06		27.33	94.77	1212.08
2011	773.96	1160.41		72.80	105.62	2112.79

续表

年份	煤类	油品	燃气	热能	电能	合计
2012	570. 70	1453. 67		160. 44	111. 00	2295. 81
2013	762. 17	1423. 15		174. 61	126. 77	2486. 7
2014	828. 29	1512. 84		176. 50	130. 26	2647. 89
2015	924. 52	1499. 38		162. 93	124. 03	2710. 86
2016	828. 29	1512. 84		4. 20	130. 26	2475. 59

4. 安徽

表 3. 16 是安徽 2004—2016 年物流业 CO_2 排放量。安徽的煤类 CO_2 排放量从 2004 年的 30.01 万吨上升到 2011 年的 86.69 万吨，后下降到 2016 年的 39.23 万吨。油品 CO_2 排放量持续上升，从 2004 年的 504.30 万吨上升到 2015 年的 1898.98 万吨，2016 年下降到 1880.20 万吨。燃气 CO_2 排放量从 2007 年的 0.44 万吨上升到 2016 年的 118.59 万吨。热能 CO_2 排放量未能统计到数据。电能 CO_2 排放量从 2004 年的 50.97 万吨持续上升到 2015 年的 252.40 万吨，2016 年回落至 212.12 万吨。

表 3. 16　　　　　安徽 2004—2016 年物流业 CO_2 排放量表　　　单位：万吨

年份	煤类	油品	燃气	热能	电能	合计
2004	30. 01	504. 30			50. 97	585. 28
2005	27. 54	573. 98			47. 01	648. 53
2006	30. 21	647. 82			58. 71	736. 74
2007	31. 38	796. 32	0. 44		84. 48	912. 62
2008	70. 64	785. 26	20. 09		99. 39	975. 38
2009	71. 91	815. 63	23. 40		114. 78	1025. 72
2010	78. 81	922. 52	25. 61		137. 60	1164. 54
2011	86. 69	1033. 72	65. 52		169. 24	1355. 17
2012	31. 89	1588. 26	89. 98		186. 39	1896. 52
2013	37. 82	1712. 67	89. 54		199. 07	2039. 1
2014	39. 23	1880. 20	118. 59		212. 12	2250. 14

续表

年份	煤类	油品	燃气	热能	电能	合计
2015	39.67	1898.98	107.67		252.40	2298.72
2016	39.23	1880.20	118.59		212.12	2250.14

5. 江西

表 3.17 是江西 2004—2016 年物流业 CO_2 排放量。江西的煤类 CO_2 排放量先从 2004 年的 28.26 万吨下降到 2007 年的 5.69 万吨，后上升到 2016 年的 14.64 万吨。油品 CO_2 排放量持续上升，从 2004 年的 649.12 万吨上升到 2015 年的 1406.48 万吨，2016 年回落至 1291.64 万吨。燃气 CO_2 排放量数据不多，只有 2006 年、2008 年和 2009 年的数据，均为 0.03 万吨。热能 CO_2 排放量未能统计到数据。电能 CO_2 排放量从 2005 年的 41.06 万吨持续上升到 2015 年的 268.63 万吨，2016 年回落至 205.68 万吨。

表 3.17　　　　　　　　江西 2004—2016 年物流业 CO_2 排放量表　　　　单位：万吨

年份	煤类	油品	燃气	热能	电能	合计
2004	28.26	649.12				677.38
2005	5.26	662.01			41.06	708.33
2006	4.09	699.61	0.03		42.00	745.73
2007	5.69	713.50			72.11	791.30
2008	12.23	715.13	0.03		84.20	811.59
2009	8.75	740.87	0.03		100.43	850.08
2010	7.06	895.18			125.35	1027.59
2011	3.96	976.60			165.09	1145.65
2012	6.32	1044.40			176.60	1227.32
2013	8.22	1264.76			194.92	1467.90
2014	14.64	1291.64			205.68	1511.96
2015	10.28	1406.48			268.63	1685.39
2016	14.64	1291.64			205.68	1511.96

6. 河南

表 3.18 是河南 2004—2016 年物流业 CO_2 排放量。河南的煤类 CO_2 排放量先从 2004 年的 10.89 万吨上升到 2011 年的 87.78 万吨，后下降到 2016 年的 13.85 万吨。油品 CO_2 排放量持续上升，从 2004 年的 1016.94 万吨上升到 2015 年的 2580.96 万吨，2016 年回落至 2400.37 万吨。燃气 CO_2 排放量统计到的数据不多，2005—2007 年的数据均为 0.44 万吨，2014 年数据为 143.49 万吨，2016 年的数据为 143.49 万吨。热能 CO_2 排放量从 2006 年的 1.92 万吨上升到 2013 年的 63.03 万吨。电能 CO_2 排放量从 2004 年的 283.08 万吨持续上升到 2015 年的 761.16 万吨，2016 年回落至 637.32 万吨。

表 3.18　　　　　　　　河南 2004—2016 年物流业 CO_2 排放量表　　　　　　单位：万吨

年份	煤类	油品	燃气	热能	电能	合计
2004	10.89	1016.94			283.08	1310.91
2005	41.11	1046.59	0.44	0.02	300.82	1388.98
2006	41.11	1098.49	0.44	1.92	315.45	1457.41
2007	41.11	1314.70	0.44	2.20	342.82	1701.27
2008	32.12	1403.52		2.08	357.74	1795.46
2009	35.68	1564.75		2.34	368.31	1971.08
2010	48.53	1772.60		2.44	422.02	2245.59
2011	87.78	1986.25		0.10	518.20	2592.33
2012		2305.95		57.30	522.26	2885.51
2013	17.80	2468.12		63.03	737.56	3286.51
2014	13.85	2400.37	143.49		637.32	3195.03
2015	18.90	2580.96			761.16	3361.02
2016	13.85	2400.37	143.49		637.32	3195.03

7. 湖北

表 3.19 是湖北 2004—2016 年物流业 CO_2 排放量。湖北的煤类 CO_2 排放量先从 2004 年的 153.12 万吨上升到 2011 年的 1105.96 万吨，后下降到 2016 年的 138.30 万吨。油品 CO_2 排放量持续上升，从 2004 年的 1384.49 万吨上升到 2015 年的 2731.80 万吨，2016 年回落至 2681.63 万吨。燃气

CO_2 排放量从 2008 年的 44.77 万吨上升到 2015 年的 154.85 万吨，2016 年回落至 147.64 万吨。热能 CO_2 排放量未能统计到数据。电能 CO_2 排放量从 2004 年的 124.12 万吨持续上升到 2015 年的 397.38 万吨，2016 年回落至 354.96 万吨。

表 3.19　　　　　　　　湖北 2004—2016 年物流业 CO_2 排放量　　　　单位：万吨

年份	煤类	油品	燃气	热能	电能	合计
2004	153.12	1384.49			124.12	1661.73
2005	217.18	1712.43			129.41	2059.02
2006	238.91	1831.19			134.13	2204.23
2007	284.66	1994.55			112.61	2391.82
2008	360.09	2309.85	44.77		102.51	2817.22
2009	357.60	2192.29	49.80		119.97	2719.66
2010	687.85	2018.77	70.11		192.65	2969.38
2011	1105.96	2144.08	98.50		240.41	3588.95
2012	820.39	2350.14	111.51		277.79	3559.83
2013	143.38	2706.29	112.91		328.57	3291.15
2014	138.30	2681.63	147.64		354.96	3322.53
2015	139.21	2731.80	154.85		397.38	3423.24
2016	138.30	2681.63	147.64		354.96	3322.53

8. 湖南

表 3.20 是湖南 2004—2016 年物流业 CO_2 排放量。湖南的煤类 CO_2 排放量先从 2004 年的 38.85 万吨上升到 2015 年的 362.27 万吨，2016 年回落至 348.61 万吨。油品 CO_2 排放量持续上升，从 2004 年的 1034.21 万吨上升到 2015 年的 2523.28 万吨，2016 年回落至 2213.47 万吨。燃气 CO_2 排放量从 2007 年的 0.68 万吨上升到 2016 年的 42.81 万吨。热能 CO_2 排放量未能统计到数据。电能 CO_2 排放量从 2004 年的 189.06 万吨持续上升到 2015 年的 401.44 万吨，2016 年回落至 373.31 万吨。

表 3.20　　　　　　　　湖南 2004—2016 年物流业 CO_2 排放量表　　　　　　单位：万吨

年份	煤类	油品	燃气	热能	电能	合计
2004	38.85	1034.21			189.06	1262.12
2005	57.92	1162.85			179.81	1400.58
2006	16.65	1275.72			194.73	1487.10
2007	20.59	1402.72	0.68		228.61	1652.60
2008	57.01	1156.25	5.68		228.05	1446.99
2009	44.81	1500.94	11.53		229.75	1787.03
2010	149.72	1693.25	12.67		300.63	2156.27
2011	167.25	1856.95	16.38		329.99	2370.57
2012	171.27	1702.96	16.82		339.71	2230.76
2013	323.34	2023.63	39.75		349.43	2736.15
2014	348.61	2213.47	42.81		373.31	2978.20
2015	362.27	2523.28	42.81		401.44	3329.80
2016	348.61	2213.47	42.81		373.31	2978.20

3.4　西部省域碳排放量的核算

根据给出的 CO_2 排放量测量模型，采用 2004—2016 年各省域《中国能源统计年鉴》的交通运输、仓储和邮政业的数据，核算出我国西部各个省域 2004—2016 年物流业 CO_2 排放量，西部地区包括内蒙古、广西、海南、重庆、四川、贵州、云南、陕西、甘肃、青海、宁夏和新疆 12 个省区市。

1. 内蒙古

表 3.21 是内蒙古 2004—2016 年物流业 CO_2 排放量。内蒙古的煤类 CO_2 排放量先从 2004 年的 243.28 万吨上升到 2015 年的 1385.94 万吨，2016 年下降至 524.46 万吨。油品 CO_2 排放量先从 2004 年的 457.42 万吨上升到 2012 年的 2441.18 万吨，后下降到 2016 年的 1112.96 万吨。燃气 CO_2 排放量从 2005 年的 3.71 万吨上升到 2015 年的 110.73 万吨，2016 年下降至 96.53 万吨。热能

CO_2 排放量先从 2004 年的 143.08 万吨上升到 2012 年的 252.25 万吨，后下降到 2016 年的 37.72 万吨。电能 CO_2 排放量从 2004 年的 47.10 万吨持续上升到 2016 年的 233.43 万吨。

表 3.21　　　　　内蒙古 2004—2016 年物流业 CO_2 排放量表　　　单位：万吨

年份	煤类	油品	燃气	热能	电能	合计
2004	243.28	457.42		143.08	47.10	890.88
2005	310.78	1037.48	3.71	144.49	57.96	1554.42
2006	232.80	1304.75	4.46	171.48	61.86	1775.35
2007	257.27	1506.61	6.55	176.33	63.15	2009.91
2008	270.33	1761.02	22.13	178.99	81.55	2314.02
2009	409.36	1914.82	22.06	182.44	119.40	2648.08
2010	367.21	2186.88	92.82	194.34	174.29	3015.54
2011	443.35	2385.91	93.91	193.78	189.91	3306.86
2012	990.59	2441.18	69.44	252.25	185.00	3938.46
2013	1106.92	1386.14	70.98	96.65	209.83	2870.52
2014	1207.67	1276.30	99.15	103.19	219.36	2905.67
2015	1385.94	1158.79	110.73	126.33	217.29	2999.08
2016	524.46	1112.96	96.53	37.72	233.43	2005.10

2. 广西

表 3.22 是广西 2004—2016 年物流业 CO_2 排放量。广西的煤类 CO_2 排放量先从 2004 年的 30.21 万吨上升到 2009 年的 61.97 万吨，后下降到 2016 年的 0.21 万吨。油品 CO_2 排放量从 2004 年的 784.86 万吨上升到 2016 年的 1863.60 万吨。燃气 CO_2 排放量只有 2014—2016 年的数据，分别是 2.18 万吨、17.25 万吨和 12.23 万吨。热能 CO_2 排放量未能统计到数据。电能 CO_2 排放量从 2004 年的 67.21 万吨持续上升到 2016 年的 255.99 万吨。

表 3.22　　　　　　　广西 2004—2016 年物流业 CO_2 排放量表　　　　单位：万吨

年份	煤类	油品	燃气	热能	电能	合计
2004	30.21	784.86			67.21	882.28
2005	33.54	913.66			64.00	1011.20
2006	39.59	1071.02			64.09	1174.70
2007	39.85	1181.12			67.49	1288.46
2008	65.07	1198.48			72.02	1335.57
2009	61.97	1363.82			96.37	1522.16
2010	0.31	1544.54			108.74	1653.59
2011	0.33	1655.93			125.63	1781.89
2012	0.35	1834.58			135.45	1970.38
2013	0.35	1396.11			148.57	1545.03
2014	0.35	1758.95	2.18		177.93	1939.41
2015	0.35	1809.51	17.25		219.83	2046.94
2016	0.21	1863.60	12.23		255.99	2132.03

3. 海南

表 3.23 是海南 2004—2016 年物流业 CO_2 排放量。海南的煤类 CO_2 排放量只统计到 2004 年和 2005 年的数据分别是 12.54 万吨和 11.51 万吨。油品 CO_2 排放量从 2004 年的 270.18 万吨上升到 2016 年的 557.45 万吨。燃气 CO_2 排放量从 2006 年的 4.59 万吨上升到 2013 年的 24.46 万吨，后下降到 2016 年的 17.69 万吨。热能 CO_2 排放量未能统计到数据。电能 CO_2 排放量从 2004 年的 16.99 万吨持续上升到 2016 年的 51.44 万吨。

表 3.23　　　　　　　海南 2004—2016 年物流业 CO_2 排放量表　　　　单位：万吨

年份	煤类	油品	燃气	热能	电能	合计
2004	12.54	270.18			16.99	299.71
2005	11.51	269.44			12.74	293.69
2006		311.40	4.59		13.78	329.77
2007		339.86	6.12		14.44	360.42

续表

年份	煤类	油品	燃气	热能	电能	合计
2008		494.73	11.14		15.57	521.44
2009		561.46	12.23		16.42	590.11
2010		609.47	12.89		17.37	639.73
2011		635.11	22.28		25.96	683.35
2012		654.30	22.71		32.00	709.01
2013		585.37	24.46		33.89	643.72
2014		565.45	8.95		36.25	610.65
2015		583.75	16.38		39.55	639.68
2016		557.45	17.69		51.44	626.58

4. 重庆

表 3.24 是重庆 2004—2016 年物流业 CO_2 排放量。重庆的煤类 CO_2 排放量从 2004 年的 43.78 万吨上升到 2013 年的 87.39 万吨后下降到 2016 年的 34.20 万吨。油品 CO_2 排放量从 2004 年的 603.11 万吨上升到 2016 年的 1764.66 万吨。燃气 CO_2 排放量 2005 年的 2.18 万吨上升到 2016 年的 150.26 万吨。热能 CO_2 排放量未能统计到数据。电能 CO_2 排放量从 2005 年的 75.61 万吨持续上升到 2016 年的 178.21 万吨。

表 3.24　　　　　　　重庆 2004—2016 年物流业 CO_2 排放量表　　　　单位：万吨

年份	煤类	油品	燃气	热能	电能	合计
2004	43.78	603.11				646.89
2005	49.78	626.97	2.18		75.61	754.54
2006	58.22	680.58	3.26		59.94	802.00
2007	51.16	845.62	2.29		75.51	974.58
2008	58.22	964.48	2.40		88.16	1113.26
2009	51.26	872.01	38.22		86.56	1048.05

年份	煤类	油品	燃气	热能	电能	合计
2010	58.44	1068.10	46.67		89.86	1263.07
2011	66.32	1122.91	75.35		109.78	1374.36
2012	75.21	1288.82	153.54		126.01	1643.58
2013	87.39	1402.09	156.16			1645.64
2014	29.84	1350.00	157.03		155.46	1692.33
2015	30.48	1633.08	165.11		168.58	1997.25
2016	34.20	1764.66	150.26		178.21	2127.33

5. 四川

表 3.25 是四川 2004—2016 年物流业 CO_2 排放量。四川的煤类 CO_2 排放量先从 2004 年的 28.07 万吨上升到 2009 年的 46.38 万吨后下降到 2016 年的 16.11 万吨。油品 CO_2 排放量从 2004 年的 947.76 万吨上升到 2015 年的 1815.01 万吨，2016 年上升到 2662.90 万吨。燃气 CO_2 排放量从 2005 年的 36.47 万吨上升到 2016 年的 133.22 万吨。热能 CO_2 排放量未能统计到数据。电能 CO_2 排放量从 2004 年的 182.83 万吨持续上升到 2016 年的 402.10 万吨。

表 3.25 　　　　　四川 2004—2016 年物流业 CO_2 排放量表 　　　　单位：万吨

年份	煤类	油品	燃气	热能	电能	合计
2004	28.07	947.76			182.83	1158.66
2005	23.01	1064.77	36.47		199.73	1323.98
2006	23.94	1277.83	36.91		164.71	1503.39
2007	26.60	1532.63	45.21		214.36	1818.80
2008	43.81	1804.17	10.70		191.52	2050.20
2009	46.38	2122.55	12.45		216.06	2397.44
2010	32.24	1856.30	137.59		242.20	2268.33
2011	18.19	1640.50	108.76		278.36	2045.81

续表

年份	煤类	油品	燃气	热能	电能	合计
2012	19.47	2281.31	105.27		304.69	2710.74
2013	20.93	1316.68	46.08		341.31	1725.00
2014	18.18	1872.95	130.17		333.39	2354.69
2015	18.42	1815.01	127.98		345.75	2307.16
2016	16.11	2662.90	133.22		402.10	3214.33

6. 贵州

表 3.26 是贵州 2004—2016 年物流业 CO_2 排放量。贵州的煤类 CO_2 排放量先从 2004 年的 19.81 万吨上升到 2013 年的 166.19 万吨，后下降到 2016 年的 16.44 万吨。油品 CO_2 排放量从 2004 年的 336.66 万吨上升到 2016 年的 1592.50 万吨。燃气 CO_2 排放量 2004 年的 2.85 万吨上升到 2016 年的 31.01 万吨。热能 CO_2 排放量未能统计到数据。电能 CO_2 排放量从 2004 年的 163.20 万吨上升到 2016 年的 245.23 万吨。

表 3.26　　　　　　　　**贵州 2004—2016 年物流业 CO_2 排放量表**　　　　单位：万吨

年份	煤类	油品	燃气	热能	电能	合计
2004	19.81	336.66	2.85		163.20	522.52
2005	20.07	412.52	3.00		162.16	597.75
2006	18.57	512.97	3.24		155.74	690.52
2007	18.71	634.90	3.31		188.40	845.32
2008	14.86	823.92	0.08		170.09	1008.95
2009	25.94	828.90	0.08		193.50	1048.42
2010	31.48	960.11	0.08		214.36	1206.03
2011	31.15	1064.83	0.08		244.85	1340.91
2012	87.88	1283.98			247.83	1619.69
2013	166.19	1113.58	19.44		206.62	1505.83

年份	煤类	油品	燃气	热能	电能	合计
2014	139.76	1205.30	28.39		229.80	1603.25
2015	18.89	1439.75	30.58		225.21	1714.43
2016	16.44	1592.50	31.01		245.23	1885.18

7. 云南

表 3.27 是云南 2004—2016 年物流业 CO_2 排放量。云南的煤类 CO_2 排放量从 2004 年的 56.67 万吨下降到 2016 年的 31.14 万吨。油品 CO_2 排放量从 2004 年的 283.60 万吨上升到 2016 年的 2159.63 万吨。燃气 CO_2 排放量从 2008 年的 0.01 万吨上升到 2013 年的 0.44 万吨。热能 CO_2 排放量未能统计到数据。电能 CO_2 排放量从 2004 年的 58.99 万吨上升到 2016 年的 261.18 万吨。

表 3.27   云南 2004—2016 年物流业 CO_2 排放量表   单位：万吨

年份	煤类	油品	燃气	热能	电能	合计
2004	56.67	283.60			58.99	399.26
2005	59.22	1050.16			143.47	1252.85
2006	53.25	1197.60			118.65	1369.50
2007	53.25	1296.33			123.65	1473.23
2008	39.91	1343.14	0.01		134.38	1517.44
2009	37.67	1380.31	0.07		137.71	1555.76
2010	37.78	1732.89	0.22		150.64	1921.53
2011	36.30	1854.31	1.31		175.10	2067.02
2012	29.38	2040.50	0.44		189.86	2260.18
2013	28.53	1884.15	0.44		184.91	2098.03
2014	31.09	2132.34			223.23	2386.66
2015	30.93	2062.94			228.42	2322.29
2016	31.14	2159.63			261.18	2451.95

8. 陕西

表 3.28 是陕西 2004—2016 年物流业 CO_2 排放量。陕西的煤类 CO_2 排放量

从 2004 年的 10.07 万吨上升到 2012 年的 121.47 万吨，后下降到 2016 年的 46.18 万吨。油品 CO_2 排放量从 2004 年的 618.83 万吨上升到 2012 年的 1757.41 万吨后又下降到 2016 年的 1226.99 万吨。燃气 CO_2 排放量从 2004 年的 17.91 万吨上升到 2012 年的 104.61 万吨，后又下降到 2016 年的 60.93 万吨。热能 CO_2 排放量未能统计到数据。电能 CO_2 排放量从 2004 年 234.18 万吨上升到 2016 年的 572.76 万吨。

表 3.28　　　　　　陕西 2004—2016 年物流业 CO_2 排放量表　　　　单位：万吨

年份	煤类	油品	燃气	热能	电能	合计
2004	10.07	618.83	17.91		234.18	880.99
2005	40.39	772.26	28.39		246.92	1087.96
2006	86.98	786.64			262.69	1136.31
2007	53.10	947.56			307.90	1308.56
2008	161.63	1149.31			327.25	1638.19
2009	78.10	1439.01	77.53		348.28	1942.92
2010	106.88	1552.58	95.00		364.49	2118.95
2011	114.89	1676.57	100.46		410.34	2302.26
2012	121.47	1757.41	104.61		448.20	2431.69
2013	64.91	1386.64	55.04		466.95	1973.54
2014	58.74	1462.66	57.05		501.56	2080.01
2015	55.99	1431.22	71.20		503.76	2062.17
2016	46.18	1226.99	60.93		572.76	1906.86

9. 甘肃

表 3.29 是甘肃 2004—2016 年物流业 CO_2 排放量。甘肃的煤类 CO_2 排放量先从 2004 年的 73.37 万吨上升到 2007 年的 112.2 万吨，后又下降到 2015 年的 57.55 万吨，2016 年又回升到 92.49 万吨。油品 CO_2 排放量从 2004 年的 364.09 万吨上升到 2016 年的 815.47 万吨。燃气 CO_2 排放量 2004 年 7.21 万吨上升到 2016 年的 76.44 万吨。热能 CO_2 排放量未能统计到数据。电能 CO_2 排放量从 2004 年 136.58 万吨上升到 2016 年的 384.16 万吨。

表 3.29　　　　　　　　甘肃 2004—2016 年物流业 CO_2 排放量表　　　　单位：万吨

年份	煤类	油品	燃气	热能	电能	合计
2004	73.37	364.09	7.21		136.58	581.25
2005	98.80	403.41	7.64		144.79	654.64
2006	108.09	405.97	15.64		169.62	699.32
2007	112.20	392.46	16.16		232.29	753.11
2008	108.93	431.61	17.04		261.55	819.13
2009	108.93	453.83	29.34		272.98	865.08
2010	102.77	514.81	29.05		307.33	953.96
2011	103.18	554.21	31.23		301.01	989.63
2012	94.54	660.23	30.79		314.22	1099.78
2013	67.82	939.91	35.82		367.74	1411.29
2014	59.60	954.03	45.86		377.65	1437.14
2015	57.55	879.33	61.15		387.38	1385.41
2016	92.49	815.47	76.44		384.16	1368.56

10. 青海

表 3.30 是青海 2004—2016 年物流业 CO_2 排放量。青海的煤类 CO_2 排放量先从 2004 年的 19.73 万吨上升到 2008 年的 29.90 万吨，后又下降到 2016 年的 13.70 万吨。油品 CO_2 排放量从 2004 年的 34.55 万吨上升到 2016 年的 297.81 万吨。燃气 CO_2 排放量从 2005 年的 10.26 万吨上升到 2016 年的 46.30 万吨。热能 CO_2 排放量从 2008 年的 0.67 万吨上升到 2016 年的 13.78 万吨。电能 CO_2 排放量从 2004 年的 9.16 万吨上升到 2016 年的 63.90 万吨。

表 3.30　　　　　　　　青海 2004—2016 年物流业 CO_2 排放量表　　　　单位：万吨

年份	煤类	油品	燃气	热能	电能	合计
2004	19.73	34.55			9.16	63.44
2005	25.53	44.26	10.26		8.68	88.73
2006	22.73	51.30	10.92		8.97	93.92
2007	23.14	119.62	9.83		9.53	162.12

续表

年份	煤类	油品	燃气	热能	电能	合计
2008	29.90	144.56	14.88	0.67	10.98	200.99
2009	28.23	170.25	12.37	0.75	12.78	224.38
2010	25.68	196.70	13.08	0.93	16.77	253.16
2011	26.21	206.30	19.53	0.70	30.40	283.14
2012	24.56	216.26	20.36	1.50	50.46	313.14
2013	20.18	217.09	30.36	1.57	50.31	319.51
2014	16.08	248.04	21.26	1.87	54.11	341.36
2015	16.15	253.46	41.93	13.70	58.80	384.04
2016	13.70	297.81	46.30	13.78	63.90	435.49

11. 宁夏

表3.31是宁夏2004—2016年物流业CO_2排放量。宁夏的煤类CO_2排放量先从2004年的4.32万吨上升到2007年的27.44万吨，后又下降到2016年的10.52万吨。油品的CO_2排放量从2004年的72.70万吨上升到2016年的313.10万吨。燃气CO_2排放量2005年3.28万吨上升到2016年的56.56万吨。热能CO_2排放量从2005年的19.36万吨下降到2009年的1.29万吨，后又上升到2016年的3.65万吨。电能CO_2排放量从2004年的34.92万吨上升到2016年的69.09万吨。

表3.31　　　　　　　宁夏2004—2016年物流业CO_2排放量表　　　　单位：万吨

年份	煤类	油品	燃气	热能	电能	合计
2004	4.32	72.70			34.92	111.94
2005	24.93	201.61	3.28	19.36	42.66	291.84
2006	8.43	235.68	0.22	3.87	44.93	293.13
2007	27.44	248.54	2.18	10.35	46.35	334.86
2008	8.43	258.48	4.59	19.36	50.40	341.26
2009	13.20	229.69	35.38	1.29	55.61	335.17
2010	13.87	273.61	17.92	2.32	60.70	368.42

续表

年份	煤类	油品	燃气	热能	电能	合计
2011	12.74	265.50	37.75	4.91	66.30	387.2
2012	13.21	279.99	50.89	5.34	71.64	421.07
2013	10.75	283.92	53.51	6.64	72.68	427.5
2014	9.91	297.98	60.14	2.68	70.62	441.33
2015	9.91	300.82	70.98	3.71	67.11	452.53
2016	10.52	313.10	56.56	3.65	69.09	452.92

12. 新疆

表 3.32 是新疆 2004—2016 年物流业 CO_2 排放量。新疆的煤类 CO_2 排放量先从 2004 年的 43.16 万吨上升到 2015 年的 125.70 万吨，2016 年又降至 112.73 万吨。油品 CO_2 排放量从 2004 年的 466.94 万吨上升到 2016 年的 1659.38 万吨。燃气 CO_2 排放量 2004 年的 1.53 万吨上升到 2016 年的 251.59 万吨。热能 CO_2 排放量从 2004 年的 1.48 万吨上升到 2016 年的 10.22 万吨。电能 CO_2 排放量从 2004 年 36.81 万吨上升到 2015 年的 277.41 万吨，2016 年又下降至 240.41 万吨。

表 3.32　　　　　　　新疆 2004—2016 年物流业 CO_2 排放量表　　　　单位：万吨

年份	煤类	油品	燃气	热能	电能	合计
2004	43.16	466.94	1.53	1.48	36.81	549.92
2005	117.27	652.51	63.77	2.61	44.74	880.9
2006	118.32	780.07	68.48	2.61	76.36	1045.84
2007	113.04	804.66	71.07	2.73	107.51	1099.01
2008	109.24	840.65	69.89	2.73	57.67	1080.18
2009	106.88	804.98	70.13	2.84	57.39	1042.22
2010	102.77	855.92	68.14	4.20	63.05	1094.08
2011	101.33	935.04	80.81	4.43	72.59	1194.2
2012	104.82	1092.98	98.28	4.43	95.99	1396.5
2013	104.82	1283.03	146.33	9.09	160.37	1703.64

年份	煤类	油品	燃气	热能	电能	合计
2014	104.61	1326.03	172.54	7.96	227.29	1838.43
2015	125.70	1568.60	217.74	10.11	277.41	2199.56
2016	112.73	1659.38	251.59	10.22	240.41	2274.33

3.5　研究结论

　　随着人们对以二氧化碳为表征的温室气体排放重要性的逐渐认识，经济低碳化已经从民间行为上升到国家战略层面，低碳经济成为世界经济的新潮流，作为低碳经济的重要组成部分——物流业，势必会在低碳经济发展中扮演着重要的角色。然而，通过3.2~3.4节的分析，可以看出我国省域之间物流活动产生的CO_2排放量存在着不平衡性，物流业的CO_2排放绝大部分都是油品类能源消耗所带来的，其次是电能和煤炭；而且，从表3.33可以看出东部发达省域的物流CO_2排放量最大，其次是西部省域，再次是中部省域。从2004—2016年来看，东部省域的物流业CO_2排放量远超中部和西部地区的物流业CO_2排放量，且大部分年份超过两倍之多。而中西部省域的物流CO_2排放量较小，这主要与其物流作业量大小有关。这种不平衡性是基于物流作业活动中能源消耗不均所引发的。从排放总量来看，东部沿海省域要普遍大于西部省域，东部地区以广东省的CO_2排放量最大，西部地区以四川省的排放量最大，另外有些中部省份如湖北和内蒙古等的排放量排名也靠前。

　　由于各省域的物流作业量大小不同，单独比较省域间的CO_2排放量存在不合理性，因此还需要核算省域单位物流作业量的CO_2排放量，本书采用单位周转货物CO_2排放量这个指标来进行核算对比，其核算公式为

$$单位周转货物\ CO_2\ 排放量 = \frac{省域\ CO_2\ 排放总量}{省域周转货物总量} \qquad (3-11)$$

　　根据该公式及相关数据，得出各省域的单位周转货物CO_2排放量，见表3.34（由于篇幅有限，此处只取2007—2016年省域物流业单位周转货物CO_2排放量）。

　　由公式（3-11），得到2004—2016年省域物流业单位周转货物CO_2排放

量，进而得出东中西部各区域的单位周转货物 CO_2 排放量。从单位周转货物 CO_2 排放量来看（见表3.33），西部省域的单位周转货物 CO_2 排放量普遍要大于中东部省域，西部省域的单位周转货物 CO_2 排放量基本是中部省域单位周转货物 CO_2 排放量的 2 倍，东部省域单位周转货物 CO_2 排放量稍高于中部省域，但远低于西部省域。由此可以看出，在 CO_2 排放总量上东部地区是远超中西部地区的，而单位周转货物 CO_2 排放量西部地区远超中东部地区，说明西部地区碳排放增长方式仍然是粗放式的，能源利用效率较低。

表 3.33　2004—2016 年物流业单位周转货物 CO_2 排放量和 CO_2 排放总量对比表

年份	单位周转货物 CO_2 排放量 /（吨/万吨公里）			CO_2 排放总量/万吨		
	东部	中部	西部	东部	中部	西部
2004	6.099	5.879	10.190	15935	7728	7117
2005	6.963	6.785	12.635	21476	8999	9623
2006	6.865	7.121	12.664	23830	9807	10923
2007	6.968	7.252	12.974	26292	10841	12429
2008	7.478	5.113	10.652	28382	12228	14031
2009	7.381	5.170	10.409	29910	12690	15220
2010	6.732	4.901	10.215	32615	14054	16756
2011	6.293	5.155	9.569	34843	16592	17757
2012	6.360	4.897	9.913	37475	17732	20514
2013	6.117	5.106	9.782	34287	18808	17869
2014	5.897	5.422	9.245	35752	19966	19631
2015	6.722	6.344	10.166	37431	21038	20511
2016	7.210	6.489	10.270	39548	22667	20881

从表3.34 中可以看出北京的单位周转货物 CO_2 排放量最大，2007—2016 年达到单位周转货物 CO_2 排放量均在 2.5 吨/万吨公里以上，北京作为陆运交通枢纽，拥有诸多大型的物流节点。以 2008 年为例，北京消费的电能（占排放量的 19.48%）和热能（占排放量的 5%）资源比其他大部分省域的要高，而作为消费型城市其周转货物量又少，这可能是导致其单位周转货物 CO_2 排放量较其他省域高，或者是统计数据出现偏差的原因，但这个出乎意料的结果应该值得关注和进一步的分析。单位周转货物 CO_2 排放量较小的省域有上海

和天津，见表 3.35 中上海消耗的油品（占排放量的 94.21%）比其他大部分省域高。表 3.34 中单位周转货物 CO_2 排放量排名前 5 的分别是北京、云南、四川、吉林、新疆，除了北京属于东部地区，另外四个省域均属于中西部地区。单位周转货物 CO_2 排放量排名后 5 的分别是上海、河北、天津、安徽、浙江，除了安徽为中部地区，其他 4 个省域均为东部地区。这印证了表 3.33 虽然东部地区整体的二氧化碳高于中西部地区，但单位周转货物 CO_2 排放量东部地区整体低于西部地区。2008 年排名前后 5 省域的物流作业 CO_2 排放量及不同能源的排放比重见表 3.35。排名前 5 的省域大部分为东部地区省域，排名靠后的 5 省域均为中西部省域。因此，可以看出单位周转货物 CO_2 排放量跟物流业的地域存在一定关系。

表 3.34　　2007—2016 年省域物流业单位周转货物 CO_2 排放量描述统计

单位：吨/万吨公里

省域	2007 年	2008 年	2009 年	2010 年	2011 年	2012 年	2013 年	2014 年	2015 年	2016 年
北京	2.514	2.872	3.051	2.715	2.602	2.753	2.450	2.608	3.076	3.518
天津	0.052	0.331	0.100	0.108	0.111	0.161	0.339	0.312	0.480	0.546
河北	0.308	0.317	0.295	0.277	0.256	0.243	0.227	0.199	0.211	0.240
内蒙古	0.993	0.632	0.643	0.640	0.610	0.671	0.799	0.650	0.716	0.462
山西	0.658	0.767	0.824	0.714	0.698	0.682	0.419	0.629	0.701	0.703
辽宁	0.542	0.455	0.435	0.384	0.360	0.348	0.314	0.330	0.364	0.362
吉林	1.491	1.040	0.996	0.976	0.887	0.851	0.971	1.014	1.277	1.207
黑龙江	0.939	0.691	0.732	0.664	1.073	1.147	1.288	1.462	1.754	1.832
上海	0.254	0.264	0.300	0.238	0.215	0.219	0.312	0.240	0.240	0.269
江苏	0.573	0.607	0.582	0.558	0.488	0.479	0.404	0.421	0.556	0.624
浙江	0.418	0.455	0.413	0.360	0.325	0.326	0.349	0.337	0.349	0.361
安徽	0.459	0.169	0.162	0.163	0.160	0.193	0.165	0.167	0.221	0.218
福建	0.523	0.588	0.622	0.581	0.547	0.505	0.509	0.457	0.422	0.406
江西	0.769	0.359	0.364	0.378	0.384	0.357	0.403	0.395	0.449	0.451
山东	0.703	0.471	0.479	0.474	0.494	0.641	0.533	0.549	0.558	0.557
河南	0.622	0.349	0.320	0.312	0.304	0.304	0.453	0.432	0.484	0.513
湖北	1.454	1.119	1.060	0.959	0.945	0.802	0.693	0.604	0.603	0.697
湖南	0.860	0.620	0.711	0.737	0.703	0.561	0.714	0.720	0.855	0.867

续表

省域	2007年	2008年	2009年	2010年	2011年	2012年	2013年	2014年	2015年	2016年
广东	1.080	1.117	1.104	1.038	0.894	0.686	0.680	0.444	0.466	0.327
广西	0.918	0.647	0.651	0.565	0.512	0.479	0.401	0.474	0.504	0.500
海南	0.438	0.888	0.745	0.643	0.499	0.458	1.037	0.410	0.541	0.591
重庆	0.927	0.752	0.635	0.627	0.544	0.619	0.716	0.652	0.737	0.717
四川	1.717	1.305	1.507	1.255	1.015	1.211	0.767	0.955	0.966	1.284
贵州	1.172	1.264	1.132	1.199	1.264	1.379	1.163	1.112	1.243	1.272
云南	1.838	1.859	1.793	2.028	2.018	2.012	1.540	1.651	1.548	1.532
陕西	1.099	0.813	0.876	0.860	0.815	0.762	0.617	0.591	0.632	0.554
甘肃	0.656	0.518	0.534	0.541	0.486	0.468	0.598	0.571	0.622	0.631
青海	0.920	0.626	0.616	0.603	0.582	0.594	0.707	0.673	0.862	0.915
宁夏	1.148	0.498	0.447	0.450	0.415	0.395	0.490	0.527	0.554	0.552
新疆	1.149	0.851	0.830	0.805	0.810	0.865	0.948	0.977	1.241	1.261

注：①表3.34的能源消耗数据来源于《中国能源统计年鉴2008—2017》中的"交通运输、仓储和邮政业"2007—2016年数据，由于数据原因，未对港澳台及西藏地区的物流作业CO_2排放量进行核算；省域周转货物量数据来源于《中国统计年鉴2008—2017》的2007—2016年数据。

②每类CO_2排放量为本类（不同类型的能源耗量×对应的CO_2排放系数）之和。

③煤类合计包括焦炭的消耗量；由于统计年鉴将液化石油气以重量进行核算，故表3.34中的油品合计包括液化石油气的消耗量；燃气合计则包括焦炉煤气、其他煤气、炼厂干气和天然气的消耗数据之和。

表3.35   2008年排名前后5省域的物流业CO_2排放量及不同能源的排放比重

前5省域	广东	山东	上海	辽宁	湖北
CO_2排放总量/万吨	4947.662	4765.474	4231.594	3198.767	2826.462
油品类CO_2排放比重/(%)	92.56	91.27	94.21	84.79	81.99
煤炭类CO_2排放比重/(%)	0.07	1.10	0.29	5.69	12.78
燃气类CO_2排放比重/(%)	0	0.49	0.16	0.07	1.59
电能CO_2排放比重/(%)	7.37	6.20	5.28	7.78	3.64
热能CO_2排放比重/(%)	0	0.94	0.06	1.67	0
后5省域	青海	宁夏	海南	江西	甘肃
CO_2排放总量/万吨	201.2511	350.3163	530.6905	820.7371	826.1527
油品类CO_2排放比重/(%)	71.92	75.74	94.88	88.12	52.69
煤炭类CO_2排放比重/(%)	14.88	2.47	0	1.51	13.30

续表

后 5 省域	青海	宁夏	海南	江西	甘肃
燃气类 CO_2 排放比重/(%)	7.40	1.34	2.14	0	2.08
电能 CO_2 排放比重/(%)	5.46	14.77	2.99	10.37	31.93
热能 CO_2 排放比重/(%)	0.34	5.67	0	0	0

通过比较分析,可以大致了解各省域物流业碳排放的基本情况,更重要的是相关省域的行政主管部门和物流行业机构要能挖掘这些数据背后所隐藏的各省域物流活动过程中能源利用效率和节能减排实施效果等深层次的内容。这些内容与省域内具体物流企业的低碳物流作业活动是密切相关的,关键就是要通过对比分析找出差距的原因,从而寻求降低省域内各种物流作业活动碳排放量的方法和策略。

第4章
基于 SE – DEA 的省域物流行业
生态效率研究

生态效率（Eco – efficiency）的概念最早是由德国学者 Schaltegger 和 Sturm 于 1990 年提出的[129]，1996 年世界可持续发展商业理事会（World Business Council for Sustainable Development，WBCSD）将其定义为："生态效率是通过提供能满足人类需要和提高生活质量的竞争性定价商品及服务，同时使整个寿命周期的生态影响与资源强度逐渐减低到一个至少与地球的估计承载能力一致的水平来实现的"[130]。物流行业的生态效率反映了物流行业投入（资源的消耗及所带来的环境负荷）与产出（所提供的物流服务）的比值，是衡量物流行业经济效益和环境效益的有效工具。从当前的文献资料来看，生态效率的研究主要集中在生态效率评价指标体系的研究[131][132]和评价方法的研究[133][134]上，所研究的对象主要是区域的生态效率问题[135]，也有少量的文献涉及具体行业的生态效率问题[136]，而对于物流行业的生态效率问题则比较鲜见。另外，物流行业生态效率评价是一个多投入、多产出的复杂系统，应用超效率数据包络分析方法，一方面可以使评价过程更为全面，考虑到决策单元之间的相互影响；另一方面，对那些同为 DEA 有效的决策单元可以作出进一步的评价和比较。为此，本章应用 SE – DEA 方法，以 2006—2011 年的省域物流产业的统计数据为实证对象，研究我国省域物流产业的生态效率问题。

4.1　研究方法与模型构建

4.1.1　研究方法

DEA 方法是由运筹学家 A. Charnes 和 W. W. Cooper 等在"相对效率评价"概念基础上，发展起来的一种效率评价方法。它以 DMU 的投入、产出指标的权重系数为优化变量，借助于数学规划方法将 DMU 投影到 DEA 前沿面上，通过比较决策单元偏离 DEA 前沿面的程度来对决策单元的相对有效性作出综合评价[137]。但一般的 DEA 方法无法对多个同时有效的 DMU 作出进一步的评价和比较，为了解决这个问题，Andersen 和 Petersen（1993）提出了 SE – DEA 模型[138]，该模型的特点是：在评价某一具体 DMU 时，以其他所有的评价单元构成参考集而不考虑被评价单元本身，这样评价结果的效率值有可能大于1，从而可以对那些同为 DEA 有效的 DMU 作出进一步的评价和比较。

4.1.2　模型构建

SE – DEA 的数学模型为

$$\max \sum_{r=1}^{s} \mu_r y_{r0} = \boldsymbol{V}^l$$

$$\text{s. t.} \begin{cases} \sum_{i=1}^{m} \omega_i x_{ij} - \sum_{r=1}^{s} \mu_r y_{rj} \geqslant 0, \ (j = 1, 2, \cdots, n), \ j \neq j_0 \\ \sum_{i=1}^{m} \omega_i x_{i0} = 1 \\ \omega_i \geqslant 0, \ \mu_r \geqslant 0, \ \forall i, r \end{cases} \quad (4-1)$$

式中：令 $t = \dfrac{1}{\boldsymbol{v}^{\mathrm{T}} x_{j0}}$，$\omega = tv$，$\mu = tu$。

假设被考察单元的个数为 n 个，每个被考察单元都有 m 个输入变量和 s 个输出变量。x_{ij} 表示第 j 个被考察单元的第 i 个的输入变量，y_{rj} 表示第 j 个被考察单元的第 r 个的输出变量，$\boldsymbol{Y}_k = (y_{1k}, y_{2k}, \cdots, y_{sk})$。$\boldsymbol{v} = (v_1, v_2, \cdots, v_m)^{\mathrm{T}} \geqslant 0$ 为输

入所对应的权向量，$u = (u_1, u_2, \cdots, u_s)^T \geqslant 0$ 为输出所对应的权向量。若线性规划的最优值 $V^I \geqslant 1$，则称 DMU_{j0} 为弱 DEA 有效。

4.2　指标选取与数据来源

生态效率的基本思想是以最少的资源投入和环境代价（损失）来获得最大的经济价值，这与 DEA 方法对投入与产出指标的要求一致。众多已有的实证研究表明，DEA 投入、产出指标的选取与数据来源是导致研究结果差异的重要原因之一。为此，本书在参考生态效率评价指标的基础上，结合物流行业的特点，再兼顾样本数据的可比性、可得性和科学性的基础上构建了我国省域物流产业生态效率的评价指标体系，见表 4.1。

表 4.1　　　　　　　　　物流行业生态效率评价指标体系

指标	类别	具体指标构成	说明
投入指标	资源	能源投入	能源年消耗总量
		劳动力投入	物流行业人员年就业总数
		资本投入	物流行业年固定资产投资总量
	环境	碳排放量	物流行业年 CO_2 排放量
		硫排放量	物流行业年 SO_2 排放量
产出指标	经济效率	行业生产总值	物流行业年 GDP 总量
	作业效率	周转货物量	物流行业货物年周转总量

在 DEA 投入和产出指标的确定上，本书采用五要素投入（资本、劳动力、能源、二氧化碳排放量、二氧化硫排放量）和两要素产出（年总产值和年物流周转量）模型。书中用交通运输、仓储、邮电行业的数据作为衡量物流效率的标准，由于河北、浙江、重庆、宁夏、广西、云南和新疆这七个省域的统计年鉴中，缺少交通运输、仓储、邮电行业能源消费数据，本书分析使用的样本为 2006—2011 年，中国 23 个省、自治区、直辖市的能源投入和产出数据，基本数据主要来源于 2007—2012 年《中国统计年鉴》及中国各省市的统计年鉴。

（1）投入指标。物流行业生态效率的投入指标主要包括资源投入和环境污染两大类。资源投入主要选取能源投入、劳动力投入和资本投入这三类指标；环境污染则主要选取碳排放量和硫排放量这两类指标，而对于废水、固体废弃物（包括 PM 2.5）、噪声等环境污染因为数据原因则没有考虑。

①能源投入。物流行业的能源投入主要以汽油、柴油和煤油等石化、煤炭和电力能源为主，以我国各省域的交通运输、仓储、邮电行业每年能源消耗量（均折算成标准煤）作为衡量能源投入的指标，数据来源于 2007—2012 年各省市的统计年鉴。

②劳动力投入。严格地说，劳动力投入应该考虑数量和质量两个方面，由于缺乏既能体现劳动者劳动时间，又能体现劳动效率的统计指标，考虑到数据的可得性与可比性，本书参照李廉水衡量劳动力投入的指标选取方法，用我国各省域的交通运输、仓储职工从业人数表示（去除邮电业从业人员），数据来源于 2007—2012 年各省市的统计年鉴。

③资本投入。资本投入由我国省域交通运输、仓储、邮电行业的固定资产投资衡量，其中各地区固定资产价格指数来自《中国统计年鉴》（2007—2012）。

④CO_2 排放量。本书根据《中国能源统计年鉴》（2007—2012）中交通运输、仓储、邮电行业的油类燃料、煤类燃料、天然气类燃料、电力和热力等能源消耗来核算出所产生的 CO_2 排放量，CO_2 排放量的测算模型参阅文献[139]。

⑤SO_2 排放量。本书根据《中国能源统计年鉴》（2007—2012）中交通运输、仓储、邮电行业的油类燃料、煤类燃料、天然气类燃料、电力和热力等能源消耗来核算出所产生的 SO_2 排放量，SO_2 排放量的测算模型参阅文献[140]。

（2）产出指标。物流行业生态效率的产出指标主要包括反映经济效率的行业生产总值和作业效率的周转货物量两大类。

①行业生产总值。本书用我国省域交通运输、仓储、邮电行业的生产总值作为衡量物流行业经济效率的产出指标。数据来自《中国统计年鉴》（2007—2012）。

②周转货物量。本书用我国省域货物年周转量作为衡量物流行业经济效率的产出指标。数据来自《中国统计年鉴》（2007—2012）。

4.3 实证分析

4.3.1 生态效率分析

本书应用 SE-DEA 软件 EMS 1.3，将相关数据带入求解计算，得到我国各省域物流行业 2006—2011 年的生态效率评价结果，见表 4.2。

表 4.2   我国各省域物流行业 2006—2011 年的生态效率评价结果

地区	2006 年	2007 年	2008 年	2009 年	2010 年	2011 年	平均值	排序
北京	0.70	0.54	0.46	0.59	0.62	0.90	0.63	20
天津	4.05	4.91	0.73	1.64	1.83	1.93	2.51	1
山西	1.05	0.92	0.66	0.58	0.70	0.69	0.77	14
内蒙古	0.71	0.66	0.66	0.85	0.86	0.90	0.77	13
辽宁	0.57	0.58	0.53	0.80	0.62	0.76	0.64	18
吉林	0.77	0.62	0.53	0.59	0.58	0.57	0.61	21
黑龙江	0.78	0.72	0.67	0.74	0.75	0.55	0.70	16
上海	1.37	1.41	1.59	1.15	1.59	1.93	1.51	3
江苏	1.06	1.11	0.98	1.24	1.34	1.44	1.19	6
安徽	1.31	1.20	2.08	2.13	2.43	2.15	1.89	2
福建	1.21	1.31	1.25	1.32	1.45	1.47	1.34	5
江西	1.07	0.85	0.93	0.90	1.02	0.98	0.96	10
山东	1.60	1.53	1.57	1.26	1.10	1.04	1.35	4
河南	0.91	1.15	1.28	1.12	0.88	0.82	1.03	8
湖北	0.62	0.59	0.69	0.63	0.79	0.78	0.68	17
湖南	1.02	0.93	0.64	0.74	0.82	0.83	0.83	12
广东	0.90	0.90	0.73	1.41	0.93	1.04	0.98	9
海南	1.41	2.00	0.84	0.62	0.99	1.08	1.16	7
四川	0.85	0.79	0.60	0.47	0.53	0.59	0.64	19

地区	2006年	2007年	2008年	2009年	2010年	2011年	平均值	排序
贵州	0.50	0.52	0.45	0.93	0.98	1.00	0.73	15
陕西	0.53	0.50	0.45	0.53	0.57	0.56	0.52	22
甘肃	0.72	1.00	0.86	1.37	0.75	0.67	0.89	11
青海	0.68	0.61	0.35	0.43	0.48	0.45	0.50	23

由表4.2可知,平均生态效率有效的省份共有8个,仅占被分析省份的36%,说明中国省域物流生态效率总体偏低。2006—2011年一直处于效率有效的地区为上海、安徽、福建和山东,说明这4个地区的物流行业整体生态效率是有效的。而其他省域物流的生态效率都存在不稳定性,其中北京、辽宁、吉林、黑龙江、湖北、陕西、青海和贵州的生态效率比较低,贵州的生态效率仅在0.5左右,青海的也不足0.7,而且后4年效率都不足0.5,陕西的生态效率都不足0.6,吉林的生态效率都不足0.8,而且近两年生态效率低于0.6,这些省域物流行业的生态效率有巨大的空间可以提高;生态效率一直呈下降趋势的有山西、山东、吉林、黑龙江和青海,说明其生态效率形势不容乐观;呈先下降再上升趋势的有内蒙古、湖北、湖南、广东、海南、江西、四川、贵州和陕西;呈先升后降趋势的有天津、河南、海南和甘肃,一直呈上升趋势的有江苏、安徽、福建和上海,这些省域物流行业的绿色发展经验值得其他省域学习。

4.3.2 生态效率的前沿面分析

从表4.2还可以看出江苏和天津除了2008年,山西省2006年,安徽省、山东省、福建省、上海2006—2011年,江西省2006年与2010年,河南省2007—2010年,湖南省2006年,广东省2009年与2011年,海南省2006年、2007年与2011年,甘肃省2007年与2009年,DEA有效值均超过1,属DEA有效,说明这几个省、直辖市在相关年份的资本投入、能源消耗量投入、劳动力投入、二氧化碳排放量、二氧化硫排放量与物流行业产值等方面的产出处于相对最佳状态,其投入与产出处于相对平衡状态,生态效率较好。其他省份在这6年当中的DEA有效值小于1,属于DEA无效,说明这些省份各投入与产出量还有进一步调整的空间。对于 DEA 技术无效率的省份，可以根据它们的松弛变量的分布和数值进行改进。有松弛变量分布的地方就是可以作出投入减少和产出增加的地方，松弛变量的数值大小就是可以改进的数值大小，由于选取的是投入导向的 CCR 模型，可以对能源投入无效省份的各投入指标就其松弛变量的分布和数值大小进行改进。针对 6 年来各省的能源消耗量、CO_2 排放量、SO_2 排放量松弛变量分布见表4.3 ~ 表4.5。

表 4.3 　　　　　能源投入无效的省份的松弛变量分布（S_1^-）　　单位：万吨标准煤

地区	2006 年	2007 年	2008 年	2009 年	2010 年	2011 年
北京	0	8.44	0	73.18	94.53	466.81
天津	0	0	0	0	0	0
山西	0	69.79	105.35	11.72	32.07	0
内蒙古	0	0	24.28	0	42.24	70.64
辽宁	0	0	0	248.53	190.75	28.39
吉林	0	0	0	0	0	0
黑龙江	0	0	0	0	0	93.63
上海	0	0	0	0	0	0
江苏	0	0	179.83	0	0	0
安徽	0	0	0	0	0	0
福建	0	0	0	0	0	0
江西	0	10.39	34.86	0	0	1.1
山东	0	0	0	0	0	0
河南	0	0	0	0	79.4	172.05
湖北	155.12	159.14	412.34	50.56	332.37	326.07
湖南	0	267.62	78.87	0	17.45	0
广东	404.65	637.43	610.86	0	760.4	0
海南	0	0	120.95	85.57	194.24	0
四川	27.9	177.69	124.61	49.75	118.33	200.47
贵州	10.32	2.31	49.63	68.78	97.84	0
陕西	0	0	18.34	54.32	91.45	43.48
甘肃	0	128.24	103.3	0	47.1	5.66
青海	27.11	16.98	0	0	0	0

表4.4 **CO$_2$ 排放量投入因素无效的省份的松弛变量分布（S_2^-）** 单位：万吨标准煤

地区	2006 年	2007 年	2008 年	2009 年	2010 年	2011 年
北京	0	0	132.93	0	195.35	1037.91
天津	0	0	7.89	0	0	0
山西	0	214.24	469.6	33.5	76.6	71.28
内蒙古	92.17	96.99	0	171.14	60.06	179.65
辽宁	209.25	144.76	48.25	247.98	401.76	0
吉林	63.43	24.9	73.2	21.42	4.34	56
黑龙江	98.2	100.76	104.05	200.2	59.28	264.63
上海	0	0	0	0	0	0
江苏	0	0	336.88	0	0	0
安徽	0	0	0	0	0	0
福建	0	0	0	0	0	0
江西	0	24.54	72.19	184.13	0	0
山东	0	0	0	0	0	0
河南	3.59	0	0	0	260.74	174.84
湖北	283.78	390.01	808.7	334.14	718.05	885.07
湖南	0	536.11	0	148.63	106.25	57.15
广东	871.95	1449.41	1141.2	0	1436.25	0
海南	0	0	264.55	212.88	409.34	0
四川	15.48	343.85	193.08	69.44	0	0
贵州	47.72	57.95	116.42	136.11	258.74	0
陕西	19.24	23.78	97.17	137.18	195.41	133.02
甘肃	20.86	326.83	280.63	0	160.42	70.01
青海	0	18.54	1.81	10.94	0.01	3.73

表4.5 **SO$_2$ 排放量投入因素无效的省份的松弛变量分布（S_3^-）** 单位：万吨标准煤

地区	2006 年	2007 年	2008 年	2009 年	2010 年	2011 年
北京	199466	280185	468330	342452	403526	32423
天津	0	0	19812.3	0	0	0

续表

地区	2006 年	2007 年	2008 年	2009 年	2010 年	2011 年
山西	0	0	0	0	0	0
内蒙古	664350	639915	593415	749053	779757	802639
辽宁	60914.3	81278	175367	166525	0	79290
吉林	265604	235074	317300	167662	185795	283415
黑龙江	0	0	0	3269.2	0.02	196375
上海	0	0	0	0	0	0
江苏	0	0	0	0	0	0
安徽	0	0	0	0	0	0
福建	0	0	0	0	0	0
江西	0	0	0	0	0	0
山东	0	0	0	0	0	0
河南	29629.7	0	0	0	0.01	0
湖北	0	0	0	0	0	0
湖南		0	0	5334.4	0	0
广东	0	0	0	0	0	0
海南		0	0	0	0	0
四川	0	0	0	0	0	0
贵州	0	0	0	0.01	0	0
陕西	15342.6	0	0	0	0	0
甘肃	0	0	0	0	0	0
青海	217.23	0	927.17	0	0	0

根据投入指标松弛变量的分布表，可以知晓各省域物流行业不同环境资源投入的有效性，为进一步的生态宏观调控提供方向和依据。

（1）关于能源投入，部分省份如天津、吉林、上海、安徽、福建和山东这几个省域在 2006—2011 年的松弛变量都为 0，说明这些省份的物流产业能源消费与产业发展比较均衡，生态效率较好，没有过多的能源浪费；而北京、山西、广东、陕西、甘肃、贵州几个省份大部分年间的能源消费量的松弛变量不为 0，说明存在着与物流产业发展不匹配的能源投入过高的问题，湖北和四川两个省份近六年的能源投入松弛变量都不为 0，说明这两个省域的物流产业能源投入与产业发展不均衡，生态效率较低，应该采取相应措施解决这种局面；黑龙江、江苏、河南、青海这几个省域小部分年间的能源投入的松弛变量不为 0，同样存在部分年份能源投入过高的问题。

（2）关于 CO_2 排放量，由表4.4可以看出 CO_2 排放量为零的松弛变量很少，2006—2011 年内，CO_2 排放量都为 0 的松弛变量仅有上海、安徽、福建和山东四个省域，天津和江苏的 CO_2 排放量与生态效益也比较适应，而大部分省域的 CO_2 排放量的松弛变量过大，吉林、黑龙江、湖北和陕西 2006—2011 年的松弛变量均不为 0，山西、内蒙古、辽宁、甘肃、贵州还有青海这几个省域也分别只有一个年份的松弛变量为 0，这说明从生态效率考察角度来看这些省域的 CO_2 排放量过高，应当采取相应的减碳措施，使 CO_2 排放量与其生态经济效益相适应发展。

（3）较之 CO_2 排放量的生态效率，SO_2 的生态效率整体良好，大部分省域 SO_2 排放量的松弛变量为 0，表明其生态效益良好，但是北京、内蒙古、吉林、辽宁和黑龙江四个省域的 SO_2 排放量的松弛变量都很高，表明这些省域的 SO_2 排放量相对其生态效率水平过高，应当减少其物流行业的 SO_2 排放量。

4.4　研究结论

不同省域物流行业生态效率的分值反映了在特定时间内物流行业各自所投入的资源和环境代价（损失）与经济产出之间的相对比值关系，是物流行业生态效率的外在具体表现，为此，有必要分析影响这些省域物流行业生态效率的深层次原因。对此，主要从以下四个方面来分别阐述。

（1）地理空间因素。从地理空间来看，物流行业生态效率较高的地区主要集中在东部地区（排名前 5 的省域分别为天津、安徽、上海、山东、福建），这些地区的经济比较发达，物流货运量大，物流企业也相对比较多，而且又大多是沿海港口区域，是国际物流的主要集散地。因此，地域优势是这些东部区域物流行业生态效率较高的一个重要原因。

（2）能源效率因素。从能源效率来看，存在着较强的时空差异性。在所研究的23个省域中，只有天津、吉林、上海、安徽、福建和山东这几个省域在2006—2011年的能源投入松弛变量都为0；湖北和四川两个省份在2006—2011年的能源投入松弛变量都不为0；其余省域在部分年间的松弛变量为0，部分年间又不为0，表现出动态的时空差异性。通过计算得出，2006—2011年湖北和四川物流行业的能源效率均值分别为5032.87吨标准煤/亿吨公里和6943.71吨标准煤/亿吨公里；而能源效率较高的天津均值为416.75吨标准煤/亿吨公里，安徽为887.73吨标准煤/亿吨公里，上海为1109.45吨标准煤/亿吨公里，山东为2294.06吨标准煤/亿吨公里。因此，可以看出能源效率之间的差异还是比较大的，需要相应省域的物流主管部门寻求更深层次的原因（主要涉及物流节能技术、重载技术的应用及大批量运输方式的应用等），来提高能源效率。

（3）能源结构因素。从能源结构来看，物流行业所使用的能源涉及各种油气类、煤类、电力、热力等。其中，油气类能源是物流行业主要使用的能源，也是CO_2排放量最主要的产生源，2011年的23省域的数据统计得出，油气类能源所产生的CO_2排放量占到80.47%，其次是电力所产生的CO_2量占到11.47%，煤类产生的CO_2排放量占到5.82%。同时，油气类和煤类也是SO_2排放量的主要来源，因此，应该减少物流行业油气类和煤炭类能源的使用，鼓励清洁能源在物流行业的开发与应用，在减少两者使用的同时，尽量使用脱硫能源，也可以大大减少SO_2的排放。

通过前面分析，可以找出能源结构不合理的省域。在能源投入松弛变量为0的区域，其CO_2或SO_2的松弛变量不为0，即表明其能源结构存在问题，例如，2008年的天津就存在着能源结构不合理，其能源投入是有效的，但因为能源结构不合理，导致CO_2和SO_2的投入过量。

（4）运输结构因素。从运输结构来看，理论而言，铁路运输与水路运输由于其运量大，单位周转货物量的能源消耗少，具有较好的生态效率。为此，分别以2011年生态效率前5名和后5名省域的运输结构来分析其对物流行业生态效率的影响，计算结果见表4.6，可以看出，运输结构对物流行业的生态效率影响作用不明显。例如，生态效率最好的安徽省的周转货物量72.5%是由公路运输完成的，而铁路货运量较高的北京市却生态效率不高。

表 4.6　　　　　　　　　　不同运输方式的周转货物量比重　　　　　　　单位：%

前 5 名省域	铁路	公路	水路	后 5 名省域	铁路	公路	水路
安徽	12.0	72.5	15.5	四川	39.0	56.5	4.5
天津	5.0	2.6	92.4	北京	86.8	13.2	0.0
上海	0.1	1.4	98.5	吉林	43.7	56.2	0.0
福建	5.4	19.4	75.2	陕西	47.9	52.0	0.0
江苏	5.8	18.9	75.3	青海	46.9	53.1	0.0

　　在国民经济高速发展的今天，我国物流行业的发展不应该只注重总产值的提高，更应重视其能源消耗及其生态效率问题，要从可持续发展的角度出发，处理好经济、能源、环境三者的协调关系，提高物流行业整体的效率水平，寻求物流行业经济效益和社会效益的最大化。本章的分析是基于宏观层面对各省域的生态效率进行分析的，有利于从宏观上把握我国各省域物流行业生态效率的总体情况，也有利于充分发挥物流行业生态效率较高省域的示范作用，加强物流行业节能技术与能源管理方法在不同省域间的学习与推广，促进我国物流行业与生态环境的协调发展。

第5章
基于 EKC 的省域物流行业碳排放
特征研究

当前，我国物流行业的能源消耗量随着经济的增长而逐渐增加，成为第三产业的高耗能大户，其碳排放量一直处于上升状态。物流业碳排放主要来源于运输、配送和仓储作业中的能源消耗。我国地域辽阔，物流行业的能源效率表现出较强的时空差异性，东部地区物流行业的生态效率比西部地区要高[141]。为了更加深入地探索不同生态效率省域物流行业的 EKC 及其碳排放特点，本章在前期研究成果的基础上，选定中国 30 个省、自治区、直辖市，除去香港、澳门特别行政区和台湾地区，以及研究相关指标缺失的西藏自治区为实证对象，以省域 2004—2016 年的物流行业的面板数据进行 EKC 拟合，并根据其曲线特点来分析不同生态效率下物流行业的碳排放特征，以明确不同生态效率下区域物流产业增长与其碳排放之间的关系。通过对其进行总结分析，可以帮助我们预测相关省域的未来 EKC 趋势和碳排放特点，为进一步的区域物流发展和碳减排相关政策调控提供理论基础，实现区域物流产业的低碳可持续性发展。

国外学者率先对反映环境与经济发展之间关系的 EKC 展开了研究，并取得了丰硕的研究成果。

（1）在不同领域发现和改进 EKC 方面，Duan 选取了人均 GDP 作为经济发展指标，选择工业废水、废气、二氧化硫和工业固体废物排放量作为环境污染指标，建立 EKC 模型，证实了环境污染与经济增长存在倒 "U" 型曲线[142]。而 Kaika 等对 EKC 的不足之处作出了综述，并且分析了 GDP 以外的其他收入对 EKC 是没有影响的[143]。Babu 等则提出了修改 EKC 的标准，改变了因变量来取代环境压力的评估标准和 EKC 定义的环境退化指数（Environment Degration Index，EDI），考虑将 GDP 和发展平衡指数（Development Balance Index，DBI）作为不同模型的解释变量[144]。

（2）在基于 EKC 理论来研究不同区域和产业的环境和经济关系方面，Park 等分析了韩国 16 大都市圈 16 年的面板数据并得出了各地区 EKC，探讨了经济发展与区域空气污染之间的关系，并进一步提出气候变化减缓的能源政策[145]。Salih 通过研究新加坡旅游发展与碳排放的关系来验证 EKC 假说，发现旅游业发展和碳排放量处于长期均衡关系，长期和短期内游客对二氧化碳排放量的影响均呈显著负向影响[146]。Al - mulali 等使用一个国家的生态足迹作为环境恶化的指标来验证 EKC 假设，获得了一些结论并提出了一些建议[147]。

相较于国外，近年来国内的研究成果也是硕果累累，主要集中于应用和改进 EKC 模型，并结合中国实际情况来探索环境与经济增长关系方面。例如，Zhao 等运用统计数据为城镇化和生态环境建立综合指标体系，构建一种改进的 EKC 模型和动态协调耦合程度模型，实证分析长江三角洲在 1980—2013 年城镇化和生态环境之间的关系，帮助决策者制定措施来平衡城市化的可持续发展和生态环境保护[148]。陈勇等利用 1995—2010 年农业和经济数据对西南地区农业生态系统碳排放、碳吸收及碳足迹进行了计算与时空特征分析，并建立 EKC 模型，对西南地区农业生态系统碳足迹与经济发展之间的关系进行了实证研究[149]。何为等在 EKC 基础上提出了"环境政策有效性"假说，并对天津市 16 个区县 2006—2013 年面板数据构建了计量模型，定量研究了经济发展、环境规制、技术进步与大气污染物排放之间的关系[150]。赵爱文基于 EKC 理论研究中国人均碳排放和人均 GDP 之间的关系时发现：人均 GDP 与人均碳排放呈正相关[151]，她还通过建立中国能源消费与人均 GDP 的 EKC 模型，分析发现人均能源消费与人均 GDP 之间存在"N"型 EKC，但并不存在拐点，而能源强度与人均 GDP 之间也存在"N"型 EKC 并且存在拐点[152]。田素妍，罗能生等人也均通过 EKC 假说检验发现需求结构、清洁技术同样对环境质量有较大影响[153][154]。其中在物流行业也有基于 EKC 的研究文献，例如段向云基于 EKC 模型发现我国物流企业的发展与碳排放现状呈"N"型曲线关系，说明当前我国物流行业的碳排放量与环境还存在不协调因素[155]。

综上所述，现有文献主要聚焦于在国家、工农业等宏观层面上对环境质量和经济增长两者关系的探索，而对物流行业的环境与产值之间的 EKC 的关系研究还不多，尤其是不同生态效率下的区域物流行业 EKC 的特点及其碳排放特征等还不明确。因此，本章通过构建物流行业的 EKC，来分析不同生态效率的省域物流产业的 EKC 特点和碳排放特征，以期获得一些有价值的研究结论。

5.1　研究方法与模型构建

5.1.1　研究方法

1991 年美国经济学家 Grossman 和 Krueger 针对北美自由贸易区谈判中，美国人担心自由贸易恶化墨西哥环境并影响美国本土环境的问题，首次实证研究了环境质量与人均收入之间的关系，指出了污染与人均收入间的关系为"污染在低收入水平上随人均 GDP 增加而上升，高收入水平上随 GDP 增长而下降"。1992 年世界银行的《世界发展报告》以"发展与环境"为主题，扩大了环境质量与收入关系研究的影响。1996 年 Panayotou 借用 1955 年库兹涅茨界定的人均收入与收入不均等之间的倒"U"型曲线，首次将这种环境质量与人均收入间的关系称为 EKC。EKC 揭示出环境质量开始随着收入增加而退化，收入水平上升到一定程度后随收入增加而改善，即环境质量与收入为倒"U"型关系。

5.1.2　模型构建

国内外研究环境质量与经济增长之间的关系，大多采用 EKC 模型，因为它是检验环境污染与经济增长两者关系最直接的方法，为此，本章也采用 EKC 模型来进行研究。根据当前我国物流行业现状，政府现在还没有对物流行业环境规制作出明确的规定，行业生产总值的价格影响因素对结果影响不大，所以这些情况本书都不予以考虑。传统的 EKC 为二次回归模型，但是二次回归模型从形式上就假定了倒"U"型假说的成立，并且它只是三次回归模型的一种特殊情况，三次回归模型较二次更全面灵活，鉴于此，本书选择三次回归模型，即

$$E_{it} = \alpha + \beta_1(r_{it}) + \beta_2(r_{it})^2 + \beta_3(r_{it})^3 + \varepsilon \qquad (5-1)$$

式中：E_{it} 表示第 i 个省域第 t 年物流行业单位货物的 CO_2 排放量；r_{it} 表示第 i

个省域第 t 年的物流行业单位货物的 GDP 值；α 反映了不同省域之间的个体差异，表示四省域的固定效应，是常数；ε 为随机误差项；β_1、β_2、β_3 为待估计参数。参数取值的不同也会导致生成不同的 EKC，有以下六种基本情况：①若 $\beta_1>0$，$\beta_2=\beta_3=0$，则环境负荷随经济增长单调递增；②若 $\beta_1<0$，$\beta_2=\beta_3=0$，则环境负荷随经济增长单调递减；③若 $\beta_1<0$，$\beta_2>0$，$\beta_3=0$，则环境负荷与经济增长之间呈"U"型关系；④若 $\beta_1>0$，$\beta_2<0$，$\beta_3=0$，则环境负荷与经济增长之间呈倒"U"型关系；⑤若 $\beta_1>0$，$\beta_2<0$，$\beta_3>0$，则环境负荷与经济增长之间呈"N"型关系；⑥若 $\beta_1<0$，$\beta_2>0$，$\beta_3<0$，则环境负荷与经济增长呈倒"N"型关系。

5.2 指标选取与数据来源

众多实证研究表明，选取不同的指标衡量环境质量，加入不同的控制变量，以及用不同的检验方法得出的结论都是有所区别的，因为经济增长与环境质量之间存在复杂性和多层次性，所以研究结论的正确与否都是相对而言的。本书参考文献综述中的 EKC 评价方法，结合自身研究特点，分析东中西部各省域的 EKC 特征。由于 CO_2 是影响全球的大气污染物，是衡量环境质量的一个主要指标，但是考虑到物流行业 GDP 总量以及 CO_2 排放总量作为衡量指标存在不合理因素，因此本书采用物流行业单位周转货物的 GDP 作为经济效益的衡量指标，用物流行业的单位周转货物 CO_2 排放量作为环境效益的衡量指标。

（1）单位周转货物 CO_2 排放量。根据《中国统计年鉴》（2006—2015）和《中国能源统计年鉴》（2006—2015）中分省交通运输、仓储、邮电行业的周转货物量，以及分省交通运输、仓储、邮电行业的主要能耗（油类、煤类、燃气类、电力、热力）来核算的 CO_2 的排放量，核算模型参阅文献，继而核算出中国省域的单位周转货物 CO_2 排放量（单位：万吨/亿吨公里），核算公式为

$$单位周转货物 CO_2 排放量 = \frac{物流行业 CO_2 排放总量}{物流行业周转货物量} \quad (5-2)$$

（2）物流行业单位周转货物 GDP。应用《中国统计年鉴》（2006—2015）

中分省交通运输、仓储、邮电行业的生产总值和分省交通运输、仓储、邮电行业的周转货物量来核算物流行业单位周转货物生产总值增长量（单位：亿元）。核算公式为

$$单位周转货物 GDP = \frac{物流行业 GDP 总量}{物流行业周转货物量} \tag{5-3}$$

5.3　实证分析

5.3.1　东部省域

东部地区包括北京、天津、河北、辽宁、上海、江苏、浙江、福建、山东和广东 10 个省市。表 5.1 是通过 SPSS 软件，分别得到了东部十个省域的单位周转货物 CO_2 排放量与单位周转货物 GDP 的 EKC 拟合图，以此来描述十省域物流行业的发展水平与碳排放水平之间的关系。北京、天津、河北、辽宁、上海、山东和广东这些区域通过检验统计量 F 得出显著性水平 P，拟合优度检验采用查看相关系数 R^2，可知单位周转货物的 CO_2 排放量与单位周转货物 GDP 相关性及两者的曲线拟合度。

表 5.1　　　　　　　　　东部省域三次曲线估计的相关参数及统计值

省域 ＼ 参数估计及统计值	α	β_1	β_2	β_3	R^2	F	P
北京	1.018	0.789	-0.116	0.005	0.825	14.131	0.001
天津	-0.011	0.066	-0.012	0.001	0.811	12.876	0.001
河北	0.092	0.123	-0.019	0.001	0.816	13.288	0.001
辽宁	0.520	0.088	-0.023	0.001	0.725	7.891	0.007
上海	0.258	0.006	-0.002	0.000087413	0.049	0.154	0.924
江苏	0.776	-0.029	-0.005	0	0.759	9.423	0.004
浙江	0.558	-0.014	-0.004	0	0.708	7.279	0.009

续表

省域＼参数估计及统计值	α	β_1	β_2	β_3	R^2	F	P
福建	0.650	−0.042	0.007	0	0.775	10.307	0.003
山东	0.385	0.111	−0.018	0.001	0.136	0.473	0.709
广东	0.686	0.242	−0.038	0.001	0.971	100.095	0.000

由表 5.1 可依次得出东部十个省域物流业碳排放与 GDP 增长的回归方程分别为

北京：$E_{1t}=1.018+0.789(r_{1t})-0.116(r_{1t})^2+0.005(r_{1t})^3$ (5-4)

天津：$E_{2t}=-0.011+0.066(r_{2t})-0.012(r_{2t})^2+0.001(r_{2t})^3$ (5-5)

河北：$E_{3t}=-0.092+0.123(r_{3t})-0.019(r_{3t})^2+0.001(r_{3t})^3$ (5-6)

辽宁：$E_{4t}=0.520+0.088(r_{4t})-0.023(r_{4t})^2+0.001(r_{4t})^3$ (5-7)

上海：$E_{5t}=0.258+0.006(r_{5t})-0.002(r_{5t})^2+0.000087413(r_{5t})^3$ (5-8)

江苏：$E_{6t}=0.776-0.029(r_{6t})-0.005(r_{6t})^2$ (5-9)

浙江：$E_{7t}=0.558-0.014(r_{7t})-0.004(r_{7t})^2$ (5-10)

福建：$E_{8t}=0.650-0.042(r_{8t})+0.007(r_{8t})^2$ (5-11)

山东：$E_{9t}=0.385+0.111(r_{9t})-0.018(r_{9t})^2+0.001(r_{9t})^3$ (5-12)

广东：$E_{10t}=0.686+0.242(r_{10t})-0.038(r_{10t})^2+0.001(r_{10t})^3$ (5-13)

这些方程均为一元非线性回归方程，通过检验统计量 F 得出显著性水平 P，拟合优度检验采用查看相关系数 R^2，通过公式（5-4）~（5-13）可知单位周转货物的 CO_2 排放量与单位周转货物 GDP 相关性及两者的曲线拟合度。

1. 北京

根据回归结果与 5.1.2 节所提到的 EKC 形状判定条件，北京物流行业的碳排放量与单位周转货物 GDP 之间的 EKC 呈"N"型曲线关系（图 5.1），进一步根据估计结果可计算出该"N"型曲线的两个拐点分别为 GDP = 5.0 和 GDP = 10.0，对于单位周转货物 GDP 低于 5.0 的年份，单位周转货物 CO_2 排放量随着单位周转货物 GDP 的增加而增加；一旦单位周转货物 GDP 突破 5.0 的临界值水平，单位周转货物 GDP 继续提高则会有益于单位周转货物 CO_2 的减排；然而单位周转货物 GDP 进一步提高后到达 10.0 的临界值后单位周转货物 CO_2 的排放量又将随着单位周转货物 GDP 的上升而增加。通过表 5.1 可知，北京市的单位周转货物的 CO_2 排放量与单位周转货物 GDP 相关性以及两者的曲线拟合度，经济效益指标与环境效益指标具有较强的相关性，模型拟合优度值为 0.825，比较理想，且通过了 P 检验。

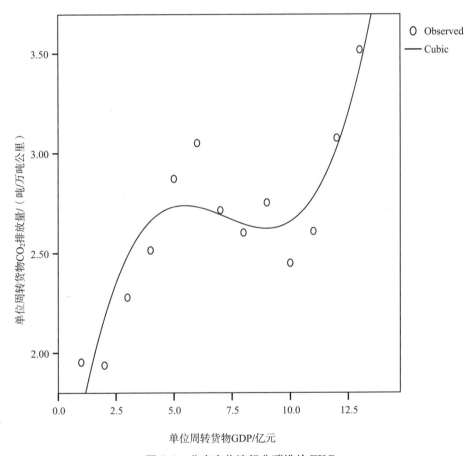

图 5.1 北京市物流行业碳排放 EKC

2. 天津

根据回归结果与 5.1.2 节所提到的 EKC 形状判定条件，天津市物流行业的碳排放量与单位周转货物 GDP 之间的 EKC 呈 "N" 型曲线关系（图 5.2），进一步根据估计结果可计算出该 "N" 型曲线的两个拐点分别为 GDP = 2.56

和 GDP = 8.25，对于单位周转货物 GDP 低于 2.56 的年份，单位周转货物 CO_2 排放量随着单位周转货物 GDP 的增加而增加；一旦单位周转货物 GDP 突破 2.56 的临界值水平，单位周转货物 GDP 继续提高则会有益于单位周转货物 CO_2 的减排；然而单位周转货物 GDP 进一步提高后到达 8.25 的临界值后单位周转货物 CO_2 的排放量又将随着单位周转货物 GDP 的上升而增加。通过表 5.1 可知，天津市的单位周转货物的 CO_2 排放量与单位周转货物 GDP 相关性及两者的曲线拟合度，经济效益指标与环境效益指标具有较强的相关性，模型拟合优度值为 0.811，比较理想，且通过了 P 检验。

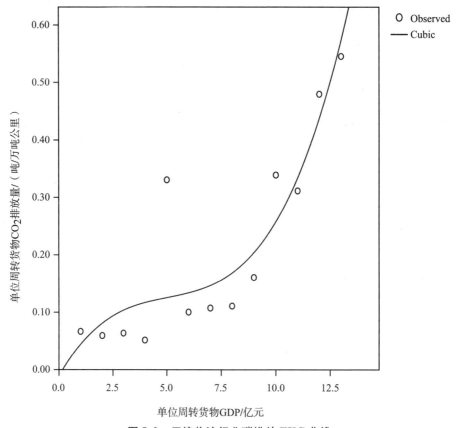

图 5.2　天津物流行业碳排放 EKC 曲线

3. 河北

根据回归结果与 5.1.2 节所提到的 EKC 形状判定条件，河北物流行业的碳排放量与单位周转货物 GDP 之间的 EKC 呈 "N" 型曲线关系（图 5.3），进一步根据估计结果可计算出该"N"型曲线的两个拐点分别为 GDP = 4.75 和 GDP = 11.1，对于单位周转货物 GDP 低于 4.75 的年份，单位周转货物 CO_2 排放量随着单位周转货物 GDP 的增加而增加；一旦单位周转货物 GDP 突破 4.75 的临界值水平，单位周转货物 GDP 继续提高则会有益于单位周转货物 CO_2 的减排；然而单位周转货物 GDP 进一步提高后到达 11.1 的临界值后单位周转货物 CO_2 的排放量又将随着单位周转货物 GDP 的上升而增加。通过上表 5.1 可知，河北省的单位周转货物的 CO_2 排放量与单位周转货物 GDP 相关性及两者的曲线拟合度，经济效益指标与环境效益指标具有较强的相关性，模型拟合优度值为 0.816，比较理想，且通过了 P 检验。

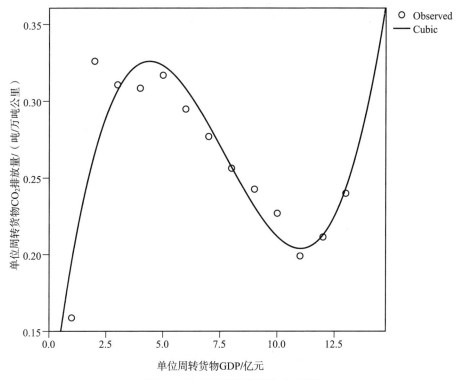

图 5.3　河北物流行业碳排放 EKC

4. 辽宁

根据回归结果与 5.1.2 节所提到的 EKC 形状判定条件，辽宁物流行业的碳排放量与单位周转货物 GDP 之间的 EKC 呈"N"型曲线关系（图 5.4），进一步根据估计结果可计算出该"N"型曲线的两个拐点分别为 GDP = 2.6 和 GDP = 10.5，对于单位周转货物 GDP 低于 2.6 的年份，单位周转货物 CO_2 排放量随着单位周转货物 GDP 的增加而增加；一旦单位周转货物 GDP 突破 2.6 的临界值水平，单位周转货物 GDP 继续提高则会有益于单位周转货物 CO_2 的减排；然而单位周转货物 GDP 进一步提高后到达 10.5 的临界值后单位周转货物 CO_2 的排放量又将随着单位周转货物 GDP 的上升而增加。通过表 5.1 可知，辽宁省的单位周转货物的 CO_2 排放量与单位周转货物 GDP 相关性及两者的曲线拟合度，经济效益指标与环境效益指标具有较强的相关性，模型拟合优度值为 0.725，比较理想，且通过了 P 检验。

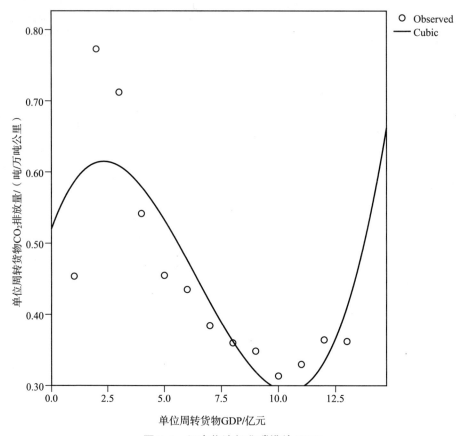

图 5.4　辽宁物流行业碳排放 EKC

5. 上海

根据回归结果与5.1.2节所提到的EKC形状判定条件，上海市物流行业的碳排放量与单位周转货物GDP之间的EKC呈微弱的"N"型曲线关系（图5.5），进一步根据估计结果可计算出该"N"型曲线的两个拐点分别为GDP=2.6和GDP=10.7，对于单位周转货物GDP低于2.6的年份，单位周转货物CO_2排放量随着单位周转货物GDP的增加而增加；一旦单位周转货物GDP突破2.6的临界值水平，单位周转货物GDP继续提高则会有益于单位周转货物CO_2的减排；然而单位周转货物GDP进一步提高后到达10.7的临界值后单位周转货物CO_2的排放量又将随着单位周转货物GDP的上升而增加。通过表5.1可知，上海市的单位周转货物的CO_2排放量与单位周转货物GDP相关性及两者的曲线拟合度，经济效益指标与环境效益指标相关性较弱，模型拟合优度值为0.049，没有通过P检验。

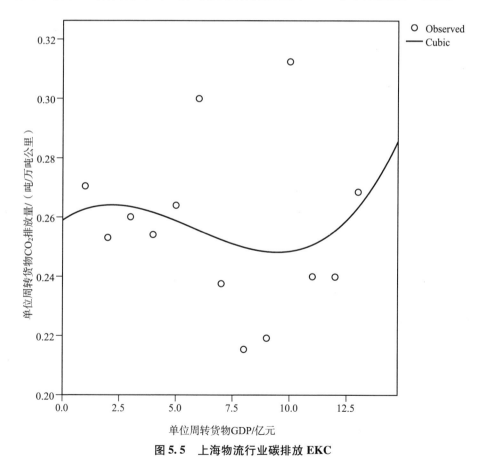

图 5.5　上海物流行业碳排放 EKC

6. 江苏

根据回归结果与 5.1.2 节所提到的 EKC 形状判定条件，江苏物流行业的碳排放量与单位 GDP 之间的 EKC 不符合任何一种以上情况（图 5.6）。但是曲线拟合图显示两者仍然呈现 "U" 型关系，对曲线进行一阶求导可计算出拐点为 GDP = 9.7，对于单位周转货物 GDP 低于 9.7 的年份来说，单位周转货物 CO_2 排放量随着单位周转货物 GDP 的增长而减少；一旦单位周转货物 GDP 突破 9.7 的临界值水平，单位周转货物 GDP 的继续增长不利于单位周转货物 CO_2 的减排。通过表 5.1 可知，江苏省的单位周转货物的 CO_2 排放量与单位周转货物 GDP 相关性及两者的曲线拟合度，经济效益指标与环境效益指标具有较强的相关性，模型拟合优度值为 0.759，比较理想，且通过了 P 检验。

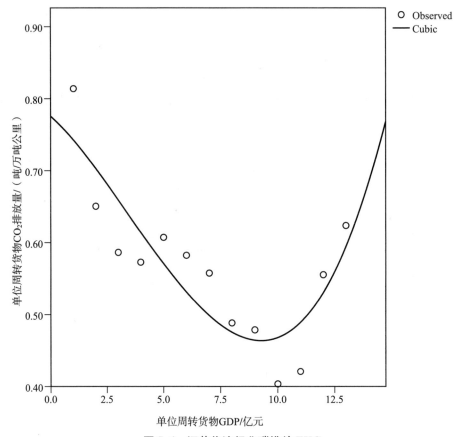

图 5.6　江苏物流行业碳排放 EKC

7. 浙江

根据回归结果与5.1.2节所提到的EKC形状判定条件，浙江物流行业的碳排放量与单位GDP之间的EKC不符合任何一种以上情况（图5.7）。但是曲线拟合图显示两者仍然呈现"U"型关系，对曲线进行一阶求导可计算出拐点为GDP=10.4，对于单位周转货物GDP低于10.4的年份来说，单位周转货物CO_2排放量随着单位周转货物GDP的增长而减少；一旦单位周转货物GDP突破10.4的临界值水平，单位周转货物GDP的继续增长不利于单位周转货物CO_2的减排。通过表5.1可知，浙江省的单位周转货物的CO_2排放量与单位周转货物GDP相关性及两者的曲线拟合度，经济效益指标与环境效益指标具有较强的相关性，模型拟合优度值为0.708，比较理想，且通过了P检验。

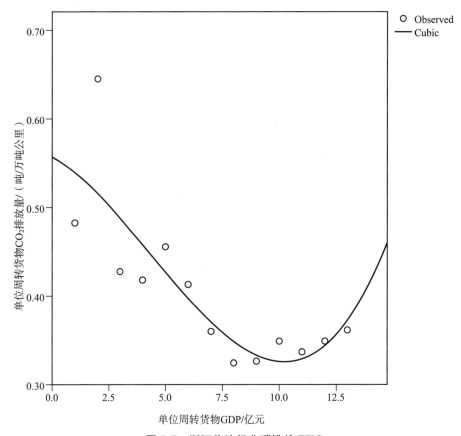

图5.7　浙江物流行业碳排放 EKC

8. 福建

根据回归结果与 5.1.2 节所提到的 EKC 曲线形状判定条件，福建的 EKC 呈微弱的倒"N"型（图 5.8），进一步根据计算结果可计算出该曲线的两个拐点分别为 GDP = 3.9 和 GDP = 8.8，对于单位周转货物 GDP 低于 3.9 的年份，单位周转货物 CO_2 的排放量随着单位周转货物 GDP 的增加而减少；一旦单位周转货物 GDP 突破 8.8 的临界值水平，单位周转货物 GDP 的继续提高将会有利于单位周转货物 CO_2 的减排。通过表 5.1 可知，福建省的单位周转货物的 CO_2 排放量与单位周转货物 GDP 相关性及两者的曲线拟合度，经济效益指标与环境效益指标具有较强的相关性，模型拟合优度值为 0.775，比较理想，且通过了 P 检验。

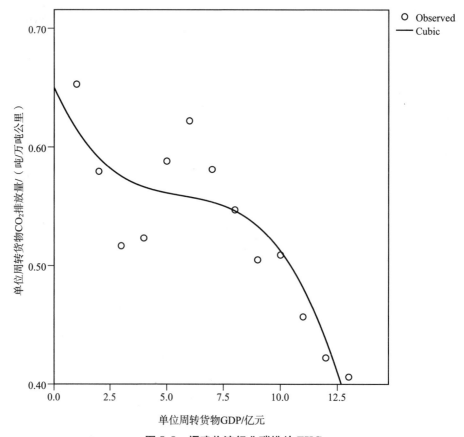

图 5.8　福建物流行业碳排放 EKC

9. 山东

根据回归结果与5.1.2节所提到的 EKC 形状判定条件，山东物流行业的碳排放量与单位周转货物 GDP 之间的 EKC 呈"N"型曲线关系（图5.9），进一步根据估计结果可计算出该"N"型曲线的两个拐点分别为 GDP = 4.9 和 GDP = 10.9，对于单位周转货物 GDP 低于 4.9 的年份，单位周转货物 CO_2 排放量随着单位周转货物 GDP 的增加而增加；一旦单位周转货物 GDP 突破 4.9 的临界值水平，单位周转货物 GDP 继续提高则会有益于单位周转货物 CO_2 的减排；然而单位周转货物 GDP 进一步提高后到达 10.9 的临界值后单位周转货物 CO_2 的排放量又将随着单位周转货物 GDP 的上升而增加。通过表 5.1 可知，山东省的单位周转货物的 CO_2 排放量与单位周转货物 GDP 相关性及两者的曲线拟合度，经济效益指标与环境效益指标相关性不强，模型拟合优度值为 0.136，未通过 P 检验。

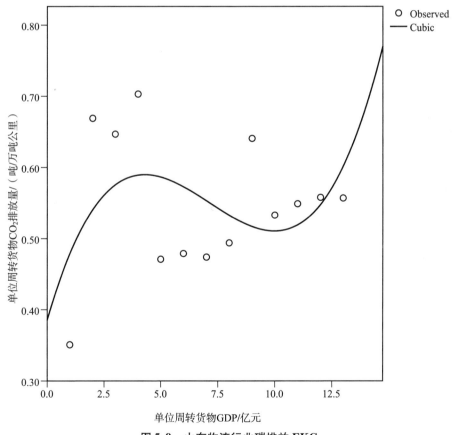

图5.9　山东物流行业碳排放 EKC

10. 广东

根据回归结果与 5.1.2 节所提到的 EKC 形状判定条件，广东物流行业的碳排放量与单位周转货物 GDP 之间的 EKC 呈 "N" 型曲线关系（图 5.10），进一步根据估计结果可计算出该 "N" 型曲线的两个拐点分别为 GDP = 4.6 和 GDP = 14.7，对于单位周转货物 GDP 低于 4.6 的年份，单位周转货物 CO_2 排放量随着单位周转货物 GDP 的增加而增加；一旦单位周转货物 GDP 突破 4.6 的临界值水平，单位周转货物 GDP 继续提高则会有益于单位周转货物 CO_2 的减排；然而单位周转货物 GDP 进一步提高后到达 14.7 的临界值后单位周转货物 CO_2 的排放量又将随着单位周转货物 GDP 的上升而增加。通过表 5.1 可知，广东省的单位周转货物的 CO_2 排放量与单位周转货物 GDP 相关性及两者的曲线拟合度，经济效益指标与环境效益指标具有较强的相关性，模型拟合优度值为 0.971，且通过了 P 检验。

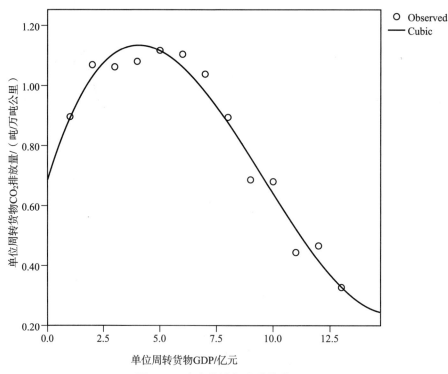

图 5.10　广东物流行业碳排放 EKC

5.3.2　中部省域

中部地区包括山西、吉林、黑龙江、安徽、江西、河南、湖北和湖南8个省。表5.2是通过 SPSS 软件,分别得到了中部八个省域的单位周转货物 CO_2 排放量与单位周转货物 GDP 的 EKC 拟合图,以此来描述八省域物流行业的发展水平与碳排放水平之间的关系。吉林、黑龙江、安徽、江西、河南、湖北和湖南这些区域通过检验统计量 F 得出显著性水平 P,拟合优度检验采用查看相关系数 R^2,通过公式(5-14)~公式(5-21)可知单位周转货物的 CO_2 排放量与单位周转货物 GDP 相关性及两者的曲线拟合度。

由表5.2可依次得出中部省域物流业碳排放与 GDP 增长的回归方程分别为

山西：$E_{11t} = 0.414 + 0.173(r_{11t}) - 0.028(r_{11t})^2 + 0.001(r_{11t})^3$　(5-14)

吉林：$E_{12t} = 0.549 + 0.407(r_{12t}) - 0.074(r_{12t})^2 + 0.004(r_{12t})^3$　(5-15)

黑龙江：$E_{13t} = 0.858 - 0.009(r_{13t}) - 0.004(r_{13t})^2 + 0.001(r_{13t})^3$　(5-16)

安徽：$E_{14t} = 0.473 - 0.019(r_{14t}) - 0.006(r_{14t})^2 + 0.001(r_{14t})^3$　(5-17)

江西：$E_{15t} = 0.945 - 0.084(r_{15t}) - 0.002(r_{15t})^2$　(5-18)

河南：$E_{16t} = 0.727 - 0.060(r_{16t}) - 0.002(r_{16t})^2$　(5-19)

湖北：$E_{17t} = 1.106 + 0.232(r_{17t}) - 0.052(r_{17t})^2 + 0.002(r_{17t})^3$　(5-20)

湖南：$E_{18t} = 0.828 + 0.028(r_{18t}) - 0.013(r_{18t})^2 + 0.001(r_{18t})^3$　(5-21)

表5.2　　　　　　　中部省域三次曲线估计的相关参数及统计值

参数估计及统计值 / 省域	α	β_1	β_2	β_3	R^2	F	P
山西	0.414	0.173	-0.028	0.001	0.352	1.630	0.250
吉林	0.549	0.407	-0.074	0.004	0.574	4.041	0.045
黑龙江	0.858	-0.009	-0.004	0.001	0.891	24.529	0.000
安徽	0.473	-0.019	-0.006	0.001	0.734	8.267	0.006
江西	0.945	-0.084	-0.002	0	0.791	11.347	0.002
河南	0.727	-0.060	-0.002	0	0.728	8.040	0.006
湖北	1.106	0.232	-0.052	0.002	0.944	50.295	0.000
湖南	0.828	0.028	-0.013	0.001	0.622	4.941	0.027

1. 山西

根据回归结果与 5.1.2 节所提到的 EKC 形状判定条件，山西物流行业的碳排放量与单位周转货物 GDP 之间的 EKC 呈 "N" 型曲线关系（图 5.11），进一步根据估计结果可计算出该 "N" 型曲线的两个拐点分别为 GDP = 4.95 和 GDP = 10.8，对于单位周转货物 GDP 低于 4.95 的年份，单位周转货物 CO_2 排放量随着单位周转货物 GDP 的增加而增加；一旦单位周转货物 GDP 突破 4.95 的临界值水平，单位周转货物 GDP 继续提高则会有益于单位周转货物 CO_2 的减排；然而单位周转货物 GDP 进一步提高后到达 10.8 的临界值后单位周转货物 CO_2 的排放量又将随着单位周转货物 GDP 的上升而增加。通过表 5.2 可知，山西省的单位周转货物的 CO_2 排放量与单位周转货物 GDP 相关性及两者的曲线拟合度，经济效益指标与环境效益指标相关性不强，模型拟合优度值为 0.352，未通过 P 检验。

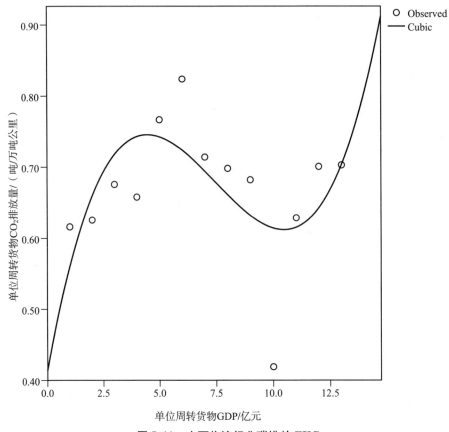

图 5.11 山西物流行业碳排放 EKC

2. 吉林

根据回归结果与 5.1.2 节所提到的 EKC 形状判定条件，吉林物流行业的碳排放量与单位周转货物 GDP 之间的 EKC 呈"N"型曲线关系（图5.12），进一步根据估计结果可计算出该"N"型曲线的两个拐点分别为 GDP = 4 和 GDP = 9.8，对于单位周转货物 GDP 低于 4 的年份，单位周转货物 CO_2 排放量随着单位周转货物 GDP 的增加而增加；一旦单位周转货物 GDP 突破 4 的临界值水平，单位周转货物 GDP 继续提高则会有益于单位周转货物 CO_2 的减排；然而单位周转货物 GDP 进一步提高后到达 9.8 的临界值后单位周转货物 CO_2 的排放量又将随着单位周转货物 GDP 的上升而增加。通过表 5.2 可知，吉林省的单位周转货物的 CO_2 排放量与单位周转货物 GDP 相关性及两者的曲线拟合度，经济效益指标与环境效益指标相关性一般，模型拟合优度值为 0.574，但通过了 P 检验。

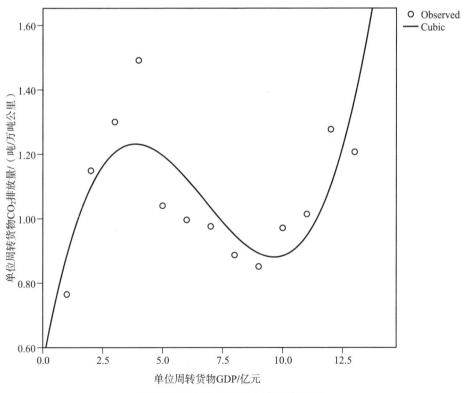

图 5.12　吉林物流行业碳排放 EKC

3. 黑龙江

根据回归结果与 5.1.2 节所提到的 EKC 形状判定条件，黑龙江的 EKC 不符合任何一种情况（图 5.13）。根据实际情况来看，截取 GDP > 0 部分曲线，两者呈现"U"型关系，对曲线进行一阶求导可计算出拐点为 GDP = 5.3，对于单位周转货物 GDP 低于 5.3 的年份来说，单位周转货物 CO_2 排放量随着单位周转货物 GDP 的增长而减少；一旦单位周转货物 GDP 突破 5.3 的临界值水平，单位周转货物 CO_2 排放量随着单位周转货物 GDP 的增长而增长。通过表 5.2 可知，黑龙江省的单位周转货物的 CO_2 排放量与单位周转货物 GDP 相关性及两者的曲线拟合度，经济效益指标与环境效益指标具有较强的相关性，模型拟合优度值为 0.891，且通过了 P 检验。

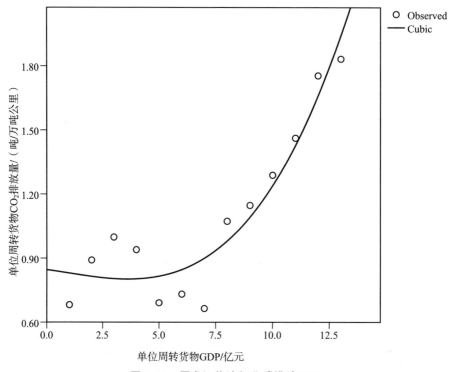

图 5.13　黑龙江物流行业碳排放 EKC

4. 安徽

根据回归结果与 5.1.2 节所提到的 EKC 形状判定条件，安徽的 EKC 不符合任何一种情况（图5.14）。根据实际情况来看，截取 GDP > 0 部分曲线，两者呈现"U"型关系，对曲线进行一阶求导可计算出拐点为 GDP = 9.8，对于单位周转货物 GDP 低于 9.8 的年份来说，单位周转货物 CO_2 排放量随着单位周转货物 GDP 的增长而减少；一旦单位周转货物 GDP 突破 9.8 的临界值水平，单位周转货物 CO_2 排放量随着单位周转货物 GDP 的增长而增长。通过表 5.2 可知，安徽省的单位周转货物的 CO_2 排放量与单位周转货物 GDP 相关性及两者的曲线拟合度，经济效益指标与环境效益指标具有较强的相关性，模型拟合优度值为 0.734，且通过了 P 检验。

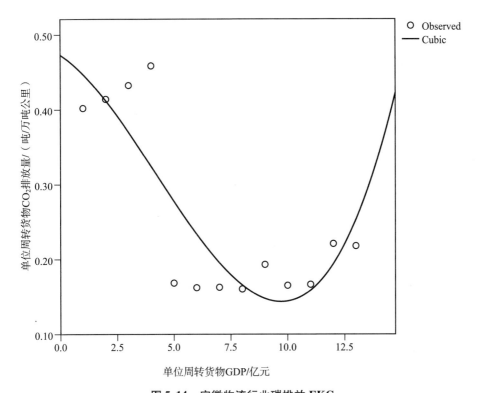

图 5.14　安徽物流行业碳排放 EKC

5. 江西

根据回归结果与 5.1.2 节所提到的 EKC 形状判定条件，江西的 EKC 不符合任何一种情况（图5.15）。根据实际情况来看，截取 GDP > 0 部分曲线，两者呈现"U"型关系，对曲线进行一阶求导可计算出拐点为 GDP = 9.6，对于单位周转货物 GDP 低于 9.6 的年份来说，单位周转货物 CO_2 排放量随着单位周转货物 GDP 的增长而减少；一旦单位周转货物 GDP 突破 9.6 的临界值水平，单位周转货物 CO_2 排放量随着单位周转货物 GDP 的增长而增长。通过表 5.2 可知，江西省的单位周转货物的 CO_2 排放量与单位周转货物 GDP 相关性及两者的曲线拟合度，经济效益指标与环境效益指标具有较强的相关性，模型拟合优度值为 0.791，且通过了 P 检验。

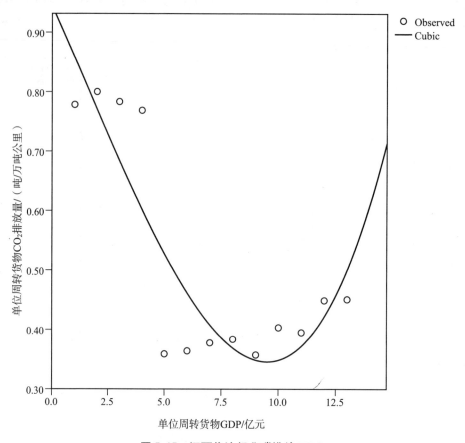

图 5.15 江西物流行业碳排放 EKC

6. 河南

根据回归结果与 5.1.2 节所提到的 EKC 形状判定条件，河南的 EKC 不符合任何一种情况（图 5.16）。根据实际情况来看，截取 GDP > 0 部分曲线，两者呈现"U"型关系，对曲线进行一阶求导可计算出拐点为 GDP = 8.9，对于单位周转货物 GDP 低于 8.9 的年份来说，单位周转货物 CO_2 排放量随着单位周转货物 GDP 的增长而减少；一旦单位周转货物 GDP 突破 8.9 的临界值水平，单位周转货物 CO_2 排放量随着单位周转货物 GDP 的增长而增长。通过表 5.2 可知，河南省的单位周转货物的 CO_2 排放量与单位周转货物 GDP 相关性及两者的曲线拟合度，经济效益指标与环境效益指标具有较强的相关性，模型拟合优度值为 0.728，且通过了 P 检验。

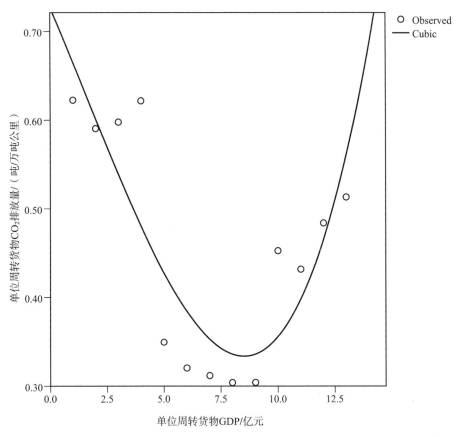

图 5.16　河南物流行业碳排放 EKC

7. 湖北

根据回归结果与 5.1.2 节所提到的 EKC 形状判定条件，湖北物流行业的碳排放量与单位周转货物 GDP 之间的 EKC 呈 "N" 型曲线关系（图 5.17），进一步根据估计结果可计算出该 "N" 型曲线的两个拐点分别为 GDP = 3.1 和

GDP = 11.3，对于单位周转货物 GDP 低于 3.1 的年份，单位周转货物 CO_2 排放量随着单位周转货物 GDP 的增加而增加；一旦单位周转货物 GDP 突破 3.1 的临界值水平，单位周转货物 GDP 继续提高则会有益于单位周转货物 CO_2 的减排；然而单位周转货物 GDP 进一步提高后到达 11.3 的临界值后单位周转货物 CO_2 的排放量又将随着单位周转货物 GDP 的上升而增加。通过表 5.2 可知，湖北省的单位周转货物的 CO_2 排放量与单位周转货物 GDP 相关性及两者的曲线拟合度，经济效益指标与环境效益指标具有较强的相关性，模型拟合优度值为 0.944，通过了 P 检验。

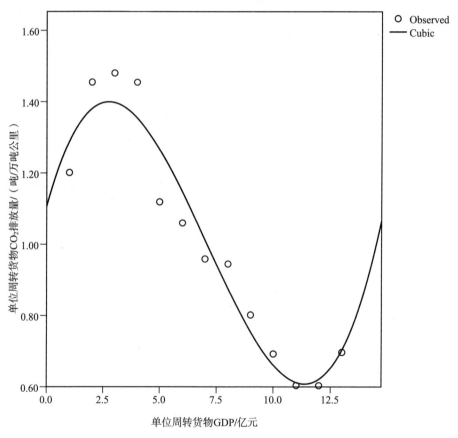

图 5.17　湖北物流行业碳排放 EKC

8. 湖南

根据回归结果与 5.1.2 节所提到的 EKC 形状判定条件，湖南物流行业的碳排放量与单位周转货物 GDP 之间的 EKC 呈"N"型曲线关系（图 5.18），进一步根据估计结果可计算出该"N"型曲线的两个拐点分别为 GDP = 1.8 和 GDP = 8.9，对于单位周转货物 GDP 低于 1.8 的年份，单位周转货物 CO_2 排放量随着单位周转货物 GDP 的增加而增加；一旦单位周转货物 GDP 突破 1.8 的临界值水平，单位周转货物 GDP 继续提高则会有益于单位周转货物 CO_2 的减排；然而单位周转货物 GDP 进一步提高后到达 8.9 的临界值后单位周转货物 CO_2 的排放量又将随着单位周转货物 GDP 的上升而增加。通过表 5.2 可知，湖南省的单位周转货物的 CO_2 排放量与单位周转货物 GDP 相关性及两者的曲线拟合度，经济效益指标与环境效益指标具有较强的相关性，模型拟合优度值为 0.622，通过了 P 检验。

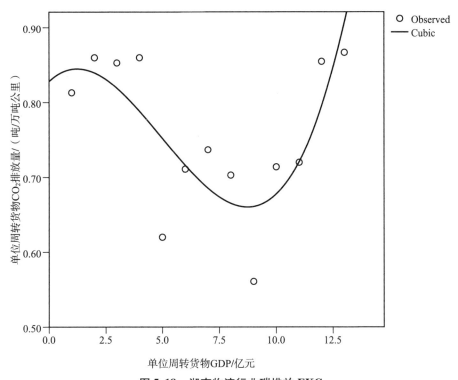

图 5.18　湖南物流行业碳排放 EKC

5.3.3 西部省域

西部地区包括内蒙古、广西、海南、重庆、四川、贵州、云南、陕西、甘肃、青海、宁夏和新疆12个省区市。表5.3是应用 SPSS 软件,分别得到了西部十二个省域的单位周转货物 CO_2 排放量与单位周转货物 GDP 的 EKC 拟合图,以此来描述十二省域物流行业的发展水平与碳排放水平之间的关系。广西、重庆、四川、贵州、云南、陕西、甘肃、青海和新疆这些区域通过检验统计量 F 得出显著性水平 P,拟合优度检验采用查看相关系数 R^2,通过公式(5-22)~公式(5-33)可知单位周转货物的 CO_2 排放量与单位周转货物 GDP 相关性及两者的曲线拟合度。

由表5.3可依次得出西部省域物流业碳排放与增长的回归方程分别为

内蒙古: $E_{19t} = 0.892 + 0.012(r_{19t}) - 0.008(r_{19t})^2$ (5-22)

广西: $E_{20t} = 0.887 + 0.060(r_{20t}) - 0.024(r_{20t})^2 + 0.001(r_{20t})^3$ (5-23)

海南: $E_{21t} = 1.384 - 0.367(r_{21t}) + 0.052(r_{21t})^2 - 0.002(r_{21t})^3$ (5-24)

重庆: $E_{22t} = 1.527 - 0.232(r_{22t}) + 0.017(r_{22t})^2$ (5-25)

四川: $E_{23t} = 1.019 + 0.387(r_{23t}) - 0.077(r_{23t})^2 + 0.004(r_{23t})^3$ (5-26)

贵州: $E_{24t} = 0.415 + 0.249(r_{24t}) - 0.025(r_{24t})^2 + 0.001(r_{24t})^3$ (5-27)

云南: $E_{25t} = 0.279 + 0.748(r_{25t}) - 0.097(r_{25t})^2 + 0.004(r_{25t})^3$ (5-28)

陕西: $E_{26t} = 2.510 - 13.004(r_{26t}) + 105.224(r_{26t})^3$ (5-29)

甘肃: $E_{27t} = 0.710 - 0.018(r_{27t}) - 0.004(r_{27t})^2$ (5-30)

青海: $E_{28t} = 0.293 + 0.231(r_{28t}) - 0.040(r_{28t})^2 + 0.002(r_{28t})^3$ (5-31)

宁夏: $E_{29t} = 0.546 + 0.273(r_{29t}) - 0.060(r_{29t})^2 + 0.003(r_{29t})^3$ (5-32)

新疆: $E_{30t} = 0.728 + 0.210(r_{30t}) - 0.044(r_{30t})^2 + 0.002(r_{30t})^3$ (5-33)

表5.3 西部省域三次曲线估计的相关参数及统计值

参数估计及统计值 / 省域	α	β_1	β_2	β_3	R^2	F	P
内蒙古	0.892	0.012	-0.008	0	0.370	1.759	0.225
广西	0.887	0.060	-0.024	0.001	0.927	0.150	0.000

续表

参数估计及统计值 省域	α	β_1	β_2	β_3	R^2	F	P
海南	1.384	-0.367	0.052	-0.002	0.321	1.421	0.300
重庆	1.527	-0.232	0.017	0	0.942	49.015	0.000
四川	1.019	0.387	-0.077	0.004	0.808	12.632	0.001
贵州	0.415	0.249	-0.025	0.001	0.772	10.131	0.003
云南	0.279	0.748	-0.097	0.004	0.687	6.585	0.012
陕西	2.510	-13.004	0.000	105.224	0.457	4.202	0.047
甘肃	0.710	-0.018	-0.004	0	0.699	6.974	0.010
青海	0.293	0.231	-0.040	0.002	0.680	6.380	0.013
宁夏	0.546	0.273	-0.060	0.003	0.500	2.999	0.088
新疆	0.728	0.210	-0.044	0.002	0.649	5.540	0.020

1. 内蒙古

根据回归结果与5.1.2节所提到的 EKC 形状判定条件，内蒙古物流行业的碳排放量与单位周转货物 GDP 之间的 EKC 呈"U"型曲线关系，根据实际情况来看，截取 GDP>0 部分曲线，两者呈现"N"型关系（图5.19），进一步根据估计结果可计算出该"N"型曲线的两个拐点分别为 GDP=1.0 和 GDP=11.5，对于单位周转货物 GDP 低于1.0的年份，单位周转货物 CO_2 排放量随着单位周转货物 GDP 的增加而增加；一旦单位周转货物 GDP 突破1.0的临界值水平，单位周转货物 GDP 继续提高则会有益于单位周转货物 CO_2 的减排；然而单位周转货物 GDP 进一步提高后到达11.5的临界值后单位周转货物 CO_2 的排放量又将随着单位周转货物 GDP 的上升而增加。通过表5.3可知，内蒙古的单位周转货物的 CO_2 排放量与单位周转货物 GDP 相关性及两者的曲线拟合度，经济效益指标与环境效益指标相关性不强，模型拟合优度值为0.370，未通过 P 检验。

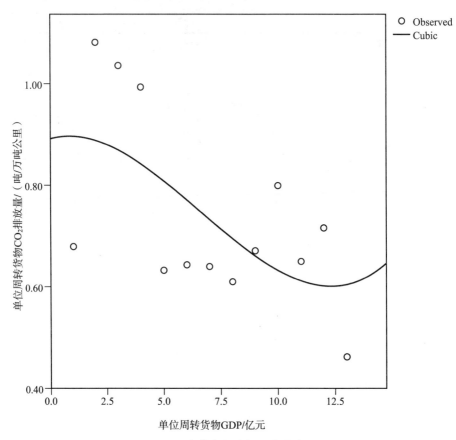

图 5.19　内蒙古物流行业碳排放 EKC

2. 广西

根据回归结果与 5.1.2 节所提到的 EKC 曲线形状判定条件，广西物流行业的碳排放量与单位周转货物 GDP 之间的 EKC 曲线呈"N"型曲线关系（图 5.20），进一步根据估计结果可计算出该"N"型曲线的两个拐点分别为 GDP = 2.3 和 GDP = 10.8，对于单位周转货物 GDP 低于 2.3 的年份，单位周转货物 CO_2 排放量随着单位周转货物 GDP 的增加而增加；一旦单位周转货物 GDP 突破 2.3 的临界值水平，单位周转货物 GDP 继续提高则会有益于单位周转货物 CO_2 的减排；然而单位周转货物 GDP 进一步提高后到达 10.8 的临界值后单位周转货物 CO_2 的排放量又将随着单位周转货物 GDP 的上升而增加。通过表 5.3 可知，广西的单位周转货物的 CO_2 排放量与单位周转货物 GDP 相关性及两者的曲线拟合度，经济效益指标与环境效益指标具有较强的相关性，模型拟合优度值为 0.927，通过了 P 检验。

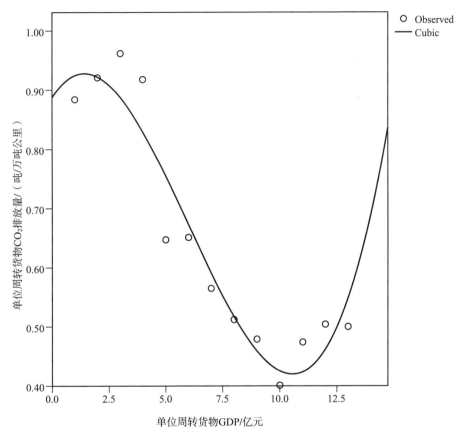

图 5.20　广西物流行业碳排放 EKC

3. 海南

根据回归结果与 5.1.2 节所提到的 EKC 形状判定条件，海南物流行业的碳排放量与单位周转货物 GDP 之间的 EKC 呈倒"N"型曲线关系（图 5.21），进一步根据估计结果可计算出该倒"N"型曲线的两个拐点分别为 GDP = 5.0 和 GDP = 10.4，对于单位周转货物 GDP 低于 5.0 的年份，单位周转货物 CO_2 排放量随着单位周转货物 GDP 的增加而减少；一旦单位周转货物 GDP 突破 5.0 的临界值水平，单位周转货物 CO_2 的排放量随着单位周转货物 GDP 的上升而增加；然而单位周转货物 GDP 进一步提高后到达 10.4 的临界值后，单位周转货物 GDP 继续提高则会有益于单位周转货物 CO_2 的减排。通过表 5.3 可知，海南省的单位周转货物的 CO_2 排放量与单位周转货物 GDP 相关性及两者的曲线拟合度，经济效益指标与环境效益指标的相关性不强，模型拟合优度值为 0.321，未通过 P 检验。

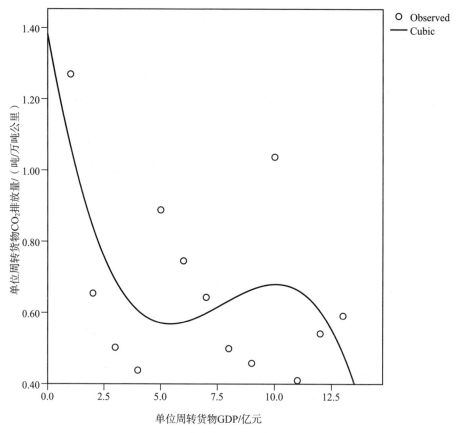

图 5.21　海南物流行业碳排放 EKC

4. 重庆

根据回归结果与 5.1.2 节所提到的 EKC 形状判定条件，重庆物流行业的碳排放量与单位周转货物 GDP 之间的 EKC 呈 "U" 型曲线关系（图 5.22），进一步对曲线进行一阶求导可计算出该 "U" 型曲线的拐点为 GDP = 8.4，对于单位周转货物 GDP 低于 8.4 的年份来说，单位周转货物 GDP 的继续增长有利于单位周转货物 CO_2 的减排；一旦单位周转货物 GDP 突破 8.4 的临界值水平，单位周转货物 CO_2 排放量随着单位周转货物 GDP 的增长而增加。通过

表 5.3 可知，重庆市的单位周转货物的 CO_2 排放量与单位周转货物 GDP 相关性及两者的曲线拟合度，经济效益指标与环境效益指标具有较强的相关性，模型拟合优度值为 0.942，且通过了 P 检验。

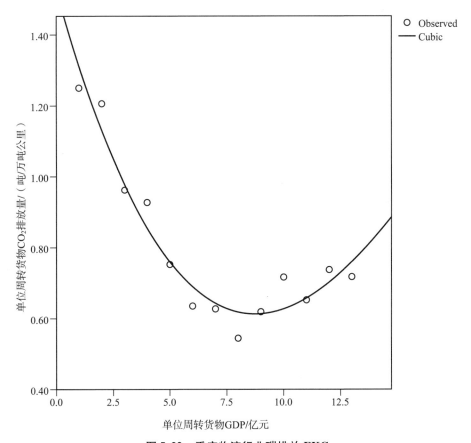

图 5.22　重庆物流行业碳排放 EKC

5. 四川

根据回归结果与 5.1.2 节所提到的 EKC 形状判定条件，四川物流行业的碳排放量与单位周转货物 GDP 之间的 EKC 呈"N"型曲线关系（图 5.23），进一步根据估计结果可计算出该"N"型曲线的两个拐点分别为 GDP = 3.9 和 GDP = 10.3，对于单位周转货物 GDP 低于 3.9 的年份，单位周转货物 CO_2 排放量随着单位周转货物 GDP 的增加而增加；一旦单位周转货物 GDP 突破 3.9 的临界值水平，单位周转货物 GDP 继续提高则会有益于单位周转货物 CO_2 的减排；然而单位周转货物 GDP 进一步提高后到达 10.3 的临界值后单位周转货物 CO_2 的排放量又将随着单位周转货物 GDP 的上升而增加。通过表 5.3 可知，四川省的单位周转货物的 CO_2 排放量与单位周转货物 GDP 相关性及两者的曲线拟合度，经济效益指标与环境效益指标具有较强的相关性，模型拟合优度值为 0.808，通过了 P 检验。

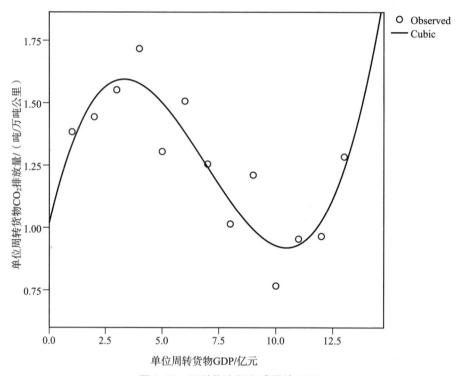

图 5.23　四川物流行业碳排放 EKC

6. 贵州

根据回归结果与 5.1.2 节所提到的 EKC 形状判定条件，贵州物流行业的碳排放量与单位周转货物 GDP 之间的 EKC 呈 "N" 型曲线关系（图 5.24），进一步根据估计结果可计算出该 "N" 型曲线的两个拐点分别为 GDP = 6.2 和 GDP = 12.0，对于单位周转货物 GDP 低于 6.2 的年份，单位周转货物 CO_2 排放量随着单位周转货物 GDP 的增加而增加；一旦单位周转货物 GDP 突破 6.2 的临界值水平，单位周转货物 GDP 继续提高则会有益于单位周转货物 CO_2 的减排；然而单位周转货物 GDP 进一步提高后到达 12.0 的临界值后单位周转货

物 CO_2 的排放量又将随着单位周转货物 GDP 的上升而增加。通过表 5.3 可知，贵州省的单位周转货物的 CO_2 排放量与单位周转货物 GDP 相关性及两者的曲线拟合度，经济效益指标与环境效益指标具有较强的相关性，模型拟合优度值为 0.772，通过了 P 检验。

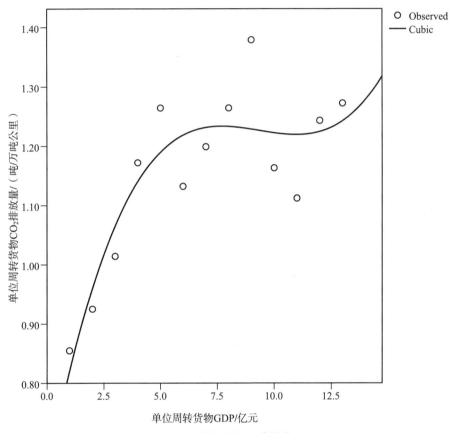

图 5.24　贵州物流行业碳排放 EKC

7. 云南

根据回归结果与 5.1.2 节所提到的 EKC 形状判定条件，云南物流行业的碳排放量与单位周转货物 GDP 之间的 EKC 呈"N"型曲线关系（图 5.25），进一步根据估计结果可计算出该"N"型曲线的两个拐点分别为 GDP = 5.9 和 GDP = 12.4，对于单位周转货物 GDP 低于 5.9 的年份，单位周转货物 CO_2 排放量随着单位周转货物 GDP 的增加而增加；一旦单位周转货物 GDP 突破 5.9

的临界值水平，单位周转货物 GDP 继续提高则会有益于单位周转货物 CO_2 的减排；然而单位周转货物 GDP 进一步提高后到达 12.4 的临界值后单位周转货物 CO_2 的排放量又将随着单位周转货物 GDP 的上升而增加。通过表 5.3 可知，云南省的单位周转货物的 CO_2 排放量与单位周转货物 GDP 相关性及两者的曲线拟合度，经济效益指标与环境效益指标具有相关性，模型拟合优度值为0.687，通过了 P 检验。

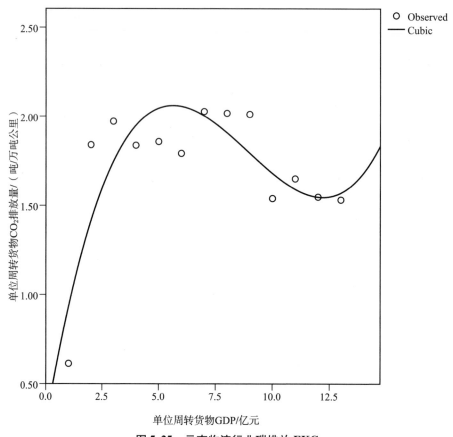

图 5.25 云南物流行业碳排放 EKC

8. 陕西

根据回归结果与 5.1.2 节所提到的 EKC 形状判定条件，陕西的 EKC 不符合任何一种情况（图 5.26）。根据实际情况来看，截取 GDP > 0 部分曲线，两者呈现"U"型关系，对曲线进行一阶求导可计算出拐点为 GDP = 0.21，对于单位周转货物 GDP 低于 0.21 的年份来说，单位周转货物 CO_2 排放量随着单位周转货物 GDP 的增长而减少；一旦单位周转货物 GDP 突破 0.21 的临界值水平，单位周转货物 CO_2 排放量随着单位周转货物 GDP 的增长而增长。通过表5.3 可知，陕西省的单位周转货物的 CO_2 排放量与单位周转货物 GDP 相关性及两者的曲线拟合度，经济效益指标与环境效益指标的相关性一般，模型拟合优度值为 0.457，但通过了 P 检验。

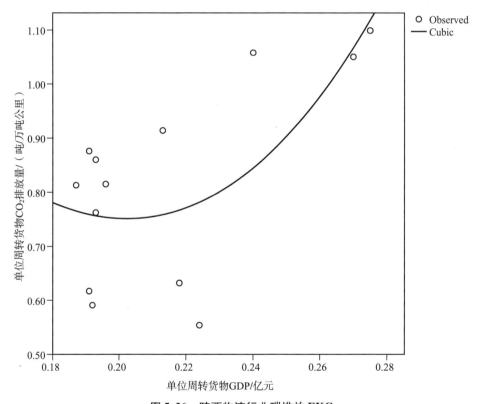

图 5.26　陕西物流行业碳排放 EKC

9. 甘肃

根据回归结果与 5.1.2 节所提到的 EKC 形状判定条件，甘肃的 EKC 不符合任何一种情况（图 5.27）。根据实际情况来看，截取 GDP > 0 部分曲线，两者呈现 "U" 型关系，对曲线进行一阶求导可计算出拐点为 GDP = 8.9，对于单位周转货物 GDP 低于 8.9 的年份来说，单位周转货物 CO_2 排放量随着单位周转货物 GDP 的增长而减少；一旦单位周转货物 GDP 突破 8.9 的临界值水平，单位周转货物 CO_2 排放量随着单位周转货物 GDP 的增长而增长。通过表 5.3 可知，甘肃省的单位周转货物的 CO_2 排放量与单位周转货物 GDP 相关性及两者的曲线拟合度，经济效益指标与环境效益指标具有相关性，模型拟合优度值为 0.699，通过了 P 检验。

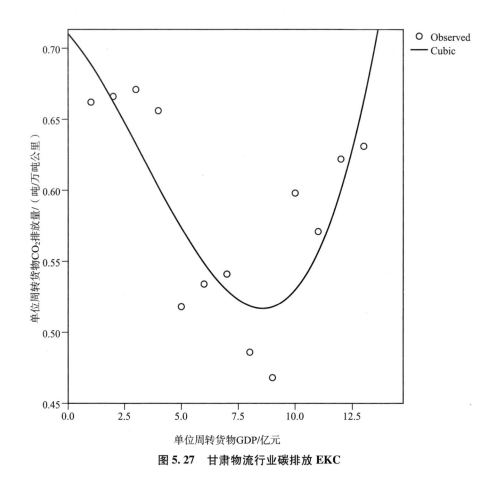

图 5.27　甘肃物流行业碳排放 EKC

10. 青海

根据回归结果与 5.1.2 节所提到的 EKC 形状判定条件，青海物流行业的碳排放量与单位周转货物 GDP 之间的 EKC 呈"N"型曲线关系（图 5.28），进一步根据估计结果可计算出该"N"型曲线的两个拐点分别为 GDP = 4.6 和 GDP = 9.7，对于单位周转货物 GDP 低于 4.6 的年份，单位周转货物 CO_2 排放量随着单位周转货物 GDP 的增加而增加；一旦单位周转货物 GDP 突破 4.6 的临界值水平，单位周转货物 GDP 继续提高则会有益于单位周转货物 CO_2 的减排；然而单位周转货物 GDP 进一步提高后到达 9.7 的临界值后单位周转货物 CO_2 的排放量又将随着单位周转货物 GDP 的上升而增加。通过表 5.3 可知，青海省的单位周转货物的 CO_2 排放量与单位周转货物 GDP 相关性及两者的曲线拟合度，经济效益指标与环境效益指标具有相关性，模型拟合优度值为 0.680，且通过了 P 检验。

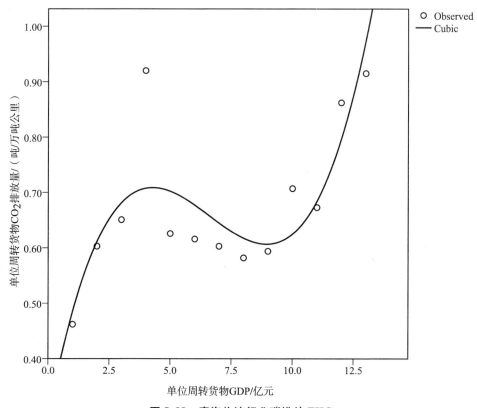

图 5.28　青海物流行业碳排放 EKC

11. 宁夏

根据回归结果与 5.1.2 节所提到的 EKC 形状判定条件，宁夏物流行业的碳排放量与单位周转货物 GDP 之间的 EKC 呈"N"型曲线关系（图 5.29），进一步根据估计结果可计算出该"N"型曲线的两个拐点分别为 GDP = 3.8 和

GDP＝10.1，对于单位周转货物 GDP 低于 3.8 的年份，单位周转货物 CO_2 排放量随着单位周转货物 GDP 的增加而增加；一旦单位周转货物 GDP 突破 3.8 的临界值水平，单位周转货物 GDP 继续提高则会有益于单位周转货物 CO_2 的减排；然而单位周转货物 GDP 进一步提高后到达 10.1 的临界值后单位周转货物 CO_2 的排放量又将随着单位周转货物 GDP 的上升而增加。通过表 5.3 可知，宁夏的单位周转货物的 CO_2 排放量与单位周转货物 GDP 相关性及两者的曲线拟合度，经济效益指标与环境效益指标相关性较弱，模型拟合优度值为 0.500，未通过 P 检验。

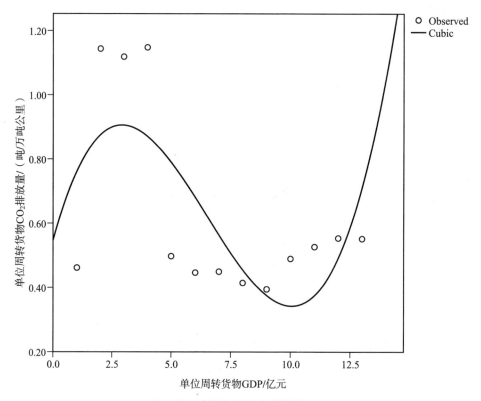

图 5.29　宁夏物流行业碳排放 EKC

12. 新疆

根据回归结果与 5.1.2 节所提到的 EKC 形状判定条件，新疆物流行业的碳排放量与单位周转货物 GDP 之间的 EKC 呈"N"型曲线关系

（图 5.30），进一步根据估计结果可计算出该"N"型曲线的两个拐点分别为 GDP = 3.8 和 GDP = 8.9，对于单位周转货物 GDP 低于 8.9 的年份，单位周转货物 CO_2 排放量随着单位周转货物 GDP 的增加而增加；一旦单位周转货物 GDP 突破 3.8 的临界值水平，单位周转货物 GDP 继续提高则会有益于单位周转货物 CO_2 的减排；然而单位周转货物 GDP 进一步提高后到达 8.9 的临界值后单位周转货物 CO_2 的排放量又将随着单位周转货物 GDP 的上升而增加。通过表 5.3 可知，新疆的单位周转货物的 CO_2 排放量与单位周转货物 GDP 相关性及两者的曲线拟合度，经济效益指标与环境效益指标相关性一般，模型拟合优度值为 0.649，但通过了 P 检验。

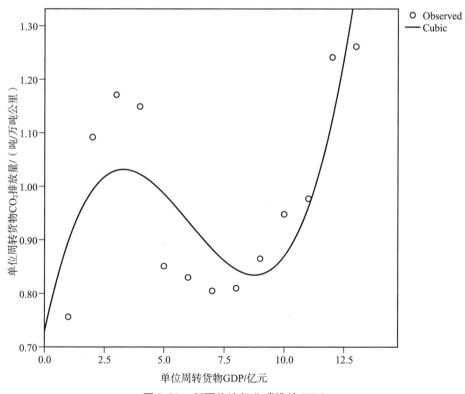

图 5.30 新疆物流行业碳排放 EKC

5.4 研究结论与启示

1. 研究结论

本章对 2004—2016 年东中西部省域的物流碳排放量进行测算，并基于 EKC 实证分析了物流 CO_2 排放量与物流增长之间的关系，得到以下两个结论。

（1）"N"型曲线能够更完整解释区域物流产业增长与其碳排放之间的关系，但曲线的拐点值却因区域而异。根据实证结果，东中西部省域 EKC 呈现多样化（可以解释为"N"型的其中一段），整体物流单位周转货物 CO_2 排放量都呈上升状态。由前述省域的拐点值分析，可知不同省域的拐点值有所差异，由于省域样本数据太少，对于拐点值的大致判断还无法进行。

（2）区域物流产业的碳排放特征与其发展阶段之间存在密切关系。通过对 EKC 假说的验证，主要分析了物流增长与碳排放之间的关系：首先福建、海南、重庆三个省域的回归方程符合倒"N"型，从长期看福建的物流增长对碳减排有促进作用；海南周转货物量的增加促进了碳排放总量的增加，但是单位周转货物的碳排放量却得以维持在一个相对稳定的低水平上，说明海南的物流增长对提高生态效率、实现碳减排有一定的促进作用。而其他省域大部分呈"N"型或并不属于任何一种基本情况，其中东部大部分省域物流增长与碳排放之间的"N"型关系明显，陕西的物流增长与碳排放在可行域范围内呈"U"型关系，现阶段还处于"U"型的上升处，总的来说，随着低生态效率省域的物流增长（单位周转货物 GDP 增加），一段时间内其单位周转货物碳排放将呈现上升趋势。

2. 启示

当前，我国物流行业物流低碳化水平总体偏低，以牺牲环境来发展物流的粗放型经济模式在我国还占据主流地位，节能减排的形势依然严峻，低碳转型、清洁能源的普及任重而道远。低生态效率的省域，经济、技术的落后使得能源结构、运输方式等不合理的安排让其在付出巨大环境代价的同时物流增长缓慢。为此，结合前面的结论，提出以下两点研究启示。

（1）EKC 能够帮助我们更好地了解不同省域的物流发展阶段及其碳排放特征。通过绘制相关省域的物流产业 EKC，分析其 EKC 的特点，可以大致了解该省域的物流产业发展阶段，及其单位周转货物 CO_2 排放量的变动趋势，而且从侧面也可以帮助我们了解该省域物流行业的生态效率状况，为进一步调控物流产业碳减排提供理论依据。

（2）区域物流产业的 EKC 可以通过一些技术策略来改变其曲线趋势。例如，可以同时通过降低碳排放（实质性减排）和促进物流发展（即缩短拐点值提前进入下一阶段）等措施来改变曲线趋势，使其更快地向高生态效率的 EKC 进化，当然这种改变受本省域自身物流基础和发展现状的影响，导致曲线的拐点值各有所异，而且这种变化是有一定范围的。这就要求我们在发展物流产业与碳减排之间需要更好地协调一致，而 EKC 或许可以成为两者是否协调的一个重要衡量手段，以帮助我们更好地处理物流产业发展与碳排放压力之间的关系。

当然，限于数据的可获性，该研究尚存在一些不足之处，难以确定不同省域 EKC 拐点值的一些共性的问题，如谷底和谷峰拐点的大致波动范围，以致难以有效预测 EKC 波动的趋势；还有就是不同省域条件下，怎样的 EKC 才能表征物流产业与碳减排之间的最佳协调状态等问题。以上问题都是有待进一步展开研究的内容。

第6章
基于 GWR 模型的省域物流行业碳排放空间差异分析

　　20 世纪 90 年代以来，受到经济全球化和网络经济的影响，物流企业进入飞速发展时期。到 2000 年，世界全年物流产业规模为 3.6 万亿美元，与世界旅游业总收入基本相当。2004—2017 年全国社会物流总额逐年递增，其中 2017 年全国社会物流总额为 252.8 万亿元。中国作为全球贸易大国，物流行业的发展突飞猛进。自哥本哈根会议以来，世界各地纷纷提出环保、绿色、低碳的概念，温室气体排放尤其是二氧化碳排放的问题，越来越受到人们的关注，由于它的大量出现引起全球气候的变化，且威胁着人类的生存与社会经济的可持续发展，我国更是允诺会在 2020 年将碳排放在 2005 年的基础上降低 40% ~ 50%。因此，对物流行业碳排放问题展开研究也显得尤为重要[156][157][158]。

　　目前，国内外学者对碳排放研究成果颇多，首先是关于碳排放计算，由于碳排放无法直接预测，且没有统一的计算方法，目前采用较多的是拉氏指数方法和迪氏指数方法[159]，Reitler 等（1987）对此方法做了进一步完善，并运用于测算影响能源消耗的生产量、生产结构和单位消耗量[160]，Howarth 等（1991）也通过改进拉氏指数方法，研究了 1973—1987 年 8 个经济合作组织（Organization for Economic Co-operation and Development，OECD）制造业能源的使用趋势，将能源变化分解为制作活动、工业结构和能源强度这几个因素进行分析，认为大部分目标国家工业结构的改变有利于减少能能源使用量[161]。碳排放研究中关于碳排放影响因素研究较多，日本学者 Kaya 认为人口、人均

GDP、单位 GDP 的能源用量和单位能源用量的碳排放量是推动碳排放量增加的 4 个主要影响因素，并提出了著名的 Kaya 公式[162]。同时，Birdsall 对人口总量与碳排放的关系进行研究，表明全球碳排放量增加的重要因素是由于人口的增加。也有分行业对碳排放进行分析，已有文献把工业、农业、建筑业、交通运输业等行业的碳排放作为研究对象[163]。Chang（1999）等运用灰色关联分析方法研究了中国台湾各产业的碳排放，结果表明建筑业是碳排放系数最高的行业[164]。

Anselin 和 Florax（1995）指出空间计量经济学在主流经济学的实证中越来越受到关注，这方面的书籍被大量出版，更多的学者发表相关论文以及经济学杂志也有专版[165]。Burnett 等（2013）应用空间面板数据来估计美国各州二氧化碳排放量、经济活动和其他因素之间的关系[166]。Marbuah 等（2017）应用空间统计和计量分析，分析了 290 个瑞典城市之间的二氧化碳、二氧化硫、氮氧化物、一氧化碳、颗粒物（2.5 和 10）与总悬浮颗粒物的空间依赖性[167]。肖宏伟等（2013）运用空间计量方法对中国区域碳排放进行研究，发现碳排放驱动因素的空间差异化明显，考虑空间相关性、异质性和外溢性是十分有必要的[168]。付云鹏等（2015）应用空间滞后模型研究了中国区域碳排放强度的影响因素，认为人口结构、能源强度、能源结构和产业结构是影响中国碳排放强度的主要因素[169]。高鸣等（2015）使用 ML 指数与空间计量对中国农业碳排放进行研究，发现技术进步对农业的绩效影响最大，提高技术水平有利于农业碳排放的减少[170]。韩峰等（2017）应用空间计量分析方法探讨了生产性服务业集聚对碳排放的影响及其空间效应[171]。

当前，碳排放的空间计量分析主要应用于工业、交通、农业等领域，而对物流行业碳排放的空间计量分析较少。在对省域物流行业碳排放的研究中，由于省域之间的碳排放量表现出明显的空间差异性，而传统的最小二乘法回归法（OLS）得出的结果不能反映出空间地理上的差异，地理加权回归（GWR）是空间计量的一种方法，使用它能更好地反映空间相互作用和空间结构问题。因此，本章在 STIRPAT 模型的基础上，应用 GWR 方法对中国省域物流行业的碳排放进行分析，以期获得一些有价值的结论。

6.1 研究方法与模型构建

6.1.1 研究方法

1. STIRPAT 模型

STIRPAT（Stochastic Impacts by Regression on Population，Affluence，and Technology）是可拓展的随机性的环境影响评估模型，通过对人口、财产、技术三个自变量和因变量之间的关系进行评估建立的模型。在对碳排放影响因素的研究当中，大部分学者是通过 IPAT 方程加以改进建立 STIRPAT 模型来实现。IPAT 方程是由 Ehrlich 和 Holden（1971）首次提出，且被广泛认可的模型[48]。

IPAT 模型是一个分析人文因素影响的量化的概念性模型，由于其理论和形式比较简洁，被广泛应用于分析环境、人口、技术和经济关系，下面是 IPAT 模型由环境负荷、人口、富裕度、技术因素构成的框架模型，表达式为

$$I = P \cdot A \cdot T \qquad\qquad (6-1)$$

式中：I、P、A、T 分别代表环境压力、人口数量、富裕度、技术因素。

IPAT 模型存在一定的局限性，无法通过改变一个影响因素，同时保持其他因素固定不变[172]，Dietz 等在保留了 IPAT 模型乘法结构的基础上，提出了随机回归影响模型加以改进[173]，即 STIRPAT 模型，又称环境影响随机模型，该模型的表达式为

$$I = c \cdot P^{\alpha} \cdot A^{\beta} \cdot T^{\gamma} \cdot e \qquad\qquad (6-2)$$

式中：c 为常系数；α，β，γ 为指数项；e 为误差项。

对模型等式两边取对数得到

$$\ln I = \ln c + \alpha \ln P + \beta \ln A + \gamma \ln T + \ln e \qquad\qquad (6-3)$$

式中：I 为环境影响，如 CO_2 排放量；P 为人口；A 为财富；T 为技术水平，通常以能源效率指标来反映，如能源消耗强度等；e 为误差；系数 c 可以解释为因 P、A、T 改变而引起的环境影响 I 改变的百分数，等同于经济学中的弹性系数[174]。

2. 地理加权回归

GWR 模型在空间差异的研究中使用较为广泛，它是一种空间变系数回归

技术，对于空间现象而言，传统的统计分析大多忽视了空间数据之间的相互依赖性，因而其结果说服力不够[175]。某些情况下，空间上的依赖性比时间上更复杂，因此在传统的计量方法基础上引入空间因素成为空间计量方法的热点。GWR模型源于空间计量经济学，是考虑了距离因素影响的回归模型，也是研究地理空间异质性现象的方法。其特定区位的回归系数不再是利用全局信息获得，而是在考虑了临近空间要素影响的情况下利用邻近观测值的子样本信息进行局部回归得到[176]。GWR在普通线性回归模型的基础上，把位置因素作为回归参数（如果回归样本存在空间异质性）。GWR方法可以看作普通线性回归模型的改进[177]。GWR能够较好地刻画不同空间位置的碳排放空间差异，相较于利用全域信息获得假定常数的传统的经典回归模型（OLS）而言，GWR则是利用临近观测值的子样本数据信息进行局部回归分析而得[178]，更能看出每个空间区域的特征[179]。

设随机变量 y 与确定性变量 x_1，x_2，$\cdots$，x_β 的普通线性回归模型为

$$y = \beta_0 + \beta_1 x_1 + \beta_2 x_2 + \cdots + \beta_p x_p + \varepsilon \tag{6-4}$$

式中：β_0，β_1，$\cdots$，β_p 是 $p+1$ 个未知参数；β_0 为回归常数；β_1，$\cdots$，β_p 为回归系数；y 称为因变量；x_1，x_2，$\cdots$，x_β 称为自变量；ε 是随机误差。

满足以下假定则可求解

$$\begin{cases} E(\varepsilon) = 0 \\ Var(\varepsilon) = \sigma^2 \end{cases} \tag{6-5}$$

地理加权回归模型是对普通线性回归公式（6-4）的扩展，将数据的地理位置嵌入到回归参数之中[180]，即GWR模型可以表示为

$$y_i = \beta_0(\mu_i, \vartheta_i) + \sum_k \beta_k(\mu_i, \vartheta_i) x_{ik} + \varepsilon_i \quad i = 1, 2, \cdots, n \tag{6-6}$$

式中：y_i 是 $n \times 1$ 维解释变量；x_{ik} 是 $n \times k$ 维解释变量矩阵；$\beta_k(\mu_i, \vartheta_i)(k=1,2,3,\cdots)$ 是因素 k 在回归点 i 的回归系数 (μ_i, ϑ_i)，代表第 i 个样本点的地理位置坐标；ε_i 是第 i 个区域的随机误差[181]。

为了表述方便，式（6-6）简写为

$$y_i = \beta_{i0} + \sum_{k=1}^{p} \beta_{ik} x_{ik} + \varepsilon_i \quad i = 1, 2, \cdots, n \tag{6-7}$$

若 $\beta_{1k} = \beta_{2k} = \cdots = \beta_{nk}$，则地理加权回归模型就退变为前述的普通线性回归模型。

GWR模型应用加权最小二乘法（WLS）对每个观测点的参数进行估计，加

权时一般采用高斯函数构建加权函数，使用信息准则（Akaike Information Criterion，AIC）法与核密度估计求得带宽，然后进行地理加权回归计算。AIC 信息准则是衡量统计模型拟合优良性的一种标准，由于它是日本统计学家赤池弘次创立和发展的，因此又称赤池信息量准则，它建立在熵的概念基础上，可以权衡所估计模型的复杂度和此模型拟合数据的优良性。高斯函数用于确定权重

$$\omega_{ij} = exp\left[-\left(\frac{d_{ij}}{b} \right)^2 \right] \qquad (6-8)$$

式中：b 是带宽；d_{ij} 是样本点 i 和 j 直接的距离，如果 i 的数据被观测，则其他点的权重会依据高斯曲线随着距离 d_{ij} 的增加而减少。当给定带宽 b，距离 d_{ij} 越大，位置 j 所赋予的权重会越小，离点 i 足够远的权重将会趋于 0。

利用 Akaike[182] 的方法，AIC 计算方法为

$$AIC = n \times \ln a + 2(p+1) - n \times \ln n \qquad (6-9)$$

式中：ln 为对数运算符；n 为样本量（个案的个数、样方的数量等）；a 为残差平方和；p 为回归方程中自变量的个数。由于采用不同空间加权函数会得到不同的带宽，为了取得最优带宽，Fotheringham 等提出：当 AIC 最小时，对应的 b 为最佳带宽[183]。

6.1.2　模型构建

本节将 STIRPAT 模型应用于区域物流碳排放问题的分析，I 变量原模型指的是环境压力因素，这里指区域物流碳排放压力因素（选用物流碳排放量作为衡量指标）；P 变量在原模型中为人口数量，由于决定物流碳排放的决定因素并非行业人口而是周转货物量，因此，选用周转货物量作为 P 变量，用 FRM 表示；A 在原模型中表示富裕度，已有的文献对富裕度的选取均采用人均 GDP，社会富裕的提升意味着国民经济的逐步增长和人民生活水平的日益提高，它会引起能源消费总量不断增长，从而加速碳排放量的增长。而对于物流行业的碳排放的影响因素分析，应从物流行业总体生产总值考虑。因而，将物流行业人均 GDP 作为衡量物流行业的富裕度，用 CAP 表示。

随着科技的进步，能源利用率不断提高，单位能源消耗降低，从而使碳排放量减少。从广义技术理论的角度看，其不仅包括技术的本身，还包括产业结构、能源结构的变化、劳动者素质的提高、资源的合理配置和科学的管理因

素。因此，造成碳排放变化（除了劳动力和资金）的所有因素都可以归因于广义的技术[183]。能量强度是一个广义的技术，即变量 T，体现的是区域物流行业发展对于能源消耗的依赖度，所以本书采用能源强度这个指标来表征技术 T 这个变量，能源强度用 EIN 表示。

即公式（6-3）转化为

$$\ln I = \ln c + \alpha \ln FRM + \beta \ln CAP + \gamma \ln EIN + \ln e \qquad (6-10)$$

式中：$\ln I$ 为物流业 CO_2 排放量；$\ln FRM$ 为物流周转货物量；$\ln CAP$ 为物流业人均 GDP；$\ln EIN$ 为物流能源消耗强度。

6.2　数据来源

为了避免数据分析的偶然性，本书分别选用了 2008—2012 年和 2012—2016 年 5 年的平均值，对这两个时间段各省份碳排放影响因素的空间差异进行分析，以使分析结果更有实证意义。选取的空间样本为中国 30 个省、市、自治区，除去香港、澳门特别行政区和台湾地区，以及研究相关指标缺失的西藏自治区。周转货物量、物流行业人均生产总值（物流行业生产总值/物流行业从业人数）和能源强度（单位物流行业 GDP 的能源消费量）数据均来源于 2009—2017 年《中国统计年鉴》和《中国能源统计年鉴》。实证研究中所用到的样本数据均需标准化处理。

6.3　实证分析

应用 Arcgis 10.2 软件对中国 30 个省、自治区、直辖市五年的相关数据进行地理加权回归。为了对比地理加权回归模型解释空间异质性的优势，首先采用 SPSS 软件对数据进行 OLS 分析，表 6.1 为 2008—2012 年 OLS 回归结果，表 6.2 为 2012—2016 年 OLS 回归结果。

表 6.1   2008—2012 年 OLS 估计结果

变量	系数	标准误差	t 统计量	概率值	容忍度	方差膨胀因子
c	$-2.23885E-16$	0.066	0.000	1.000		
$\ln FRM$	0.249	0.079	3.146	0.004	0.73	1.37
$\ln CAP$	-0.123	0.068	-1.815	0.081	0.997	1.003
$\ln EIN$	0.781	0.079	9.874	0	0.729	1.372
R^2	0.881					
F	64.46					
P	0.000					

据表 6.1 可知，$\ln FRM$、$\ln CAP$ 和 $\ln EIN$ 的 P 值分别为 0.004、0.081 和 0.000 均通过 1% 的显著性水平的检验，模型整体 P 值为 0.000 也通过了 1% 水平的显著性检验，拟合优度 R^2 达到 0.881，模型拟合程度较好。通过方差膨胀因子（Variance Inflation Factor，VIF）的检验，三个变量的 VIF 分别为 1.37、1.003 和 1.372，远远低于 10，容忍度值（Tolerance）值均大于 0.1，因此可解释为变量之间不存在多重共线性。自相关检验 DW 值为 2.098，残差不存在自相关。从系数来看，省域碳排放与 $\ln FRM$ 和 $\ln EIN$ 成正相关，与 $\ln CAP$ 呈负相关，影响省域碳排放的最重要的因素是能源强度，系数为 0.781，而物流业人均生产总值的系数为 -0.123，与碳排放呈负相关。

表 6.2   2012—2016 年 OLS 估计结果

变量	系数	标准误差	t 统计量	概率值	容忍度	方差膨胀因子
c	0.998	0.564	1.77	0.088		
$\ln FRM$	0.063	0.037	1.716	0.098 *	0.760	1.315
$\ln CAP$	-0.009	0.073	-0.121	0.905 *	0.923	1.083
$\ln EIN$	0.860	0.062	13.831	0.00 *	0.726	1.378
R^2	0.920					
F	99.934					
P	0.000					

据表 6.2 可知，lnFRM 和 lnEIN 的 P 值为 0.098 和 0.000 均通过 1% 的显著性水平的检验，模型整体 P 值为 0.000 也通过了 1% 水平的显著性检验，拟合优度 R^2 高达 0.956，调整后的拟合优度也高达 0.920，模型拟合程度较好。通过 VIF 的检验，三个变量的 VIF 分别为 1.315、1.083 和 1.378，远远低于 10，容忍度值（Tolerance）值均大于 0.1，因此可解释为变量之间不存在多重共线性。自相关检验 DW 值为 1.858，残差不存在自相关。从系数来看，省域碳排放与 lnFRM 和 lnEIN 呈正相关，与 lnCAP 呈负相关，影响省域碳排放的最重要的因素是能源强度，系数为 0.860，而物流业人均生产总值的系数为 -0.121，与碳排放呈负相关。对比分析 2008—2012 年和 2012—2016 年 OLS 分析结果，可以看出结果基本相似，lnFRM 和 lnEIN 的系数均为正，lnCAP 的系数为负。由于通过 OLS 估计的结果是均质的，无法直观地反映省域的空间差异，下面使用 GWR 对省域物流碳排放影响因素进行分析。

表 6.3 和表 6.4 是中国 30 个省、自治区、直辖市，除去香港、澳门特别行政区和台湾地区，以及相关数据缺失的西藏自治区，是选用高斯（Gaussian）距离函数作为权重估计出的 GWR 回归系数结果。通过 AIC 法，从而确定最优带宽分别为 10776 和 14343，AIC 值分别为 21 和 64。通过 GWR 模型估计，调整后的拟合优度分别为 0.933 和 0.9612，模型的拟合都很好，均优于 OLS 的拟合结果。引入空间差异性能更好地修正最小二乘法的回归系数，从局域上分析各个省域周转货物量、能源强度和物流行业人均 GDP 的影响力。

表 6.3　　　　　　　　　　　　　2008—2012 年 GWR 结果

地区	拟合系数	截距	能源强度	物流人均 GDP	周转货物量	残差	标准误差
黑龙江	0.9099	-0.1703	0.6728	-0.3165	0.5747	-0.1165	0.170382
新疆	0.9501	0.0189	0.6858	-0.0556	0.4038	0.01991	0.09929
山西	0.8834	0.0031	0.6598	-0.2557	0.2988	-0.5289	0.1532
宁夏	0.8863	0.0115	0.6333	-0.2292	0.3095	0.07164	0.1842
山东	0.8783	-0.01758	0.7039	-0.239	0.2747	0.3729	0.1598
河南	0.8776	-0.0016	0.7322	-0.191	0.2363	-0.0462	0.2268
江苏	0.8819	-0.0055	0.7698	-0.1713	0.2083	0.1322	0.2236
安徽	0.8854	0.0011	0.7934	-0.1448	0.1907	-0.2734	0.2104

续表

地区	拟合系数	截距	能源强度	物流人均GDP	周转货物量	残差	标准误差
湖北	0.8848	0.0101	0.8002	−0.1276	0.1888	0.0097	0.2041
浙江	0.9056	0.0181	0.8644	−0.0865	0.1377	0.01166	0.2264
江西	0.9169	0.0278	0.9081	−0.05804	0.1187	−0.07418	0.2026
湖南	0.913	0.0319	0.9007	−0.0604	0.1288	0.1085	0.2281
云南	0.9342	0.0644	0.9447	−0.02719	0.1004	0.04054	0.1667
贵州	0.917	0.0462	0.9074	−0.0501	0.1287	0.1375	0.1772
福建	0.9339	0.03651	0.9491	−0.0348	0.09029	0.1183	0.1219
广西	0.9516	0.05863	0.9934	−0.0137	0.0733	−0.01934	0.2049
广东	0.9583	0.05298	1.011	−0.0093	0.0594	0.2465	0.1118
海南	0.9836	0.06478	1.07	0.00742	0.0094	0.0042	0.1666
吉林	0.8879	−0.1311	0.6628	−0.299	0.4772	−0.2331	0.1771
辽宁	0.8818	−0.0775	0.6652	−0.288	0.3969	0.4383	0.1527
天津	0.8835	−0.0234	0.6639	−0.2784	0.3322	−0.0912	0.1622
青海	0.8948	0.0096	0.6681	−0.1309	0.3448	−0.2146	0.1411
甘肃	0.8901	0.0032	0.6181	−0.1941	0.3407	0.1843	0.1897
陕西	0.8785	0.0071	0.6806	−0.2089	0.2704	0.3258	0.2271
内蒙古	0.898	−0.0086	0.6121	−0.3036	0.4009	0.0019	0.2022
重庆	0.8869	0.02279	0.8081	−0.1078	0.1868	−0.0322	0.2202
河北	0.8853	0.01597	0.6563	−0.2811	0.3335	0.1083	0.2136
上海	0.8912	0.00617	0.812	−0.1307	0.1717	−0.2473	0.1193
北京	0.8864	−0.0202	0.6519	−0.2866	0.3467	0.0002	0.9318
四川	0.8851	0.02785	0.7694	−0.1131	0.2172	0.07862	0.1948

由表 6.3 可知，中国 30 个省域的拟合系数均超过 0.8 以上，说明模型拟合较好。各个地区周转货物量对碳排放的回归系数是不同的，回归系数相对较高的有黑龙江、新疆、吉林和内蒙古，回归均超过了 0.4，说明这些地区周转货物量每提高 1%，这些地区的碳排放量就增加 0.4% 以上，相比其他地区，这些地区所承受的周转货物量增长对碳排放造成的压力更大，整体的周转货物

量与碳排放量均呈正相关，说明周转货物量的增长会造成碳排放量的增长；周转货物量回归系数回归系数在0.1以下的省域为福建、广西、广东和海南，这些地区周转货物量的增长对碳排放造成的压力更小；其他省份的回归系数均为0.1～0.4。

由表6.4的周转货物量回归系数可知，回归系数较高的有新疆、山西、宁夏、湖北、湖南、云南、贵州、广西、海南、青海、甘肃、陕西、重庆、四川，回归均超过了0.7以上，相比其他地区，这些地区所承受的周转货物量增长对碳排放造成的压力更大，整体的周转货物量与碳排放量均呈正相关，说明周转货物量的增长会造成碳排放量的增长；周转货物量回归系数大于0.07的省域为黑龙江、山东、江苏、浙江、天津、吉林、辽宁、内蒙古、河北、北京和上海，包含了东三省和大部分沿海地区，分布在中国的东部区域，这些地区周转货物量的增长对碳排放造成的压力更小；回归系数在0.8以上的省域有云南、贵州、青海、甘肃和四川，均为西部地区，且在地理位置上较为集中，说明这些地区的周转货物量增长对碳排放造成的压力更大。从空间计量的地理加权回归分析可以看出，周转货物量对碳排放影响较小的区域集中在中国的东部省域，而影响较大的都集中在西部省域，由表6.3 2008—2012年周转货物量和表6.4 2012—2016年周转货物量可以看出物流业周转货物量对碳排放的影响逐步东中西部分化，周转货物量整体的系数在增加，但西部地区周转货物量对碳排放的影响相比东部和中部在逐渐缩小。

表6.4 2012—2016年GWR结果

地区	拟合系数	截距	能源强度	物流人均GDP	周转货物量	残差	标准误差
黑龙江	0.733	2.093	0.407	−0.159	0.420	−0.007	0.394
江西	0.968	0.161	0.180	0.250	0.641	0.183	0.481
新疆	0.957	0.191	−0.188	0.638	0.791	0.492	0.338
山西	0.867	0.743	0.037	0.229	0.706	0.118	0.483
宁夏	0.870	0.726	−0.071	0.294	0.773	0.594	0.362
山东	0.906	0.529	0.215	0.162	0.609	0.204	0.476
河南	0.920	0.428	0.078	0.253	0.696	−0.137	0.486
江苏	0.946	0.291	0.280	0.171	0.575	0.111	0.482

地区	拟合系数	截距	能源强度	物流人均GDP	周转货物量	残差	标准误差
安徽	0.949	0.270	0.204	0.216	0.623	−0.840	0.466
湖北	0.942	0.304	0.053	0.283	0.719	0.383	0.472
浙江	0.970	0.155	0.331	0.179	0.544	−0.113	0.481
湖南	0.961	0.205	0.058	0.291	0.725	0.277	0.486
云南	0.950	0.270	−0.101	0.262	0.888	1.141	0.451
贵州	0.954	0.250	−0.040	0.303	0.806	0.208	0.409
福建	0.978	0.113	0.281	0.216	0.575	−0.263	0.431
广西	0.969	0.166	0.019	0.289	0.771	−0.097	0.453
广东	0.978	0.113	0.149	0.264	0.671	0.158	0.474
海南	0.981	0.100	0.103	0.256	0.725	0.161	0.470
吉林	0.819	1.261	0.437	−0.076	0.451	0.285	0.440
辽宁	0.843	1.003	0.347	0.014	0.514	0.325	0.343
天津	0.853	0.863	0.178	0.131	0.618	−0.908	0.407
青海	0.927	0.379	−0.150	0.367	0.859	−0.340	0.066
甘肃	0.885	0.632	−0.119	0.336	0.808	−0.703	0.467
陕西	0.895	0.573	−0.031	0.290	0.757	0.069	0.485
内蒙古	0.722	1.770	0.051	0.082	0.646	0.295	0.479
重庆	0.939	0.330	−0.037	0.311	0.786	−0.078	0.492
河北	0.843	0.918	0.138	0.146	0.639	−0.446	0.468
上海	0.963	0.198	0.369	0.146	0.521	−0.245	0.432
北京	0.830	1.007	0.146	0.129	0.630	0.994	0.444
四川	0.929	0.389	−0.105	0.312	0.843	0.490	0.482

在物流行业人均 GDP 方面，2008—2012 年回归系数整体回归系数都不高，均小于 0。2012—2016 年整体回归系数有所提高，均大于 0.045，除了新疆的回归系数为 0.112978 外，其他省域的回归系数均为 0.04~0.1。物流业人均 GDP 回归系数的整体提高说明物流业人均 GDP 提高对碳排放的增加的影响在逐渐增大，但由于整体回归系数仍然不高，说明物流业人均 GDP 对碳排放的

影响仍然较小。2012—2016 年东中部地区对碳排放的影响程度相较于 2008—2012 年有所下降。西部省域物流行业人均 GDP 对碳排放影响一直较大，说明当前该省域物流行业的发展更容易带来碳排放的增长。从整体 OLS 分析来看，2008—2012 年和 2012—2016 年物流行业人均 GDP 的系数均为负数。而 GWR 不仅能显示出地理空间上的不均衡，更能发现空间局域性的具体特征。

在能源强度方面，能源强度这一指标考察技术水平对碳排放的影响，若碳排放随着能源强度的减少而降低，说明技术在其中起到了积极作用。2008—2012 年能源强度回归系数均在 0.6 以上，到 2012—2016 年新疆、宁夏、云南、贵州、青海、甘肃、陕西、重庆和四川的回归系数均小于 0，表明能源强度对碳排放产生负影响，即能源强度越低，碳排放越高，这些地区都属于相对欠发达的西部地区，回归系数为负表明能源强度与碳排放负相关，这是能源回弹效应的表现，能源回弹效应含义是指技术提高反而增加能源消耗。出现这种情况的主要原因是由于西部地区的经济增长方式仍然是粗放式的。2012—2016 年其他省域的回归均为 0～0.5，而回归系数为 0.3～0.5 的省域只有黑龙江、吉林、浙江、辽宁和上海，2012—2016 年能源强度整体回归系数都较小。2012—2016 年回归系数大于 0.963 的省域有新疆、云南、贵州、青海、甘肃、陕西、重庆、四川、湖南、广西、海南、广东，这些地区大部分属于中西部地区，东西部地区差异明显，而 GWR 回归系数中能源强度整体的回归系数相对较高，说明技术水平对物流业碳排放影响相对较大，更需要通过转变能源结构，使用更多的新能源替代传统能源，提高能源效率。

6.4　研究结论

本书基于 2008—2012 年和 2012—2016 年省域物流碳排放计算结果，以 STIRPAT 模型为基础，采用空间计量经济学中的地理加权回归方法对中国 30 个省、市、自治区的周转货物量、物流行业人均生产总值和能源强度对碳排放的影响因素进行分析。从 OLS 的结果来看，只能反映出周转货物量和能源强度对碳排放的增长是正相关。而相较于传统的 OLS，GWR 考虑了空间的差异，它不仅仅得出了回归系数，还将空间距离纳入分析框架中，检验空间邻近效应对区域碳排放的影响，以此获得地域差异化的回归系数，从 GWR 结果来看，物流行业人均生产总值、周转货物量和能源强度在地域上都能反映出明显的东西部差异，这个结果在一定程度上弥补了传统计量模型只反映整体而无法估计区域的不足，也从实证分析的角度证明了 GWR 模型使用的必要性。根据 GWR 分析的结果得出以下结论。

（1）从 GWR 结果来看，周转货物量、物流行业人均生产总值和能源强度对不同省域的碳排放影响程度不同，相邻省份的差异相对较小，但在整体空间上有明显差异。不同影响因素对不同地区的影响程度不同，说明在制定物流行业节能减排政策的时候，要充分考虑到地域差异，根据当地经济和地理环境等各方面因素，制定相应的物流业碳排放政策，可以对相邻省份制定协同减排政策，逐步试点推广。

（2）根据 OLS 和 GWR 分析可知，周转货物量对碳排放的影响相对较大。从区域角度来看，东中部地区周转货物量的回归系数要高于西部地区。由于周转货物量的增加所带来的碳排放增加主要来源于交通运输，因此，需要通过合理规划运输路线，运用大数据分析和物联网的云端计算技术，实现智能化物流管理，对优化物流行业结构和减少碳排放都有重要的意义，各省域应该结合自身交通物流情况，积极探索最优最节能的周转货物方式，从而降低碳排放量。

（3）能源强度对物流业碳排放的影响在 OLS 和 GWR 回归结果中都是最大的，反映出物流能源强度的提高有助于物流业碳排放的降低。能源强度回归系数对物流业碳排放影响较大的省域大部分都集中在西部地区。西部地区由于经济发展相对落后，人口密度相对东部较小，它更应该利用当地资源环境的优势，如水能、风能等能源能提高物流行业绿色能源的使用率，减少碳排放量。除西部地区以外，东中部地区的技术水平的发展对碳排放的减少也有非常重要的作用，东中部地区同样需要积极探索新能源的开发与利用，提高绿色能源在物流行业能源消耗中的比重，政府在推动物流行业的绿色能源开发和利用方面应该予以积极支持。

第 7 章
物流行业的碳减排政策分析

7.1 国家和地方发布的碳减排政策

7.1.1 发达国家碳减排政策

对于大部分发达国家来说,《联合国气候变化框架公约的京都议定书》(以下简称《京都议定书》)规定了其碳减排的目标和时间表,那么他们就需要根据这些既定的目标,运用相关的政策工具来加以实现。目前国际各种低碳减排政策工具主要包括经济政策和其他一些行政性及法规性措施。

1. 通过经济政策工具实现碳减排

发达国家实行的经济政策主要包括碳税、排放权交易、复合排放权交易体系和财政补贴等。

(1) 碳税。碳税是针对 CO_2 排放所征收的税,是达到既定碳减排目标成本最小的减排政策工具。不同国家和地区在不同的经济社会发展阶段,碳税的实施效果有较大差异,但从长期来看,碳税是一个有效的环境经济政策工具,能有效地减少 CO_2 的排放。欧盟正在讨论实施统一碳税以弥补 2005年 1 月实施的碳排放贸易体系的不足。加拿大不列颠哥伦比亚省(British Columbia,BC)省在公布 2008 年度财政预算案时规定,从该年 7 月起开征碳税，即对汽油、柴油、天然气、煤、石油，以及家庭暖气用燃料等所有燃料征收碳税，不同燃料所征收的碳税不同，而且未来 5 年燃油所征收碳税还将逐步提高。

（2）排放权交易。排放权交易指对 SO_2、化学需氧量等主要污染物和 CO_2 等温室气体的排放量所进行的交易。碳排放权交易的概念源于 20 世纪经济学家提出的排污权交易概念，排污权交易是市场经济国家重要的环境经济政策。2004 年全球碳排放市场诞生，其交易方式为：按照《京都议定书》的规定，协议国承诺在一定时期内实现一定的碳排放减排目标，各国再将自己的减排目标分配给国内不同的企业。当某国不能按期实现减排目标时，可从拥有超额配额或排放许可证的国家主要是发展中国家购买一定数量的配额或排放许可证以完成自己的减排目标。同样地，在一国内部，不能按期实现减排目标的企业也可以从拥有超额配额或排放许可证的企业那里购买一定数量的配额或排放许可证以完成自己的减排目标，排放权交易市场由此而形成。

（3）复合排放权交易体系。这一交易体系将以价格为基础的碳税和以数量为基础的一般排放权交易制度结合起来，为排放权价格设定了安全限制。该交易体系一共有两种类型的排放权：一种被称之为永久排放权，它的多少决定了拥有它的经济主体在每一年能够排放的 CO_2 量的多少；另一种被称之为年度排放权，其多少决定了拥有它的经济主体在一个特定年份允许排放的额度。一个经济主体某一年允许排放的总量就等于这两种类型排放权的总量。

（4）财政补贴。财政补贴属于一种激励政策，通过对无碳项目或低碳项目如可再生能源、节能技术投资与开发等项目的补贴来减少 CO_2 排放。同时，减少或避免通过定价政策规定能源的低价格，然后对石化能源企业或煤电企业进行价格补贴或亏损补贴，那样会导致增加 CO_2 的排放，产生负面效应。

2. 制定碳减排法律制度

由于法律制度强制效果比较显著，很多国家通过制定法律制度来对碳排放进行约束，如美国、德国和英国。除了遵守欧盟的法律和规定外，他们还积极制定和实施一系列法律制度，运用法律手段对碳减排予以保障。

美国自 20 世纪 70 年代以来，先后通过了《运输安全法》《清洁空气法》《清洁水法》《资源保护和恢复法》《综合环境责任赔偿和义务法》《危险品材料运输法》等[184][185]，以尽量减少物流发展对自然环境和人类安全构成的威胁。为促进物流业的进一步发展，提高运输效率，减少能耗，美国政府高度重视交通设备的标准化和各种交通方式的联合运作。1991 年颁布《多式联运法》，大力提倡多式联运的发展。《2000—2005 年运输部战略计划》提出多式联运是美国运输系统四大特征之一。1996 年《美国运输部 1997—2002 财政年度战略规划》指出，美国运输最大的挑战是建立一个以国际为范围、以多种运输方式联合运输为形式、以智能化为特征，并将自然环境包含在内的运输系统。到 2025 年的《国家运输科技发展战略》规定，交通产业结构或交通科技进步的总目标是："建立安全、高效、充足和可靠的运输系统，其范围是国际性的，形式是综合性的，特点是智能性的，性质是环境友善的"[186]。

德国的碳减排法律主要包括《能源与气候变化综合方案》《可再生能源法》《电力输送法》《能源产业法》《可再生能量资源法案》《生物质条例》《可再生能源供热法》，以及《能源建筑法》等一些法律，基本上已经形成有关碳减排的完整法律体系。其中，2007 年德国政府推出的《能源与气候变化综合方案》是气候变化的代表性立法。德国在规划物流园区建设时统筹考虑交通干线、主枢纽，优先采用环保型方案，提倡公路、铁路、内河各种运输方式间的联合运输，鼓励由铁路和内河航运承担中长距离运输，以提高运载工具使用率，减少交通量，降低物流对环境的压力。德国政府对多式联运还采取积极支持政策：对于和其他运输方式（铁路、内河运输、航运等）联运的重载汽车的装载量可以达到 44 吨（单独一种运输方式的重载汽车装载量限重为 40 吨），多式联运的重载汽车免收税费，可以在节假日运输等。20 世纪 90 年代以来，德国政府逐步加大了以税收为杠杆的调整力度，以限制公路卡车运输，实现部分货运从公路向铁路运输和内河水运转移的目标。最突出的标志是实行《生态学税收改革法》，该法规定，从 1995 年 1 月 1 日起，德国政府以使用时间为标准，对重型卡车征收高速公路使用费；2001 年，德国政府提高了该费用，并同时考虑欧洲排放标准等级。德国联邦交通部在 2000 年年度交通报告中全面阐述了综合交通运输政策，从经济、社会和生态三个视角（所谓目标三角形）综合考虑，提出公路货运所占市场份额从 1997 年的 63.5% 降至 2015 年的 61.5%、铁路货运则从 1997 年的 19.6% 升至 2015 年的 24.3% 的目标[187]。

英国在碳减排方面成效比较显著，与其制定的有关法律制度有着很大的关系。这些法律制度主要包括气候变化税、电力与燃气（碳减排）法令以及碳减排能效机制法令等。根据《财政法 2000》和《气候变化税收规定 2001》，英国政府于 2001 年 4 月开始征收气候变化税。《电力与燃气（碳减排）法令 2008》在 2008 年 1 月 31 日生效后，英国据此建立了碳减排目标制度。而根据 2010 年 3 月颁布的《碳减排能效机制法令》又建立了碳减排承诺制度。英国政府还将政策倾向由公路转移到铁路上，例如，《英国 2000—2010 年交通运输发展战略：十年运输规划》指出："英国的运输战略是，通过改善铁路、公路等各种运输方式，以及国有和私营的运输服务，来克服拥挤与污染"。

3. 制定碳排放计量、监测方法和标准

在制定碳排放的计量、监测方法和标准方面，有些发达国家做得比较完善，并已构成了其碳减排管理体系的有机组成部分。比较而言，碳减排管理得比较成功的国家主要有日本和欧盟各国家。尤其是日本，在减排低碳的立法、统计与标识方法，以及在执行层面的控制与治理领域都取得了比较好的成效。

日本统一碳排放计算方法。日本于 1990 年制订了阻止全球气候变暖行动计划，设立了减少温室气体排放的国际目标。1992 年日本政府环境厅出台了限制汽车 NO_2 排放的《氮氧化物总量控制法》；1993 年日本政府规定除部分货车外，企业必须承担更新旧车辆、使用符合环境标准的新式货车的义务。2003 年 3 月，日本政府公布了一项柴油车尾气排放标准的法令，对 NO_x 尤其是疑为致癌物质的微粒物排放作出了严格限制。为降低乘用车、卡车及公共汽车等新车排放的 NO_x 及颗粒物（Particulate Matter，PM），日本国土交通省在 2008 年制定了全球最严格的"后新长期规定"（2009 年 10 月起实施），在柴油车方面，规定将 NO_x 排放量降低 40%~65%、PM 降低 53%~64%；汽油车方面，对可能排放 PM 的、带 NO_x 吸附还原催化剂的直喷发动机汽车，将实施与柴油车同等水平的 PM 规定；从该规定带来的效果看，若适用车辆全部符合新规定，则与以前符合 2005 年规定的车辆相比，NO_x 将从 27 万吨减少至 10 万吨（约减少 62%），PM 将从 3800 吨减少至 1400 砘（约减少 63%）；国土交通省还规定，完不成的企业将被罚款，超额完成的则可将超额指标作价卖给完不成的企业。在汽车废气净化方面，采取的措施主要是加装净化装置或改良引擎。

在执行层面，日本环境省已建立国家排放清单和国家排放报告，并成立认证委员会负责核查，核查技术标准主要来自国际标准规范。经济产业省将拟定

统一的碳排放量计算与标识方法，分别提供各个生命周期阶段的碳排放量信息。该项标签与英国政府试行的碳标签制度相比，标示信息更为详细，有效避免了各厂商采用不同的计算方法而导致的不公平竞争。

欧洲各国政府对油耗低、CO_2排放量小的清洁柴油汽车给予财政补贴和奖励，实现了节能和环保。英国对购买清洁柴油汽车的用户给予 3 便士的税费优惠；在德国，购买低排量清洁柴油汽车的车主可获免 6 年机动车税费，6 年期限后仍将享受清洁柴油汽车的最低税费标准，这些清洁柴油汽车每年可少消耗 400 万升燃油，减少 106 万吨 CO_2 排放。欧洲通过的新的汽车排放标准——欧 V 和欧 VI 标准，进一步提高了对汽车排放量尤其是粉尘颗粒和氮氧化物（NOx）排放量的限制。按照欧 V 标准，柴油轿车颗粒物排放量将减少 80%，欧 VI 标准中柴油轿车 NO_x 排放量将比目前减少 68%。这两项标准分别于 2009 年和 2014 年实施，2009 年 9 月起，所有在欧洲销售的柴油汽车将加装颗粒物过滤器，现有柴油汽车也将在 2011 年 1 月前改装完毕。

7.1.2　中国碳减排政策

根据经济体制改革和生态文明体制改革的总体要求，为控制我国温室气体排放、实现低碳发展、充分发挥市场机制在温室气体排放资源配置中的决定性作用，国家层面发布了一系列指导与推动我国低碳发展和碳市场建设相关的政策性文件。自 2007 年以来，国家层面具体发布以下重要政策性文件。

1. 国家发展战略相关政策

表 7.1 显示了我国近年来与国家发展战略相关的政策性文件。

表 7.1　　　　　　　　　国家发展战略相关政策性文件

时间	政策性文件
2007 年	《中国应对气候变化国家方案》
2008 年	《中国应对气候变化的政策与行动》白皮书
2010 年	《关于开展低碳省区和低碳城市试点工作的通知》

时间	政策性文件
2011 年	《中华人民共和国经济社会发展第十二个五规划纲要》
	《"十二五"节能减排综合性工作方案》
2013 年	《中华人民共和国节约能源法》
	《国务院关于加快发展节能环保产业的意见》
	《国务院关于印发大气污染防治行动计划的通知》
2014 年	《关于印发国家应对气候变化规划（2014—2020 年）的通知》
	《中美气候变化联合声明》
2015 年	《中美元首气候变化联合声明》
2016 年	《国务院关于印发"十三五"节能减排综合工作方案的通知》
2017 年	《国家重点节能低碳技术推广目录（2017 年本，节能部分）》

2007 年 6 月 3 日，国务院发布《中国应对气候变化国家方案》，是我国第一部应对气候变化的全面的政策性文件，也是发展中国家颁布的第一部应对气候变化的国家方案。该方案明确了到 2010 年中国应对气候变化的具体目标、基本原则、重点领域及其政策措施。

2008 年 10 月 29 日，国务院新闻办公室发布《中国应对气候变化的政策与行动》白皮书，全面介绍气候变化对中国的影响、中国减缓和适应气候变化的政策与行动，及中国对此进行的体制机制建设。

2010 年 7 月 19 日，中华人民共和国国家发展和改革委员会（以下简称国家发展改革委）发布《关于开展低碳省区和低碳城市试点工作的通知》，明确将组织开展低碳省区和低碳城市试点工作，并确定广东、辽宁、湖北、陕西、云南五省和天津、重庆、深圳、厦门、杭州、南昌、贵阳、保定八市为我国第一批国家低碳试点。通知对低碳试点地区的工作提出具体要求，包括：编制低碳发展规划、制定支持低碳绿色发展的配套政策、加快建立以低碳排放为特征的产业体系、建立温室气体排放数据统计和管理体系、积极倡导低碳绿色生活方式和消费模式等。

2011 年 3 月 14 日，第十一届全国人民代表大会第四次会议批准《中华人民共和国经济社会发展第十二个五规划纲要》，其中第二十一章提出"探索建立低碳产品标准、标识和认证制度，建立完善温室气体排放统计核算制度，逐步建立碳排放交易市场"。

2011 年 8 月 31 日，国务院印发《"十二五"节能减排综合性工作方案》（以下简称《方案》），提出了 50 条政策措施，并确定了"十二五"各地区化学需氧量、氨氮、二氧化硫、氮氧化物排放总量控制目标。《方案》的主要内容是：节能减排总体要求和主要目标、强化节能减排目标责任、调整优化产业结构、实施节能减排重点工程、加强节能减排管理、大力发展循环经济、加快节能减排技术开发和推广应用、完善节能减排经济政策、强化节能减排监督检查、推广节能减排市场化机制、加强节能减排基础工作和能力建设、动员全社会参与节能减排。

2013 年，国家颁布了《中华人民共和国节约能源法》和《国务院关于加快发展节能环保产业的意见》。

2013 年 9 月 10 日，《国务院关于印发大气污染防治行动计划的通知》中提到，到 2017 年，全国地级及以上城市可吸入颗粒物浓度比 2012 年下降 10% 以上，优良天数逐年提高；京津冀、长三角、珠三角等区域细颗粒物浓度分别下降 25%、20%、15% 左右，其中北京市细颗粒物年均浓度控制在 60 微克/立方米左右。

2014 年 9 月 19 日，国家发展改革委发布《关于印发国家应对气候变化规划（2014—2020 年）的通知》，提出到 2020 年应对气候变化工作的主要目标，具体包括：控制温室气体排放行动目标全面完成，低碳试点示范取得显著进展，适应气候变化能力大幅提升，能力建设取得重要成果，国际交流合作广泛开展等。

2014 年 11 月 12 日，中、美两国联合发布《中美气候变化联合声明》，首次公布了中、美两国 2020 年后各自的行动目标，双方均表示为应对全球气候变化这一人类面临的巨大威胁，将为了共同利益一起努力。双方达成温室气体减排协议，美国承诺到 2025 年减排 26%，中国承诺到 2030 年前停止增加二氧化碳排放。

2015 年 9 月 25 日，习近平主席和奥巴马总统联合发布《中美元首气候变化联合声明》，一方面明确提出我国计划于 2017 年启动覆盖钢铁、电力、化工、建材、造纸和有色金属等重点工业行业的全国碳排放交易体系；另一方面表示将支持其他发展中国家应对气候变化，包括增强其使用绿色气候基金资金的能力。

2016 年，《国务院关于印发"十三五"节能减排综合工作方案的通知》（国发〔2016〕74 号）要求，加快节能技术进步，引导用能单位采用先进实用的节能新技术、新装备、新工艺，促进能源资源节约集约利用，促进绿色发展。要落实节约资源和保护环境基本国策，以提高能源利用效率和改善生态环境质量为目标，以推进供给侧结构性改革和实施创新驱动发展战略为动力，坚持政府主导、企业主体、市场驱动、社会参与，加快建设资源节约型、环境友好型社会。到 2020 年，全国万元国内生产总值能耗比 2015 年下降 15%，能源消费总量控制在 50 亿吨标准煤以内。

2017 年，国家发展改革委组织编制了《国家重点节能低碳技术推广目录（2017 年本，节能部分)》（以下简称《目录》），涉及煤炭、电力、钢铁、有色、石油石化、化工、建材等 13 个行业，共 260 项重点节能技术。

2. 最新能源相关政策

2016 年 10 月 20 日，国家能源局发布《关于进一步调控煤电规划建设的通知》，除了要求严控自用煤电规划建设外，还提出要明确外送煤电投产规模、规范煤电开工建设秩序等具体的措施。

2016 年 4 月 20 日，浙江省印发《浙江省煤炭消费减量替代管理工作考核验收办法》的通知，为全面推进清洁能源示范省建设，严格落实煤炭消费减量替代管理工作责任，强化监督管理，规范考核验收工作，根据国家发展改革委等六部门《关于印发〈重点地区煤炭消费减量替代管理暂行办法〉的通知》（发改环资〔2014〕2984 号）和《浙江省煤炭消费减量替代管理工作方案》（浙发改能源〔2015〕569 号）的有关规定，制定本办法。

2017 年 11 月 3 日，广州市政府官网发布《广州市新能源汽车发展工作方案（2017—2020 年)》，广州将力争到 2020 年年底，全市新能源汽车整车年生产能力达到 30 万辆以上，新能源汽车实现总产值超 1000 亿元。《方案》提出，到 2018 年年底，全市初步构建起以专项规划为指引、各项配套政策完备、社会力量积极参与、监控管理到位的充电基础设施建设体系，基本实现适度超前、车桩相随、智能高效、使用便利的充电服务，力争各类充电桩（机）保有量达 7 万个，基本满足全市新能源汽车需求。到 2020 年，全市各类充电桩（机）保有量达 10 万个。"十三五"期间，广州将建成国际级"新能源＋智能网联"汽车产业创新集聚区。

2017 年 11 月 4 日，北京市发展改革委会同天津市发展改革委、河北省发展改革委（能源局）研究制定了《京津冀能源协同发展行动计划（2017—2020年)》，以三地发展改革委名义印发实施。能源协同发展是京津冀协同发展的重要内容。该行动计划是为贯彻落实《京津冀协同发展规划纲要》和《京津冀能源协同发展规划（2016—2025年)》，对近期目标任务的进一步深化和细化。该行动计划包括10个组成部分，共计51条，在总体要求前提下，提出能源战略协同、能源设施协同、能源治理协同、能源绿色发展协同、能源运行协同、能源创新协同、能源市场协同、能源政策协同"八大协同"，最后提出保障机制。

2017年12月26日，国家发展改革委办公厅、国家能源局综合司印发《加大清洁煤供应确保群众温暖过冬的通知》，通知提出，近期全国处于迎峰度冬用能源高峰，部分地区天然气供需出现结构性、时段性、区域性矛盾，影响群众冬季采暖。

2017年12月27日，财政部、国家税务总局、工业和信息化部、科技部联合发布《关于免征新能源汽车车辆购置税的公告》，自2018年1月1日至2020年12月31日，对购置的新能源汽车免征车辆购置税。

2018年3月7日，国家能源局印发《2018年能源工作指导意见》（以下简称《指导意见》），对于2018年能源行业的发展方向和建设目标作出了具体安排。《指导意见》提出了全年能源消费目标，2018年全国能源消费总量控制在45.5亿吨标准煤左右，天然气消费比重提高到7.5%左右，煤炭消费比重下降到59%左右。记者整理了2016—2018年指导意见中能源建设发展相关内容，分析其中变化的脉络及背后的相关原因。

2018年5月1日，开始实施国家发展改革委、科技部、中国人民银行、国务院国有资产监督管理委员会、国家市场监督管理总局、国家统计局、中国证券监督管理委员会联合修订发布的《重点用能单位节能管理办法》（以下简称《办法》），该《办法》是为加强重点用能单位节能管理，提高能源利用效率，控制能源消费总量，促进生态文明建设，1999年3月10日颁布的原国家经贸委《重点用能单位节能管理办法》同时废止。

3. 温室气体减排和交易相关政策

（1）碳排放权交易。

1997年12月通过的《京都协议书》，把碳排放权作为一种商品，从而形成了碳排放权的交易，简称碳交易。碳交易的基本原理是：合同的一方通过支付另一方获得温室气体减排额，买方可以将购得的减排额用于减排温室效应，从而实现减排的目标。

2011年10月29日，国家发展改革委办公厅发布《关于开展碳排放权交易试点工作的通知》，正式批准北京、上海、天津、重庆、湖北、广东和深圳七省市开展碳交易试点工作。在此基础上，各试点地方政府分别发布各地区试点工作相关政策性文件，具体见表7.2。

表7.2　　　　碳交易各试点地方政府发布的相关政策性文件

省域	政策性文件
北京	《北京市碳排放权交易管理办法（试行)》
	《北京市碳排放抵消管理办法（试行)》等
上海	《上海市温室气体排放核算与报告指南》
	《上海市碳排放管理试行办法》等
天津	《天津市碳排放权交易试点工作实施方案》
	《天津市碳排放交易管理暂行办法》等
重庆	《重庆市碳排放权交易管理暂行办法》
	《重庆市碳排放配额管理细则（试行)》等
湖北	《湖北省碳排放权配额分配方案》
	《湖北省碳排放权管理和交易暂行办法》等
广东	《广东省碳排放管理试行办法》
	《广东省发展改革委关于碳排放配额管理的实施细则》等
深圳	《深圳市标准化指导性技术文件——量化和报告规范及指南》
	《深圳市标准化指导技术性文件——核查规范及指南》
	《深圳经济特区碳排放管理若干规定》
	《深圳市碳排放交易管理暂行办法》等

2014年12月10日，国家发展改革委气候司发布《碳排放权交易管理暂行办法》（以下简称《办法》），旨在推进生态文明建设，加快经济发展方式转变，促进体制机制创新，充分发挥市场在温室气体排放资源配置中的决定性作用，加强对温室气体排放的控制和管理，规范碳排放权交易市场的建设和运行。该《办法》明确了全国碳市场建立的主要思路和管理体

系，国家发展改革委依据它负责碳排放交易市场的建设，并对其运行进行管理、监督和指导。

2016年1月11日，国家发展改革委办公厅发布了《关于切实做好国碳排放权交易市场启动重点工作的通知》（以下简称《通知》），旨在确保2017年启动全国碳排放权交易，实施碳排放权交易制度，切实做好启动前重点准备工作。该《通知》提出拟纳入全国碳排放权交易体系的企业名单，并要求对拟纳入企业的历史碳排放进行核算、报告与核查等。

2017年12月18日《全国碳排放交易市场建设方案（发电行业）》发布，旨在将碳市场作为控制温室气体排放政策工具的工作定位，切实防范金融等方面风险。以发电行业为突破口率先启动全国碳排放交易体系，培育市场主体，完善市场监管，逐步扩大市场覆盖范围。

（2）温室气体减排。

2011年12月1日，国务院发布《"十二五"控制温室气体排放工作方案》，明确到2015年中国控制温室气体排放的总体要求和主要目标，提出要综合利用多种措施有效控制温室气体排放，并通过低碳试验试点形成一批典型的低碳省区、低碳城市、低碳园区和低碳社区等，从而全面提升温室气体控排能力。

2012年6月13日，国家发展改革委发布《温室气体自愿减排交易管理暂行办法》，旨在保障自愿减排交易活动有序开展，调动全社会自觉参与碳减排活动的积极性，为逐步建立总量控制下的碳排放权交易市场积累经验，奠定技术和规则基础。

2012年10月9日，国家发展改革委办公厅印发《温室气体自愿减排项目审定和核证指南》，进一步明确温室气体自愿减排项目审定与核证机构的备案要求、工作报告格式，促进审定与核证结果的客观、公正，保证温室气体自愿减排交易顺利开展。

2013年10月15日，国家发展改革委办公厅发布《关于印发首批10个行业企业温室气体排放核算方法与报告指南（试行）的通知》（以下简称《通知》），行业具体包括发电、电网、钢铁、化工、电解铝、镁冶炼、平板玻璃、水泥、陶瓷、民航。该《通知》旨在有效实现建立完善温室气体统计核算制度，逐步建立碳排放交易市场的目标。指南将供开展碳排放权交易、建立企业温室气体排放报告制度、完善温室气体排放统计核算体系等相关工作参考使用。

2014年1月13日，国家发展改革委发布《关于组织开展重点企（事）业单位温室气体排放报告工作的通知》，目的是全面掌握重点单位温室气体排放情况，加快建立重点单位温室气体排放报告制度，完善国家、地方、企业三级温室气体排放基础统计和核算工作体系，加强重点单位温室气体排放管控，为实行温室气体排放总量控制、开展碳排放权交易等相关工作提供数据支撑。同时，也加快培育和提高广大企（事）业单位的低碳意识，强化减排社会责任，落实节能减碳措施，加强基础能力建设，进一步提高我国自主减缓行动的透明度。

2017年5月5日，广东省人民政府印发《广东省"十三五"控制温室气体排放工作实施方案》，为贯彻落实《国务院关于印发"十三五"控制温室气体排放工作方案的通知》（国发〔2016〕61号）精神，持续推进绿色低碳发展，确保完成国家下达的控制温室气体排放约束性指标，实现到2020年单位GDP二氧化碳排放比2015年下降20.5%、碳排放总量得到有效控制的目标，推动全省二氧化碳排放在全国率先达到峰值，制定本实施方案。

7.2 碳惩罚政策

7.2.1 碳惩罚政策的研究现状

碳惩罚是一个比较新的概念，在已有研究中相关文献比较少，对于碳惩罚的概念也有不同的认识。张娜（1997）为促进环保效果，对SO_2、NO_X、CO_2排气罚款定出合理的罚款数量级。结合我国电力工业的具体国情，从两种不同角度分析探讨了燃煤电站常见污染气体的应有罚款尺度：一是罚款数额应至少与污染治理投资费用相当；二是罚款数额只应比电厂收入低一个至两个数量级。从两个角度所得结论基本一致：对SO_2及NO_X的罚款应该不少于1000元/吨，而对CO_2的罚款应不少于10元/吨[188]。Gerard（2011）通过定理证明形式对碳惩罚的数学进行讨论，证明了碳惩罚率存在于考虑碳排放的城市配送供应链中，在不同情境中能够对配送决策带来不同的影响。该研究中讨论了配送频率和碳排放成本对于碳惩罚率的影响，当碳排放成本很高时，碳惩罚率为正数，企业会选择碳排放量最小的配送方案而非经济成本最低的配送方案[189]。Hadi（2012）通过碳惩罚讨论了其对运营决策的影响，研究降低碳排放的电力供应链运营模式，用算例证明了碳惩罚能够通过影响企业的运营模式来降低供应链中的碳排放[190]。

7.2.2　碳惩罚政策的理论分析

惩罚指个体在一定刺激情境中作出某一行为后，若及时使之承受厌恶刺激、从事厌恶活动（惩罚物）或撤除正在享用的强化物（积极刺激或积极活动），那么个体在以后类似的刺激情境下，该行为的发生频率就会降低。惩罚过程的特点有：立即性即效果"立竿见影"，在较长的一段时间使用惩罚，可以造成较深的抑制；情境性即效果常常只产生于接受惩罚的特定情境中；复原性，问题行为频率在短时间内就可以降低，可能不会持久，当惩罚的一致性撤离后，被惩罚的行为就有可能复原，回复到原来的基线水平。

1. 古希腊惩罚理论

古希腊的惩罚理论以柏拉图为代表，柏拉图主张惩罚的教育与阻遏作用，这种观点被一些法学家认为是惩罚教育论的开山鼻祖；另一方面他又主张正义是人所共有的，惩罚只起到威慑作用。柏拉图的惩罚理论归根结底应该算作一种从善的缺乏回归到人的理念的报应论。亚里士多德在《尼各马可伦理学》第五卷对公正的论述中，有两个部分集中地讨论了惩罚：一部分是为了公平的"矫正的公正"，法官扮演了一个辅助达到平等的中间人角色；另外一个部分是"回报的公正"部分，他认为惩罚应该遵循一定的比例（好比做坏事的利润率），公正就在于，这部分追加惩罚的比例受人在国家中的社会地位所影响[191]。

2. 德国古典惩罚理论

康德哲学在惩罚方面强调"法院的惩罚绝对不能仅仅作为促进另一种善的手段，不论是对犯罪者本人或者对公民社会。惩罚在任何情况下，必须只是由于一个人已经犯了一种罪行才加刑与他。因为一个人绝对不应该仅仅作为一种手段去达到他人的目的"。这就大大超越了卢梭不服从大多数就难免会遭到暴力的惩罚体系，但是在判定作为公正原则和标准的惩罚方式与尺度时，康德却搬出了报复权利的平等原则。黑格尔在《法哲学原理》中，从刑罚的角度来集中谈传统的惩罚问题，他批评了康德的惩罚观，明确地区分了法与道德。认为惩罚应针对不法者对抽象法也就是强制法的侵犯，而不能针对不道德，因为道德只是"应当"，而法律的内在普遍性是"作为当事人双方的任性和特殊意志的共同的东西而出现"。

7.2.3 碳惩罚政策的实践运用

山东省临沂市环保局发现华龙热电有限公司因外排废气二氧化硫超标，2015年1月9日，临沂市环保局向华龙热电有限公司送达责令整改违法行为的决定书，责令其立即改正违法行为，并作出处罚10万元的决定。1月19日，临沂市环保局复查，经检测，公司外排废气依旧超标。临沂市环保局对华龙热电有限公司实施按日连续处罚，时间为2015年1月10日~19日，基数10万元，持续违法10天，每日罚款数额为10万元，按日连续处罚总计罚款数额为100万元。

2016年，中山市环境保护局监察人员在日常检查时，意外发现南朗镇一家木业公司的废气处理设施一直没有启用，其内部活性炭吸附塔内部严重损坏，并且长期未更换。考虑到问题的重要性，环保监察人员当即下达责令书。8天后环保人员进行复查发现该公司竟然拒不整改！随后，监察人员随机展开执法行动，根据该木业公司持续了8天的违法行为进行按日连续计罚的处罚，按照初次违法1天4万元（罚款），8天共计32万元的巨额罚款。自《新环保法》实施以来，中山市环境保护局目前已经对4家企业，总计作出16次按日连续行政处罚决定，总计罚款金额214万元。

2014年7月3日，北京市节能监察大队对百盛、微软中国等5家单位的碳排放履约情况进行现场监察，市节能监察大队相关负责人表示，由于上述单位没有及时完成2013年碳排放配额的清算，市节能监察大队将对超出部分按照市场均价处以3~5倍的罚款。罚单将在两周内开出，这是北京市首张碳排放罚单。统计数据显示，2013年百盛的碳排放超出配额500多吨。对于未履行相关程序，百盛工作人员表示，以为注册就算完成了碳排放配额的清算和履约，另外公司已经在楼宇内大范围安装节能灯，在电梯等处也采取了节能措施。北京市节能监察大队称，碳排放超出额度的企业，可以在碳排放市场购买其他单位节约出来的碳排放配额。北京市节能监察大队将对这些仍没有及时完成碳排放履约单位进行督查，对超出部分按照市场均价处以 3～5 倍的罚款。

7.3 碳税政策

碳税（Carbon Tax）是指针对二氧化碳排放所征收的税。它是以环境保护为目的，希望通过削减二氧化碳排放来减缓全球变暖。碳税通过对燃煤和石油下游的汽油、航空燃油、天然气等化石燃料产品，按碳含量的比例征税来实现减少化石燃料消耗和二氧化碳排放。2010 年，国家发展改革委和财政部联合抛出碳税专题报告，报告中指出中国推出碳税比较合适的时间是 2012 年前后，且应针对企业征税暂不针对个人。自 1991 年 2 月始，政府间气候变化谈判委员会历时 15 个月共 5 轮谈判，于 1992 年 5 月 9 日形成了《联合国气候变化框架公约》（以下简称《公约》）。在签署《公约》不久，中国就公开发表了《中国环境与发展十大对策》，围绕"控制二氧化碳，减轻大气污染"等问题提出了多项政策和措施。2009 年，我国有关部委的直属科研机构开始着手碳税课题研究。财政部财科所做了《中国碳税税制框架设计》专题报告，环境部环规院做了《应对气候变化的中国碳税政策框架》的课题，国家发展改革委能源研究所发布了《实施碳税效果和相关因素分析》。

7.3.1 碳税政策的研究现状

聂华林等（2011）对能源类企业碳税政策的选择从减排的角度进行了优化研究，通过构建一个代表性能源类企业的二氧化碳减排效应模型，分析在不同的碳税政策情形下，企业生产要素投入品相对价格的变化如何影响企业的生产决策，以及由此产生的二氧化碳减排效应。结果表明，企业的二氧化碳减排效应取决于具体碳税政策所带来的替代效应、收入效应，以及生产要素投入品的需求弹性等因素；单独增税能够带来较好的减排效应，是最好的碳税政策[192]。范允奇等（2012）对欧洲碳税政策的实践从征税对象和范围、税率设定、税收使用和税收优惠四个方面进行对比分析，指出了各自不同的政策特征，并将各国碳税政策划分为几种典型类型，从税制要素和税收使用方面对各类碳税政策的要点进行总结[193]。段茂盛等（2015）对北欧国家碳税的双重政策进行研究，重点梳理了北欧各国碳税的演变历程，分析了北欧碳税政策的特点及其形成原因，并总结分析了在政策实践中碳税的不同表现形式[194]。于维生等（2013）通过构建政府与企业之间三阶段博弈模型，分析我国碳税政策的可行性和方式选择问题，对比统一碳税形式和差异化碳税形式后发现，两种碳税形式都不会提高我国的社会整体福利水平，但两种碳税形式都能促进企业研发低碳技术，差异化碳税形式更为有效。研究认为现阶段实施碳税政策，应该采取差异化碳税形式且征税水平不宜过高[195]。马晓哲等（2016）模拟了全球各区域2008—2050年的经济发展和碳排放状况，并将该模拟结果设定为基准情景。构建了3种碳税政策情景：情景1，将碳税收入作为一般性财政收入，此时全球升温减缓，世界碳排放下降显著，但中国、印度、俄罗斯、马来西亚和印度尼西亚等发展中国家经济发展严重受创，世界经济不均衡加剧；情景2，将各区域的碳税收入汇总之后按照比例统一分配，该情景下，世界碳减排规模较情景1略有下降，但世界各区域的经济较基准情景得到更好的发展；情景3，碳税税率随时间阶段性增长，此时，碳税政策对全球升温的控制更显著，世界各区域尤其是发展中国家（地区）经济增长更迅速[196]。

7.3.2 碳税政策的理论分析

1."庇古税"理论

"庇古税"理论是由英国经济学家庇古最先提出的，它是控制环境污染这种负外部性行为的一种经济手段。庇古不仅把环境污染当作一种行为，更是把它当作一种物品，企业在进行生产活动时会对环境产生损害，从而对外部成本产生负面影响，导致整个社会成本上升。但是私人成本里并不包含这种外部成本，于是造成了边际私人成本和边际社会成本相背离。为了消除这种背离，优化社会资源配置，政府需要出面干预，应该采取的经济政策是：对边际私人成本小于边际社会成本的部门实施征税，即存在外部不经济效应时，向企业征税；对边际私人收益小于边际社会收益的部门实行奖励和津贴，即存在外部经济效应时，给企业以补贴。

从上述描述的角度来看，碳税就是一种"庇古税"。企业为了追求利润最大化，加大生产活动，使得碳排放量增加，给全社会带来了环境污染和外部不经济。因此，为了应对日益严重的环境和能源问题，政府就必须出台政策，对这种碳排放行为征收适当的碳税，解决因二氧化碳排放过量造成的外部成本上升问题，实现外部效应的内部化。

2. 公共产品理论和外部不经济理论

公共经济学理论把社会产品分为私人产品和公共产品，公共产品一般是指由政府为了满足社会公共需要而提供的产品和劳务，它具有两个鲜明的特征：非竞争性和非排他性。公共产品的非竞争性是指，公共产品一旦被提供后，任何人都可以对它进行消费，不会因为消费人数的增加对它产生影响；非排他性则是指不排除任何人对公共产品的使用。因为公共产品的这两个特征会使得许多人在使用公共产品时，容易出现"搭便车"的现象。外部性的概念是经济学界中最难捉摸的概念之一，目前大多数学者比较认同的观念是："外部性是指那些生产和消费对其他团体强征了不可补偿的成本或给予了无须补偿的收益的情况。"外部性可以分为外部经济（或称正外部经济效应、正外部性）和外部不经济（或称负外部经济效应、负外部性）。外部经济就是一些人的生产或消费使另一些人受益而又无法向后者收费的现象；外部不经济就是一些人的生产或消费使另一些人受损而前者无法补偿后者的现象。依照对公共产品和外部不经济的阐述来看，环境和气候就是一种公共产品，任何人都可以享受和拥有它们，但是一旦因为人类各种无节制、无约束的排放活动对环境产生损害时，就会引发全球危机，让每个人的生存成本骤然升高，为了使得这种外部成本内部化同时弥补市场机制的不足，就需要政府对全社会开征碳税，管制其不合理的碳排放行为，让碳排放量达到标准。

7.3.3　碳税政策的实践运用

1. 北欧国家的碳税政策

20 世纪 90 年代起，以芬兰、挪威、瑞典和丹麦为代表的北欧国家是世界上最早实施征碳税政策的国家，起初它们征收碳税并不是出于环境保护的目的，但随着近些年温室气体排放过量的问题越来越受到关注，它们的碳税政策已显现出优势，成为别国实施碳税政策的典型案例。北欧国家的碳税政策基本上都与能源税政策相联甚密，其政策框架、征缴方式与能源消费税互相协调，在能源产品生命周期的任何一个或多个环节进行征收。如芬兰在 1990—2011 年，碳税都是以能源消费税的附加税的形式存在，但是在 2011 年以后，芬兰政府就把能源消费税进行了重新调整，划分为了三个独立的税种：能源含量税、能源税和碳税，这样的做法加强了碳税政策的灵活性。

2. 日本的碳税政策

自《京都议定书》以来，日本的碳减排已走在亚洲国家前列。2005 年 10 月，日本把碳税政策纳入法律章程中，并出台了最终方案。在刚开始征收碳税时，日本政府为了防止负面效果的产生，把碳税税率定价为 5.53 美元/吨二氧化碳，远低于欧洲各国，政府所得的碳税收入也积极投入到国家的环保项目中去，如新能源汽车的研发、森林保育等。同时配合碳税政策的出台，日本政府还开始构建低碳都市和低碳区，显著降低了住宅用户和商业部门的排放量。日本政府这一系列举措得到了民众的大力拥护，开始转变自身的消费方式，预计达到的碳减排量为 4300 万吨二氧化碳，但是对其 GDP 增长率的影响非常小。从上述描述来看，碳税政策为日本的绿色环保经济开启了新篇章，为以后的发展指明了方向。

7.4　碳交易政策

碳交易是为促进全球温室气体减排，减少全球二氧化碳排放所采用的市场机制。联合国政府间气候变化专门委员会于 1992 年 5 月 9 日通过了《联合国气候变化框架公约》（以下简称《公约》）。1997 年 12 于日本京都通过了该《公约》的第一个附加协议，即《京都议定书》。《京都议定书》把市场机制作为解决二氧化碳为代表的温室气体减排问题新路径，即把二氧化碳排放权作为一种商品，从而形成二氧化碳排放权的交易，简称碳交易。

7.4.1　碳交易政策的研究现状

王璟珉（2017）对国内外碳交易市场进行研究，整体而言，发现近两年碳交易相关研究已经成为低碳经济学术前沿关注的重要领域，伴随着实践的迅速推进，理论研究也得到了进一步深入，其中主要包括五个方面：碳价格影响因素与关联机制研究、排放权初始分配研究、碳交易效应评价研究、碳交易与碳税的比较研究、区域碳交易体系间的对接研究[197]。魏庆坡（2015）通过分析绝对减排目标和相对减排目标与碳税的兼容性，提出了相对减排目标下的碳交易能够和碳税兼容，共同实现减排目标，提出从中短期我国应采纳碳税和碳交易（相对减排目标）双策并举的模式进行减排；从长期来看，我国应该尝试运用碳税和总量控制与交易的碳交易（绝对减排目标）模式推动减排[84]。闫云凤（2015）基于 Ramsey 最优增长模型和博弈论思想，构建世界诱导技术变化混合（World Induced Technical Change Hybrid，WITCH）模型，模拟评估全球碳交易市场对我国经济—能源—气候系统的影响，结果表明到 2100 年我国 GDP 比常规情景（Business as Usual，BAU）下分别减少 6.42% 和 10.22%，说明加入全球碳市场将会对我国经济增长产生较大的负面影响，但越早加入负面影响越小[198]。

7.4.2　碳交易政策的理论分析

1. 科斯定理

科斯定理是由英国经济学家罗纳德·科斯提出的，他发现了产权与交易费用之间的关系。

（1）科斯第一定理：当产权明确时，如果交易成本接近于零时，无论初始权利分配给谁，参与方之间都可以通过市场交易让资源配置达到帕雷托最优。然而在现实情况中，不但交易成本不可能为零而且产权的界定也很困难，这时就需要科斯第二定理进行解释。

（2）科斯第二定理：如果交易费用不为零时，权利的分配情况就会带来不同资源配置。

（3）综合前面两种情况，说明交易成本的存在会使得不同权利的分配带来不同效益的资源配置，因此产权制度的设置对组织资源配置效率的影响至关重要。

科斯定理不仅说明了存在交易费用时产权制度如何影响经济效率，还提出了一种有效解决外部性的方法，即产权一旦得到界定，外部性就可以通过市场交易得到解决。只要产权界定清晰明确，交易各方就会力求降低交易费用，使资源使用到产出最大、成本最低的地方，达到资源的最优配置。

以碳交易为例，环境具有鲜明的公共特质，每个人无须支付任何成本，就可以消费它，如果经济主体对它进行肆意地掠夺和滥用，那么就一定会造成严重的环境污染和资源浪费，其中由碳排放量过多引起的温室效应就是最有代表性的例子之一。为了防止这种情况的恶化，如果明确碳排放的使用权，把它引入市场进行交易，并通过法律法规保障它的施行，这时由于环境污染所造成的社会成本就可以通过市场机制把它转化为经济主体的自身成本，但是这种拟制权利交易的特殊性和复杂性，不能单纯地只依靠市场来实现，需用政府这一权威职能机构一起加入，比如科学准确地测量碳容量、确定碳排放额度，然后把碳排放初始配额公平、公正地分发给经济主体等这一系列的管理活动都离不开政府的引导和规范。

2. 排污权交易理论

排污权交易起源于美国，核心思想就是建立合法的污染物排放权利，并允许这种权利像商品一样进行买卖。排污权交易运用在具体的经济活动中，就是企业在进行生产排放时，需要花费一定的成本取得排污许可证，如果企业的年度排放总量没有超过排污许可证所规定的范围，可以把剩余的排放量拿到市场上去售卖，此时的收益可以当作是市场对企业环保行为的补偿，而买方企业由于购入新的排放权所花费的成本实质上就是污染环境的代价。政府通过对这种排污权交易的管理，可以使企业出于节约成本的目的，增强自身减排的积极性和责任意识，同时政府自身也可以获得一定的收益来治理环境。通过排污权交易，不但可以控制污染，实现环境与经济的可持续发展，而且更可以让企业以主人翁的身份参与到保护环境的行动中。

7.4.3 碳交易政策的实践运用

1. 欧盟碳排放交易机制

《京都议定书》中规定，到 2012 年欧盟成员方的温室气体年平均排放量要比 1990 年的排放量低 8%。为了履行义务，欧盟于 2005 年 1 月 1 日正式启动欧盟碳排放交易体系，从此成为世界上最大的碳排放交易市场。欧盟碳交易市场采用总量交易法，即先确定排放物的总量且数量会逐年降低，市场上的各家企业排放量的总和不能超过限制范围，同时这些排放源企业可以通过市场交易来互相调剂各自的排放量。欧盟各国在具体操作实践中是这样的：运用分权治理模式，各成员方提出符合欧盟排放交易规章制度的排放量，通过欧盟委员会审核和批准后，向被已确定纳入交易体系的企业分配出碳排放额度——欧盟排放配额（European Allowance Unit，EUA），然后由各企业根据自身供需展开配额的买卖交易。欧盟的这种做法不但使得计划碳减排量的顺利完成，而且兼顾了各国实际国情的差异性，让它们拥有了较大的自主决策权，保证了政策在执行时具备了很大的灵活性。因为各项措施的顺利实施，欧盟在 2008 年就完成减排任务。由此可见，我们对欧盟碳排放交易市场的研究具有很高的实践价值，可以借鉴其成功的实践经验。

2. 美国碳排放交易机制

与欧盟碳排放交易不同的是，美国并没有《京都议定书》规定的减排任务，而且没有存在一个碳减排权力中心来对全国的碳减排行为进行统一监管，而是美国各州政府根据自身实际情况，逐渐自发地形成了区域性的碳减排交易体系，比较有代表性的就是：芝加哥气候交易所、西部气候倡议和区域性温室气体倡议。芝加哥气候交易所作为全球率先使用电子交易平台完成交易活动的先驱组织，它崇尚运用市场机制来解决环境问题，为温室气体交易建立了合理、有序、透明的平台，从而提高了温室气体减排的效率；西部气候倡议是 2007 年由加利福尼亚州、亚利桑那州等共同参与的一项跨州联合碳减排行动，它横跨了工业、交通、电力等排放量较大的行业，为美国西部城市温室气体减排计划作出了巨大贡献；区域性温室气体倡议是第一个采用市场机制来对温室气体排放进行限制的减排体系，因为它是由美国州政府成立的，所以它带有一定的强制性，但是它只在电力行业中进行了推广。

3. 中国碳排放交易机制

2011 年，国家发展改革委下发关于开展碳排放交易试点工作的通知，同意北京、天津、上海、重庆、湖北、广东及深圳开展碳排放权交易试点。随着重庆正式入市交易，意味着 7 大试点省市已悉数步入正式交易时代，试点省份各自为政。

为了保证碳交易体系的顺利开展，各试点省市纷纷出台相关政策，然而缺少统一的标准。重庆联合产权交易所就明确表示，将与湖北、天津、广州、深圳专门设置碳排放交易所不同，其只扮演平台角色，对市场不会过多地干预。目前，深圳市已经明确其惩罚机制。该市《关于加强碳排放管理的决定》提交修改后的规定中，拟增加碳抵消制度，以防止出现碳排放权交易市场供不应求的状况，而碳排放控排企业如果超出排放额度进行碳排放，相关部门可按照违规碳排放量市场均价的 3 倍予以处罚。

目前试点的省市已经累计出台了 72 个文件，累计拍卖污染权收入约 20 亿元，并且全部投入环境污染治理方面。但在污染权有偿使用和交易制度创新方面，各个试点省市差异巨大，并且交易方式多样化。例如，2013 年 11 月 20日，上海正式出台碳排放管理试行办法。根据该办法，上海建立碳排放配额管理、监测、报告和核查制度，同时实行碳排放交易制度，交易标的为碳排放配额。纳入配额管理的单位，如未按规定履行配额清缴义务，最高可处以 10 万元罚款。此次出台的办法明确了一系列法律责任，规定了未履行报告义务、未按规定接受核查和未履行配额清缴义务的相应惩罚措施，以及相应机构和部门的责任[199]。

各省市不仅在处罚力度上存在差异，在排污权的经营形式上也各有创新，其中湖南、江浙已经出台了排污权抵押贷款办法，仅浙江就有 170 多家企业通过排污权抵押贷款，获得污染治理资金 10 亿元。随着排污权交易的成熟，陕西省或许也会效仿上述省份通过排污权抵押贷款。也正是由于地区标准不同，这些区域性市场很难形成一个面向全国的统一大市场，据了解，目前我国已有6 家碳排放交易所正式启动碳交易。然而，由于实施标准不一，各地政府的政策层出不穷，眼下的碳交易热潮，仍然是以省区市为单位，鲜有大规模的跨省区交易行为。国家在制定每项政策和每个五年计划时在污染排放方面都会有一个排污总量，进而细化到每年每季度也都会有，到达一个排污总量之后就会限制排污。另外区域与行业之间的差异也是排污量难统一的重点，目前行业间都在等待国家的统一政策。

7.5 研究结论

从本章论述可知，无论是国内还是国际社会对碳减排都相当重视，在政策方面都制定了相应的法律法规，在监测标准和方法上也作出了改进。本章从碳惩罚政策、碳税政策和碳交易政策三个方面对碳排放进行了深入的分析。发现无论是碳税政策还是碳交易政策都是全世界政府或组织在实施碳减排行为中经常运用的两种政策方式，如果政府想要在具体的实践中提高自身的执政效率，把权威强制力和市场的自由交易能够有机结合，那么对碳税政策和碳交易政策的研究则必不可少。物流企业作为碳排放大户，政府在运用碳税政策和碳交易政策在对其进行监管时，在涉及政府和企业的双方利益博弈情况下，如何提高物流企业的碳减排效率的同时促进经济社会的发展是当前政府需要面临的挑战。后续章节就是从这个方面出发，运用演化博弈理论，分别就碳税政策下和碳交易政策下政府对物流企业施行监管时，对各自的行为影响因素和机制进行分析，从而找出适合主体双方的行为策略组合。

第8章
碳税政策下物流企业的碳减排行为分析

不同的政府碳减排政策会对物流企业产生不同的碳减排行为与效果，为此，本章应用演化博弈理论来分析政府碳税政策下的物流企业碳减排行为，分析政府与物流企业各自的行为影响因素和机制，从而找出碳税政策下适合主体双方的行为策略组合。

8.1 研究方法与模型构建

8.1.1 研究方法

博弈（Game Theory）是在一定条件下，遵守一定的规则，一个或几个拥有绝对理性思维的人或团队，从各自允许选择的行为或策略进行选择并加以实施，并从中各自取得相应结果或收益的过程。有时候也用作动词，特指选择的行为或策略进行选择并加以实施的过程。一个完整的博弈应当包括五个方面的内容：第一，博弈的参加者，即博弈过程中独立决策、独立承担后果的个人和组织；第二，博弈信息，即博弈者所掌握的对选择策略有帮助的情报资料；第三，博弈方可选择的全部行为或策略的集合；第四，博弈的次序，即博弈参加者作出策略选择的先后；第五，博弈方的收益，即各博弈方作出决策选择后的所得和所失。

演化博弈论（Evolutionary Game Theory）不再将人模型化为超级理性的博弈方，而是认为人类通常是通过试错的方法达到博弈均衡的，与生物进化原理具有共性，所选择的均衡是达到均衡的均衡过程的函数，因而历史、制度因素以及均衡过程的某些细节均会对博弈的多重均衡的选择产生影响。在理论应符合现实意义上，该理论对于生物学、经济学、金融学和证券学等学科均大有用场。目前，与演化博弈论密切相关的新兴学科领域还有：演化证券学、演化金融学、演化经济学等。

演化博弈论是把博弈理论分析和动态演化过程分析结合起来的一种新理论，它起源于行为生态学和生物进化论，其在近些年大量运用于经济学和管理学领域的研究当中，与此同时把演化博弈理论引入分析政府与企业关于环境治理和低碳行为的论文也非常丰富，主要包括以下文献。

徐大伟（2012）以流域生态补偿为例，将流域上游政府的策略简化为保护或不保护河流，下游政府针对上游的情况，选择"自主型"或"接受型"，运用演化博弈的方法分析流域生态补偿的特点和结果，并对我国现行流域管理体制和生态补偿提供了政策建议[200]。郭本海等（2012）通过运用演化博弈的基本原理，构建了区域高耗能产业退出机制，着重分析了影响各方博弈主体策略选择的因素，构建了不同策略下参与主体双方的支付函数，并建立相应的复制动态方程，寻求演化稳定策略[201]。朱庆华等（2014）研究了政府与制造企业之间关于碳减排的博弈，并分析了它们的行为演化影响因素[202]。徐建中（2014）利用演化博弈的理论和方法，将政府、制造企业和消费者三个利益相关主体纳入演化博弈分析框架，探索低碳经济背景下各主体决策的演化路径和演化规律[203]。Tian 等（2014）运用系统动力学模型来指导补贴政策促进绿色供应链管理在中国的扩散，通过演化博弈论分析了政府、企业、消费者等利益相关者之间的关系，以中国汽车制造业案例研究的模型模拟了绿色供应链管理的扩散过程，结果表明，对制造商的补贴比消费者更能促进绿色供应链管理扩散，以及环境意识是另一种关键的影响因素[204]。朱怀念等（2016）运用演化博弈理论，构建政产学研协同创新的三维动态演化博弈模型，通过数理推演并结合数值模拟仿真分析博弈系统的演化情况[205]。Barari 等（2012）通过协调生产者和零售者寻找一个协同联盟，评判他们的策略并在利益最大化下触发绿色实践，应用演化博弈方法提供最佳的经济效益和解决方案，从而证实了现有的可持续发展指标，并从环境管理角度给供应链系统学提供了一个全面的观点，包括管理的影响和优势，把环境作为经济动机的一个关键要素[206]。张伟等（2014）基于我国现实国情，针对政府不同监管模式，采用演化博弈理论建立企业与政府间博弈的复制动态方程，得到不同情形下企业和政府博弈的进化稳定策略，分析了监管成功率、第三方举报概率等现实参数对策略的影响[207]。王芹鹏等（2014）应用 Stackelberg 博弈模型，构建上下游企业采用不同的行为策略的支付矩阵，研究上游企业主导的供应链在面对具有低碳产品偏好的市场消费者时，上下游企业的减排投资行为与策略，指出了减排投资系数和下游企业分担投资成本比例的不同对演化博弈稳定均衡的影响[208]。张宏娟等（2014）基于复杂网络演化博弈理论，从微观异质性主体的预期学习和自适应行为特征出发，综合运用随机博弈及博弈学习模型、多主体系统建模等方法，构建了传统产业集群低碳演化模型，并进行了产业低碳策略竞争、涌现和不同演化情景的仿真分析[209]。Xiao 等（2015）在深入研究虚拟机（Virtual Machines，VMs）放置的基础上，通过建立一个能源消耗的计算模型和一种新的演化博弈论的算法，成功地解决动态 VMs 位置面临的挑战，提出并描述了VMs 朝向能耗优化问题的解决方案[210]。郑君君等（2015）运用演化博弈理论，考虑信息交互并引入舆情引导，通过对环境污染群体性事件进行研究，以探寻环境污染群体性事件产生的原因并解决环境污染群体性事件引发的问题[211]。张国兴等（2015）根据我国汽车消费市场消费者对不同排量汽车购买行为及政府消费政策之间的博弈情况，构建消费者和政府的演化博弈模型，分析混合均匀情形下的消费者群体考虑单一汽车品牌情况下选取不同排量汽车行为的演化问题，为政府科学合理引导汽车消费者节能购车行为提供理论借鉴[212]。吴虹雨等（2015）构建了政府、企业和消费者的三方演化博弈模型，分析城市土地低碳利用中三者的互动机制[213]。Zhao 等（2016）提出了一种将系统动力学应用于模拟创建的演化博弈模型，通过对中国空调企业的个案研究，探讨企业的可能反应，制定激励政策来促进碳减排标签计划的实施[214]。

8.1.2　模型的假设与构建

1. 博弈模型的假设

假设博弈模型有两个参与方，分别为政府和物流企业，两方主体均为有限理性。从对环境的保护和社会的稳定，同时又要兼顾经济发展的多重角度出发，政府对于出台的碳税政策实施情况进行监管时，由于各种原因，它所选择的行为策略可以表示为｛监管，不监管｝。在低碳物流的大环境下，物流企业要综合考虑自身企业的发展和政府的惩罚，对于政府出台的各种碳税政策，它的行为策略可以表示为｛遵守，不遵守｝。在政府和物流企业博弈的初始阶段，假设政府监管时，监管某个物流企业的概率为 x，不监管的概率为 $1-x$；物流企业选择遵守碳税政策的概率为 y，选择不遵守的概率为 $1-y$。其行为策略组合矩阵见表 8.1。

表 8.1　　　　　　　碳税政策下政府与物流企业行为策略的博弈矩阵

博弈方		物流企业	
		遵守政策 y	不遵守政策 $1-y$
政府	监管 x	（监管，遵守）	（监管，不遵守）
	不监管 $1-x$	（不监管，遵守）	（不监管，不遵守）

政府的相关损益为：当政府进行碳监管时，政府制定的碳税率为 t 元/吨，政府需要承担其各项监管活动的成本 C_1，在发现有物流企业遵守其碳税政策而采取各项减排行为时，出于激励，政府会对企业进行补贴 R；在发现有物流企业不遵守其碳税政策时，政府会对物流企业进行惩罚，罚金为 P；由于物流企业不遵守碳税政策，所带来的环境问题，政府需要付出的治理成本为 C_2。

物流企业的相关损益为：在不遵守政府出台的碳税政策时，物流企业为了经济利益，会加大其业务量，假设这时的碳排放量为 e_1，物流企业的正常收益为 π_1；在遵守政府出台的碳税政策时，物流企业则会采取各项减排措施，假设这时的碳排量为 e_2，物流企业的正常收益为 π_2，节约的能源成本为 C_3。具体的参数和含义见表 8.2。

表 8.2　　　　　　　　　　　相关参数及其含义

参数	含义	单位
C_1	政府对物流企业遵循碳税政策施行监管的成本	万元
C_2	物流企业不遵守政策时，政府治理环境问题所需的成本	万元

参数	含义	单位
C_3	物流企业遵守政策时，节约的能源成本	万元
R	在监管时，政府对遵守政策的企业的奖励补贴	万元
P	政府对不遵守政策的物流企业的罚金	万元
t	政府制定的碳税率	万元/万吨
e_1	物流企业不遵守政策时的碳排放量	万吨
e_2	物流企业遵守政策时的碳排放量	万吨
π_1	不遵守政策时，物流企业的一般收益	万元
π_2	遵守政策时，物流企业的一般收益	万元
x	政府在监管时，监管物流企业行为的概率	
y	物流企业遵守政策的概率	

由表8.1和表8.2可知以下几点。

（1）当政府和物流企业的行为策略集为｛监管，遵守｝时，物流企业的碳排量为 e_2，需要缴纳的碳税为 e_2t，因为减少排放量，则可以节约能源成本 C_3，因此物流企业的综合收益为 $\pi_2 - e_2t + R + C_3$；这时政府需要支付监管成本 C_1 和物流企业碳减排的补贴 R，可以得到的税收收益为 e_2t，政府的收益为 $-C_1 - R + e_2t$。

（2）当政府和物流企业选择的行为策略集为｛监管，不遵守｝时，物流企业的碳排放量为 e_1，需要缴纳的碳税为 e_1t，因为政府会监管到物流企业没有进行碳减排，物流企业需要支付罚款 P，物流企业的综合收益为 $\pi_1 - e_1t - P$；政府需要支付监管成本 C_1 和物流企业没有遵守碳减排政策所带来的环境问题的治理成本 C_2，得到的收入为税收收益 e_1t 和物流企业的缴纳的罚金 P，这时政府的综合收益为 $-C_1 - C_2 + P + e_1t$。

（3）当政府和物流企业行为策略集为｛不监管，遵守｝时，物流企业的碳排量为 e_2，需要缴纳的碳税为 e_2t，则可以节约能源成本 C_3，此时政府并没有监管到物流企业的碳减排行为，所以物流企业不会得到低碳补贴 R，则物流企业的综合收益为 $\pi_2 - e_2t + C_3$；这时政府选择不监管行为，所得的综合收益就能只是向物流企业征收的碳税 e_2t。

（4）当政府和物流企业的行为策略为｛不监管，不遵守｝时，物流企业的碳排放量为 e_1，需要缴纳的碳税为 $e_1 t$，政府选择不监管，所以物流企业不会有任何罚款和补贴，其综合收益就是为 $\pi_1 - e_1 t$；而这时的政府综合收益为向物流企业征收碳税减去因企业超额排放造成的环境污染要付出的治理成本，即为 $-C_2 + e_1 t$。政府与物流企业双方主体的收益矩阵，见表8.3。

表8.3　　　　　　　　碳税政策下政府与物流企业博弈的收益矩阵

博弈方		物流企业	
		遵守政策	不遵守政策
政府	监管	$(-C_1 - R + e_2 t,\ \pi_2 - e_2 t + R + C_3)$	$(-C_1 - C_2 + P + e_1 t,\ \pi_1 - e_1 t - P)$
	不监管	$(e_2 t,\ \pi_2 - e_2 t + C_3)$	$(-C_2 + e_1 t,\ \pi_1 - e_1 t)$

2. 演化博弈模型的建立

假设政府"监管"和"不监管"的期望收益分别为 U_{1Y} 和 U_{1N}，以及它们的平均期望为 $\overline{U_1}$，根据表8.3中的收益矩阵，可得出

$$U_{1Y} = y(-C_1 - R + e_2 t) + (1 - y)(-C_1 + P - C_2 + e_1 t)$$
$$= y(C_2 - P - R + e_2 t - e_1 t) + P - C_1 - C_2 + e_1 t \qquad (8-1)$$

$$U_{1N} = y e_2 t + (1 - y)(-C_2 + e_1 t) = y C_2 + y(e_2 t - e_1 t) - C_2 + e_1 t \qquad (8-2)$$

$$\overline{U_1} = x U_{1Y} + (1 - x) U_{1N} = -yx(P + R) + y(C_2 + e_2 t - e_1 t) + xP - xC_1 - C_2 + e_1 t \qquad (8-3)$$

因此，政府行为策略的复制动态方程为

$$F(x) = \frac{dx}{dt} = x(U_{1Y} - \overline{U_1}) = x(1 - x)(P - yP - yR - C_1) \qquad (8-4)$$

假设物流企业"遵守"和"不遵守"的期望收益分别为 U_{2Y} 和 U_{2N}，以及它们的平均期望为 $\overline{U_2}$，则有

$$U_{2Y} = x(\pi_2 - e_2 t + R + C_3) + (1 - x)(\pi_2 - e_2 t + C_3) = \pi_2 + xR - e_2 t + C_3 \qquad (8-5)$$

$$U_{2N} = x(\pi_1 - e_1 t - P) + (1 - x)(\pi_1 - e_1 t) = \pi_1 - xP - e_1 t \qquad (8-6)$$

$$\overline{U_2} = y U_{2Y} + (1 - y) U_{2N} = yx(P + R) + y(e_1 t - e_2 t + C_3 + \pi_2 - \pi_1) + \pi_1 - xP - e_1 t \qquad (8-7)$$

因此，物流企业的复制动态方程为

$$F(y) = \frac{dy}{dt} = y(U_{2Y} - \overline{U_2}) = y(1-y)(\pi_2 - \pi_1 + C_3 + e_1 t - e_2 t + xR + xP)$$

$$(8-8)$$

8.2 主体演化博弈稳定性分析

1. 政府行为策略复制动态分析

由式（8-4），根据稳定性理论可知，稳定策略需满足 $F(x)=0$ 并且平衡点 x 处的导数 $F'(x)<0$。

（1）若 $y = \frac{P-C_1}{P+R}$ 时，则 $F(x)=0$，说明此时政府任何的行为策略均是稳定策略，不会随着时间推移而变化。

（2）若 $y \neq \frac{P-C_1}{P+R}$ 时，令 $F(x)=0$，有 $x_1=0$，$x_2=1$ 是两个平衡点，对 $F(x)$ 求导，得到

$$F'(x) = (1-2x)(P - yP - yR - C_1)$$

①当 $y < \frac{P-C_1}{P+R}$ 时，有 $F'(x)|_{x_1=0}>0$，$F'(x)|_{x_2=1}<0$，故 $x_2=1$ 是稳定策略。

②当 $y > \frac{P-C_1}{P+R}$ 时，有 $F'(x)|_{x_1=0}<0$，$F'(x)|_{x_2=1}>0$，故 $x_1=0$ 是稳定策略。

2. 物流企业行为策略复制动态分析

由式（8-8），其演化稳定策略分析有以下情况。

（1）当 $x = \frac{\pi_1 + e_2 t - \pi_2 - C_3 - e_1 t}{P+R}$ 时，则 $F(y)=0$，可知此时物流企业任何行为均是演化稳定策略，不会随着时间推移而演变。

（2）当 $x \neq \frac{\pi_1 + e_2 t - \pi_2 - C_3 - e_1 t}{P+R}$ 时，令 $F(y)=0$，有 $y_1=0$，$y_2=1$ 两个平衡点，对 $F(y)$ 求导，得到

$$F'(y) = (1-2y)(\pi_2 - \pi_1 + C_3 + e_1 t - e_2 t + xR + xP)$$

根据演化稳定策略的要求 $F'(y)<0$，对 $\pi_1+e_2t-\pi_2-C_3-e_1t$ 的取值大小进行讨论。

①当 $\pi_1+e_2t-\pi_2-C_3-e_1t<0$ 时，有 $x>\dfrac{\pi_1+e_2t-\pi_2-C_3-e_1t}{P+R}$，故 $y_2=1$ 是演化稳定策略。

②当 $\pi_1+e_2t-\pi_2-C_3-e_1t>P+R$ 时，有 $\dfrac{\pi_1+e_2t-\pi_2-C_3-e_1t}{P+R}>1$，则 $x<\dfrac{\pi_1+e_2t-\pi_2-C_3-e_1t}{P+R}$，故 $y_1=0$ 是演化稳定策略。

③当 $0<\pi_1+e_2t-\pi_2-C_3-e_1t<P+R$ 时，又分以下两种情况进行讨论。

a. $x<\dfrac{\pi_1+e_2t-\pi_2-C_3-e_1t}{P+R}$ 时，$F'(y)\big|_{y_1=0}<0$，故 $y_1=0$ 是演化稳定策略。

b. $x>\dfrac{\pi_1+e_2t-\pi_2-C_3-e_1t}{P+R}$ 时，$F'(y)\big|_{y_2=1}<0$，故 $y_2=1$ 是演化稳定策略。

3. 政府与物流企业的混合策略稳定性分析

根据上述两方主体的复制动态方程分析可知，政府与物流企业的动态博弈有 5 个纳什均衡点，分别为：$(0,0)$，$(0,1)$，$(1,0)$，$(1,1)$，(x^*,y^*)。

式中：$x^*=\dfrac{\pi_1+e_2t-\pi_2-C_3-e_1t}{P+R}$，$y^*=\dfrac{P-C_1}{P+R}$。

当且仅当 $0\leqslant\dfrac{\pi_1+e_2t-\pi_2-C_3-e_1t}{P+R}\leqslant1$，$0\leqslant\dfrac{P-C_1}{P+R}\leqslant1$ 时，以上的分析才成立，可以通过 Jacobi 矩阵的局部稳定性来分析。根据上述的常微分方程，得到 Jacobi 矩阵为

$$J_1=\begin{bmatrix}(1-2x)(P-yP-yR-C_1) & x(x-1)(P+R)\\ y(1-y)(P+R) & (1-2y)(\pi_2-\pi_1+C_3+e_1t-e_2t+xR+xP)\end{bmatrix}$$

$$(8-9)$$

J 的行列式为

$$DetJ_1=(1-2x)(P-yP-yR-C_1)(1-2y)(\pi_2-\pi_1+C_3+e_1t-e_2t+xR+xP)$$
$$-x(x-1)(P+R)y(1-y)(P+R) \qquad (8-10)$$

J 的迹为

$$TrJ_1 = (1-2x)(P-yP-yR-C_1)+(1-2y)$$
$$(\pi_2-\pi_1+C_3+e_1t-e_2t+xR+xP) \qquad (8-11)$$

应用 Jacobi 矩阵的局部稳定性分析法对 5 个纳什均衡点的稳定性进行分析，当均衡点满足 $DetJ_1>0$，$TrJ_1<0$ 时，则说明该均衡点为演化动态过程中局部渐进稳定不动点，其对应着演化稳定策略（Evolutionarily Stable Strategy, ESS），分析结果见表 8.4。

表 8.4　　碳税政策下政府与物流企业演化博弈稳定性结果分析

均衡点	$DetJ_1$ 的符号	TrJ_1 的符号	结果	稳定条件
$(0,0)$	+	−	ESS	$\pi_1-\pi_2>e_1t-e_2t+C_3$, $C_1>P$
$(0,1)$	+	−	ESS	$\pi_1-\pi_2<e_1t-e_2t+C_3$
$(1,0)$	+	−	ESS	$\pi_1-e_1t-P>\pi_2-e_2t+C_3+R$, $P>C_1$
$(1,1)$	−	+	不稳定点	
(x^*,y^*)	+	0	鞍点	

由表 8.4 可知，$(e_1t-e_2t+C_3)$ 表示物流企业遵守政策前后，节约的碳税成本与能源成本，如果此成本低于物流企业遵守政策前后的收益差距，同时政府碳监管的成本大于政府的罚款，那么主体的双方博弈就会收敛于 $x=0$，$y=0$ 的状态。若节约的碳税成本与能源成本之和高于企业遵守政策前后的收益差距，这时主体双方的博弈最终会收敛于 $x=0$，$y=1$ 的状态，即政府不监管，物流企业也会自觉遵守碳税政策。$(\pi_2-e_2t+C_3+R)$ 表示当物流企业遵守碳税政策，物流企业的一般收益减去其向政府缴纳的碳税，因为采取减排措施，而节约的能源成本，同时政府会给予的低碳补贴的综合收益。(π_1-e_1t-P) 表示物流企业不遵守政策时，物流企业的一般收益减去缴纳的碳税成本和政府的罚金的综合收益。如果遵守碳税政策的综合收益低于没有遵守碳税政策的综合收益，而且政府的罚金要高于政府的碳监管成本，此时主体双方的博弈的均衡状态为 $x=1$，$y=0$，即政府监管到了物流企业对碳税政策的实施情况，但物流企业选择不遵守碳税政策。因为均衡点需满足 $DetJ>0$，$TrJ<0$，均衡点才是渐进稳定不动点，而点 (x^*,y^*) 的迹没有满足上述条件，故点 (x^*,y^*) 是稳定的平衡点，但是它并不是渐进稳定，它是系统的鞍点，系统

的演化轨迹是绕着鞍点的闭轨线环，而没有通过鞍点。由此可画出此博弈系统的相位图，如图 8.1 所示。

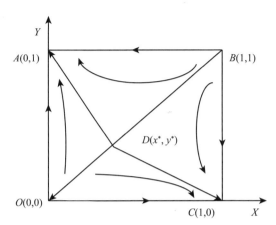

图 8.1　政府碳税政策下与物流企业碳减排博弈动态相位图

由图 8.1 可知，当政府和物流企业的博弈策略处在 *OABD* 区域时，整个系统最终的博弈结果收敛为（不监管，遵守政策）的稳定策略。当政府和物流企业的博弈策略处在 *OCBD* 区域时，整个系统最终的博弈结果为（监管，不遵守政策）的稳定策略。

8.3　基于 SD 的演化博弈稳定性和影响因素分析

系统动力学是系统科学理论与计算机仿真技术紧密结合，研究系统反馈结构的一门学科[215][216]，现已成为研究动态复杂系统的重要方法之一[217]。在前面演化博弈稳定分析的基础之上，运用系统动力学对政府碳税政策下物流企业的碳减排行为的演化博弈过程建立动态的系统流图，以探究政府与物流企业主体双方的行为特征和稳定状态，为政府制定有效的碳税政策，实现物流企业的低碳减排提供合理的依据。根据 8.2 节建立的演化博弈模型和复制动态方程，用 VENSIM 软件构建出政府碳税政策的演化博弈系统动力学模型，如图 8.2 所示。

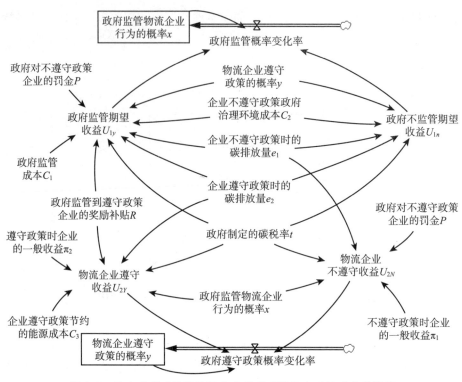

图8.2　政府碳税政策下物流企业的碳减排行为系统动力学模型

由图8.2所示，此模型包含的2个流位变量、2个流率变量、4个中间变量和若干个外生变量。政府监管冷链物流企业行为概率和冷链物流企业遵守碳减排政策的概率为流位变量；政府监管概率变化率和冷链物流企业遵守政策概率变化率为流率变量；政府和冷链物流企业的四个期望收益为中间变量，中间变量与外生变量的关系由演化博弈主体双方在各自行为策略下的收益函数确定，流率变量与中间变量的关系则是由主体双方的复制动态方程得到。

根据以上分析，无论从政府威慑力或冷链物流企业自身发展的角度，冷链物流企业都应该遵守碳减排政策，但是动态平衡点显示仍然有一定比例的冷链物流企业选择不遵守碳减排政策。因此我们需要对影响冷链物流企业选择的因素进行调控，发现其规律，从而提高冷链物流企业的碳减排效率。运用 VENSIM 软件对系统的行为影响因素进行分析，为了让博弈系统能够达到主体双方都采取积极策略的理想状态，同时为了更直观地显示出参数对主体双方的影响，需要把初始仿真参数的条件设置为：$\pi_1 > \pi_2$，$P > R > C_1$，$e_1 > e_2$，政府监管冷链物流企业的初始概率 $X = 0.4$，冷链物流企业遵守政策的初始概率 $Y = 0.4$。因为系统动力学软件 VENSIM 存在数据溢出的情况，把主要参数的取值变化用高、中、低来表示。

（1）政府对不遵守碳减排冷链物流企业的罚款 P 对系统演化的影响。设置政府罚款 P 分别为高、中、低，仿真出的结果如图 8.3 所示。

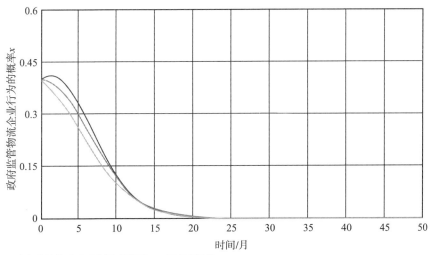

政府监管物流企业行为的概率 x：政府高罚款 ————
政府监管物流企业行为的概率 x：政府中间罚款 ————
政府监管物流企业行为的概率 x：政府低罚款 ————

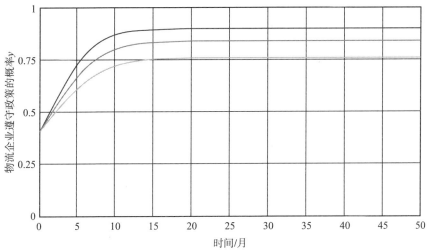

物流企业遵守政策的概率 y：政府高罚款 ————
物流企业遵守政策的概率 y：政府中间罚款 ————
物流企业遵守政策的概率 y：政府低罚款 ————

图 8.3 政府罚款对演化路径的影响仿真图

由图 8.3 可知，当政府罚款提高时会促使物流企业遵守碳减排的行为，而对于政府来说，会抑制它的监管行为。

（2）政府制定的碳税率 t 对系统演化的影响。将上述参数作为初始值，把碳税率 t 取值为高、中、低，仿真出的结果如图 8.4 所示。

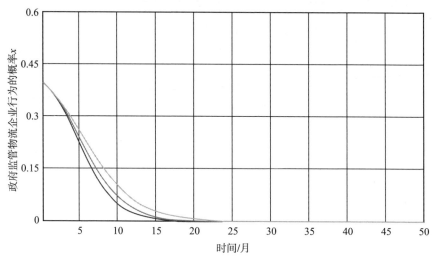

政府监管物流企业行为的概率x：高碳税率 ————————————
政府监管物流企业行为的概率x：中间碳税率 ————————————
政府监管物流企业行为的概率x：低碳税率 ————————————

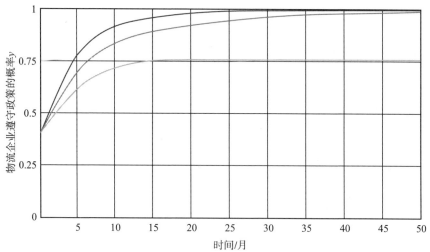

物流企业遵守政策的概率y：高碳税率 ————————————
物流企业遵守政策的概率y：中间碳税率 ————————————
物流企业遵守政策的概率y：低碳税率 ————————————

图 8.4　碳税率对演化路径的影响仿真图

由图 8.4 可知，提高碳税率会加快物流企业遵守碳减排行为的发生，对政府监管行为起到抑制作用。

（3）政府补贴 R 对系统演化的影响。将上述参数作为初始值，把政府补贴 R 取值为高、中、低，仿真出的结果如图 8.5 所示。

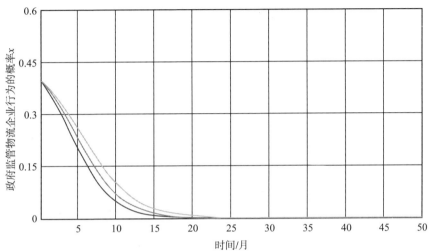

政府监管物流企业行为的概率x：政府高补贴 ————————
政府监管物流企业行为的概率x：政府中间补贴 ————————
政府监管物流企业行为的概率x：政府低补贴 ————————

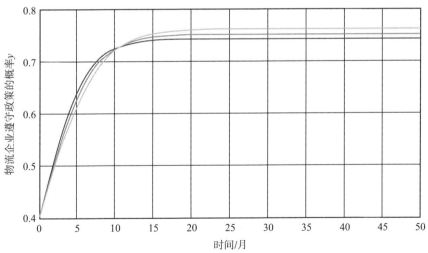

物流企业遵守政策的概率y：政府高补贴 ————————
物流企业遵守政策的概率y：政府中间补贴 ————————
物流企业遵守政策的概率y：政府低补贴 ————————

图 8.5　政府补贴对演化路径的影响仿真图

由图8.5可知，政府补贴的提高对物流企业遵守碳减排政策行为的影响并不大，同时会抑制政府碳监管行为的发生。

（4）遵守政策时，政府碳监管成本 C_1 对系统演化的影响。将上述参数作为初始值，把节约成本 C_1 取值为高、中、低，仿真出的结果如图8.6所示。

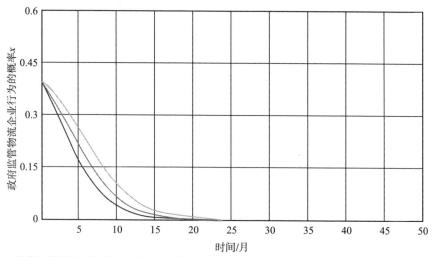

政府监管物流企业行为的概率x：高监管成本 ———————
政府监管物流企业行为的概率x：监管中间成本 ———————
政府监管物流企业行为的概率x：低监管成本 ———————

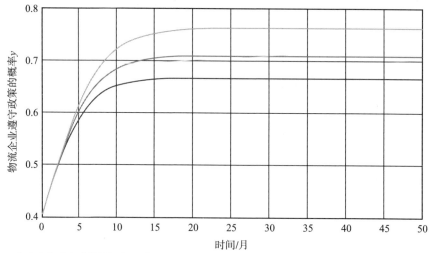

物流企业遵守政策的概率y：高监管成本 ———————
物流企业遵守政策的概率y：监管中间成本 ———————
物流企业遵守政策的概率y：低监管成本 ———————

图8.6 监管成本对演化路径的影响仿真图

由图 8.6 可知，政府碳监管成本的提高会减缓物流企业遵守政策行为的比例，同时会抑制政府碳监管行为的发生。

（5）初始概率对系统演化的影响。将上述参数作为初始值，把初始概率设置为 $z_1 = \{x_0 = 0.4, y_0 = 0.4\}$ 和 $z_2 = \{x_0 = 0.7, y_0 = 0.4\}$，仿真出的结果如图 8.7 所示。

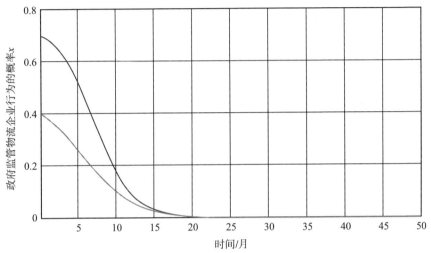

政府监管物流企业行为的概率x：z_2 ——————
政府监管物流企业行为的概率x：z_1 ——————

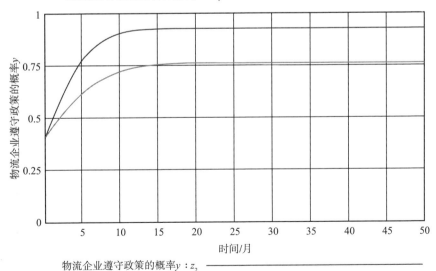

物流企业遵守政策的概率y：z_2 ——————
物流企业遵守政策的概率y：z_1 ——————

图 8.7　初始概率对演化路径的影响仿真图

由图 8.7 可知，政府一开始采取的监管比例越高，随着时间的推移，物流企业遵守的政策的概率也会越高。

8.4 研究结论

本章在政府碳税政策下构建了政府和物流企业碳减排行为决策的演化博弈模型，计算出政府和物流企业的复制动态方程，并分析了双方各自的稳定策略和主体双方的混合稳定策略，得到了演化博弈系统稳定条件，画出了系统的演化相位图。根据复制动态方程和混合稳定策略结合系统动力学软件进行了仿真分析，并通过软件分析出来的图形，简单明了地反映各个参数对整个演化博弈系统的影响，进一步分析政府碳税政策对物流企业碳减排行为的影响因素。

从 Jacobi 矩阵和系统相位图的分析结果来看，演化博弈系统有三个稳定均衡点，当参数的取值不同时，系统的稳定点可能会发生变化，为了更加微观地反映出演化路径的演变，通过对参数赋值和软件的分析，可以得到几个关键参数对演化博弈系统的影响，进而发现了政府碳税政策对物流企业碳减排行为的影响，得出以下结论。

（1）提高政府罚款和碳税时，物流企业的碳减排效率就会越高，而政府选择碳监管的比例则会减少。

（2）提高政府补贴对提高物流企业的碳减排效率的作用不明显。

（3）提高政府对物流企业碳监管的成本，物流企业碳减排的效率会降低。

（4）政府对物流企业碳监管的初始概率越大，物流企业的碳减排效率就会越高。

由此可以得出，政府碳监管的奖惩、碳税率的定价、政府监管成本、政府监管的初始概率等因素对物流企业的碳减排效率起到关键性的作用。这使得政府在出台和执行碳税相关政策时，要特别关注这几个因素对物流企业碳减排的影响。

第 9 章
碳交易政策下物流企业的碳减排行为分析

不同的政府碳减排政策会对物流企业产生不同的碳减排行为与效果，为此，本章同样应用演化博弈理论来分析政府碳交易政策下的物流企业碳减排行为，分析政府与物流企业各自的行为影响因素和机制，从而找出碳交易政策下适合主体双方的行为策略组合。

9.1 模型的假设与构建

9.1.1 模型的假设

企业作为有限理性人，是以创造最大化利润为目标的，当市场形成碳交易平台时，企业会从碳交易产生的成本、风险、收益等因素去考量是否加入交易平台。碳交易的实质就是碳配额在碳交易市场的流转和买卖，如果企业对交易的预期期望收益评价越高，其加入碳交易平台的意愿度就越高；如果企业认为进行交易的风险较大且收益不高，则其加入碳交易平台的意愿度就会降低。因此政府在出台相应的碳交易政策时，抑或在分配初始的碳排放配额时，都要尽量考虑到市场和企业的方方面面。

假设博弈双方主体为政府和物流企业，且都为有限理性人。当政府根据一年的碳排放总量，基于经济和生态环境的双重考虑，下发给物流企业的初始碳排放额度可以为｛高初始碳排放配额，低初始碳排放配额｝。物流企业在收到政府下发的初始碳排放配额后，可以根据企业自身的发展情况进行选择。如果本年度因业务量扩大，经济效益较好，企业则不可避免地进行高碳排量，对于超出初始排放量范围的，物流企业有可能会进入碳交易平台对超出范围的数量购买其排放权。如果物流企业本年度开始实施技术转型，通过低碳物流技术实现了碳排量的减少，并且对于政府分发的初始碳排放额度有剩余，则其可以进入碳交易平台对剩余的碳排放权进行出售。但是仍然有些物流企业对碳排放权的责任意识不强，当其超出所规定的数量时，还是不会选择进入碳交易平台去购买相应的碳排放权。同样，就算其拥有多余的碳排放权，也照样不会进入碳交易平台，把剩余的碳排权变成企业资产。

综上所述：基于研究目的和现实情况，我们把物流企业分为进入碳交易平台和不进入碳交易平台两种情况，在这两种情况下：政府的行为集为｛高初始碳排放配额，低初始碳排放配额｝；物流企业的行为集为｛高排放量，低排放量｝。政府与物流企业的博弈树如图9.1所示。

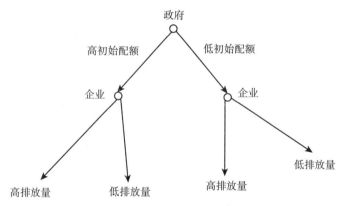

图9.1　碳交易政策下政府与物流企业之间的博弈树

政府相关的损益为：政府向物流企业下发高初始配额的碳排量的收益 Π_1；政府向物流企业下发低初始配额的碳排量的收益 Π_2；政府因高碳排放量造成的环境污染所付出的治理成本 C_G；政府因分发低碳排放配额所赢得的正面形象的收益为 a；政府在分配低初始配额给企业，企业同时也在进行低碳生产时政府给予企业的补贴 S；政府分发低碳排放配额的概率为 X；分发高碳排放配

额的概率为 $1-X$。

物流企业相关的损益为：企业进行高排放量时的综合收益 E_1，进入碳交易平台购买排放权所花费的成本 C_D；在进行高排放量时，没有进入碳交易平台购买排放权被政府发现所付出的罚款 T_1；企业超出政府分发的额度范围时进行碳排放时的罚款 T_2；进行低排放量的收益综合 E_2，进入碳交易平台出售排放权所得的收益 E_3；进入碳交易平台花费的成本 C_F；企业进入碳交易平台的概率为 Y；不自觉进入碳交易平台的概率为 $1-Y$。博弈双方需要的相关参数见表 9.1。

表 9.1 相关参数及其含义

参数	含义	单位
Π_1	政府向物流企业下发高初始配额的碳排量的收益	万元
Π_2	政府向物流企业下发低初始配额的碳排量的收益	万元
C_G	政府因高碳排放量造成的环境污染所付出的治理成本	万元
E_1	企业进行高排放量时的收益	万元
C_D	企业进入碳交易平台购买排放权所花费的成本	万元
E_2	企业进行低排放量的收益	万元
E_3	企业进入碳交易平台出售排放权所得的收益	万元
T_1	企业没有进入碳交易平台，因高排放量向政府交的罚款	万元
C_F	进入碳交易平台花费的成本	万元
a	政府因分发低初始配额，树立的良好的绿色执政理念所量化的收益	万元
S	政府分发低初始配额时对物流企业进行低碳生产的补贴	万元
T_2	政府对物流企业超出初始配额的罚款	万元
X	政府分发低初始碳排放额度给企业的概率	
Y	企业进行低排放的概率	

因为政府所分发的初始碳排放配额都是预先根据碳排放总量所分配的，物流企业在未来的业务中实际碳排放量的预测不一定准确，所以物流企业会超出原始的额度或者对原始额度有所剩余，有些企业则会进入碳交易平台买卖排放权，有些则对排放产权意识不强，会选择不进入碳交易平台。故而9.2节将分进入碳交易平台和不进入碳交易平台两种情况进行讨论。

9.1.2 政府与物流企业演化博弈模型的构建

1. 物流企业进入碳交易平台

根据图 9.1 和表 9.2 可知以下几点。

（1）当政府一开始选择高初始排放配额时，这时政府的综合收益为分发高配额收益 Π_1 减去因高排量造成的环境污染所花费的治理成本 C_G，即 $(\Pi_1 - C_G)$，如果此时物流企业选择的是高排放量行为，为了使得博弈收益矩阵更合理，在这种情况下，假设物流企业刚好用完政府给予的初始碳排放额度，没有超额排放和剩余排放权，则不需要进入碳交易平台进行买卖，故这时物流企业的收益为进行高排放行为所得的综合收益 E_1。

（2）当政府选择高初始排放配额，物流企业选择低排放量行为时，因企业是低排放，没有造成环境污染，政府不需要花费成本去治理，那么政府的综合收益就为分发高初始碳配额所得的收益 Π_1，物流企业因原始碳配额有剩余，进入碳交易平台出售碳排放权，需要花费一定的成本 C_F，卖出的排放权所得的收益 E_3，因此物流企业的综合收益为企业进行高碳排放量所得的收益 E_1 减去进入碳交易平台花费的成本 C_F 再加上出售剩余排放权的收益 E_3，即 $E_2 - C_F + E_3$。

（3）当政府选择的行为是低初始配额，物流企业选择高排放量行为时，政府因绿色执政理念赢得正面收益为 a，但是企业的高排放量仍然需要政府花费成本 C_G 去治理，而企业的超额排放会向政府缴纳罚款 T_2，故政府此时的综合收益为低初始配额所获收益 Π_2 加上绿色执政理念收益 a 和向物流企业征收的超额排放罚款 T_2 再减去治理环境污染花费的成本 C_G，即 $\Pi_2 + a - C_G + T_2$；同时物流企业因为自身原始的排放额度不够，需要在碳交易平台上去购买其他企业转让的排放权的成本 C_D，而进入碳交易平台也需要花费成本 C_F，且因超额排放要向政府缴纳罚款 T_2，因此物流企业的综合收益为企业进行高碳排放量所得的收益 E_1 减去前面的两项成本和上交的罚款，即 $E_1 - C_D - C_F - T_2$。

（4）当政府选择的行为是低初始排放配额，物流企业选择的行为是低碳排放量时，这时政府的收益为低初始配额所获收益 Π_2 加上绿色执政理念收益 a 再减去政府为了激励物流企业进行低碳行为所给予的补贴 S，即 $\Pi_2 + a - S$，此时物流企业进行低碳排量所得收益 E_2 加上进入碳交易平台对剩余的碳排放权进行出售得到收益为 E_3 减去进入碳交易平台的花费 C_F，再加上政府给予的低碳补贴 S 就是其综合收益，即 $E_2+S+E_3-C_F$。政府与物流企业博弈的收益矩阵见表9.2。

表9.2 物流企业进入碳交易平台下政府与物流企业博弈的收益矩阵

博弈方		物流企业	
		高碳排放量	低碳排放量
政府	高初始碳排放配额	$(\Pi_1-C_G,\ E_1)$	$(\Pi_1,\ E_2-C_F+E_3)$
	低初始碳排放配额	$(\Pi_2+a-C_G+T_2,\ E_1-C_D-C_F-T_2)$	$(\Pi_2+a-S,\ E_2+S+E_3-C_F)$

注：政府与企业的行为集为｛高，高｝时，企业刚好用完政府的配额；政府与企业的行为集为｛低，低｝时，企业还有碳排放权剩余。企业进入碳交易平台所花的成本是由碳交易第三方机构收取。

（1）假设政府"高初始"和"低初始"的期望收益分别 V_{1N} 和 V_{1Y}，以及它们的平均期望收益为 $\overline{V_1}$，可得

$$V_{1N}=(1-y)(\Pi_1-C_G)+y\Pi_1=yC_G+\Pi_1-C_G \quad (9-1)$$
$$V_{1Y}=(1-y)(\Pi_2+a-C_G+T_2)+y(\Pi_2+a-S)$$
$$=y(C_G-T_2-S)+\Pi_2+a-C_G+T_2 \quad (9-2)$$
$$\overline{V_1}=(1-x)V_{1N}+xV_{1Y}$$
$$=-xy(T_2+S)+x(\Pi_2-\Pi_1+a+T_2)+yC_G+\Pi_1-C_G \quad (9-3)$$

因此，政府的行为复制动态方程为

$$F(x)=\frac{dx}{dt}=x(V_{1Y}-\overline{V_1})=x(1-x)(\Pi_2+a+T_2-\Pi_1-yT_2-yS) \quad (9-4)$$

（2）假设物流企业"高排放"和"低排放"的期望收益分别为 V_{2N} 和 V_{2Y}，以及它们的平均期望收益为 $\overline{V_2}$，可得

$$V_{2N}=(1-x)E_1+x(E_1-C_D-C_F-T_2)=-x(C_D+C_F+T_2)+E_1 \quad (9-5)$$
$$V_{2Y}=(1-x)(E_2-C_F+E_3)+x(E_2+S+E_3-C_F)$$
$$=xS+E_2-C_F+E_3 \quad (9-6)$$
$$\overline{V_2}=(1-y)V_{2N}+yV_{2Y}=xy(C_D+C_F+T_2+S)$$
$$+y(E_2-C_F+E_3-E_1)-x(C_D+C_F+T_2)+E_1 \quad (9-7)$$

因此，物流企业的行为复制动态方程为

$$F(y)=\frac{dy}{dt}=y(V_{2Y}-\overline{V_2})=y(1-y)[x(S+C_D+C_F+T_2)+E_2-C_F+E_3-E_1]$$
$$(9-8)$$

2. 物流企业不进入碳交易平台

当物流企业不进入碳交易平台时有以下情况。

（1）如果政府一开始选择的行为是高初始配额，企业选择的是高排放量时，则政府的综合收益为高初始配额收益 Π_1 减去高碳排放量污染环境的成本 C_G，即 $\Pi_1 - C_G$；企业的收益为 E_1。

（2）如果政府选择的是行为是低初始的配额，这时企业选择的行为仍然是高排放量时，这时政府的综合收益为低初始配额收益 Π_2 减去治理环境成本 C_G，加上因为崇尚低碳理念赢得的收益 a 和企业因为超额排放向政府缴纳的罚款 T_2，以及不进入碳交易平台购买排放权的罚款 T_1，即为 $(\Pi_2 + a - C_G + T_2 + T_1)$；而物流企业这时的收益为高排放量所得收益 E_1 减去向政府上交的两项罚款 T_1 和 T_2，为 $(E_1 - T_1 - T_2)$。

同理，可以算出政府与物流企业行为的其他两种情况的各自收益，具体的收益矩阵见表9.3。

表9.3　物流企业不进入碳交易平台下政府与物流企业博弈的收益矩阵

博弈方		物流企业	
		高碳排放量	低碳排放量
政府	高初始碳排放配额	$(\Pi_1 - C_G,\ E_1)$	$(\Pi_1,\ E_2)$
	低初始碳排放配额	$(\Pi_2 + a - C_G + T_2 + T_1,\ E_1 - T_1 - T_2)$	$(\Pi_2 + a - S,\ E_2 + S)$

注：政府与企业的行为集为｛高，高｝时，企业刚好用完政府的配额，并未超标排放。行为集为｛低，低｝时，企业的额度还有所剩余。

（1）假设政府"高初始"和"低初始"的期望收益分别 M_{1N} 和 M_{1Y}，以及它们的平均期望收益为 $\overline{M_1}$，可得

$$M_{1N} = (1-y)(\Pi_1 - C_G) + y\Pi_1 = yC_G + \Pi_1 - C_G \tag{9-9}$$

$$M_{1Y} = (1-y)(\Pi_2 + a - C_G + T_2 + T_1) + y(\Pi_2 + a - S)$$
$$= y(C_G - T_2 - T_1 - S) + \Pi_2 + a - C_G + T_2 + T_1 \tag{9-10}$$

$$\overline{M_1} = (1-x)M_{1N} + xM_{1Y} = -xy(T_2 + T_1 + S) +$$
$$x(\Pi_2 + a + T_2 + T_1 - \Pi_1) + yC_G + \Pi_1 - C_G \tag{9-11}$$

因此，政府行为的复制动态方程为

$$F(x) = \frac{dx}{dt} = x(M_{1Y} - \overline{M_1}) = x(1-x)[\Pi_2 + a + T_2 + T_1 - \Pi_1 - y(T_2 + T_1 + S)] \tag{9-12}$$

（2）假设物流企业"高排放"和"低排放"的期望收益分别 M_{2N} 和 M_{2Y}，以及它们的平均期望收益为 $\overline{M_2}$。根据表9.2可得

$$M_{2N} = (1-x)E_1 + x(E_1 - T_1 - T_2) = -x(T_1 + T_2) + E_1 \qquad (9-13)$$

$$M_{2Y} = (1-x)E_2 + x(E_2 + S) = xS + E_2 \qquad (9-14)$$

$$\overline{M_2} = (1-y)M_{2N} + yM_{2Y} = xy(T_1 + T_2 + S) - x(T_1 + T_2) - y(E_1 - E_2) + E_1$$

$$(9-15)$$

因此，物流企业的行为复制动态方程为

$$F(y) = \frac{\mathrm{d}y}{\mathrm{d}t} = y(M_{2Y} - \overline{M_2}) = y(1-y)\left[x(T_2 + T_1 + S) - E_1 + E_2\right] \qquad (9-16)$$

9.2　主体演化博弈稳定性分析

9.2.1　物流企业进入碳交易平台下的演化博弈分析

1. 政府行为稳定性分析

根据式（9-4）和稳定性理论可知，稳定策略需要满足 $F(x) = 0$ 且 x 处的导数 $F'(x) < 0$，则有以下几种情况。

（1）当 $y = \dfrac{\Pi_2 + a + T_2 - \Pi_1}{T_2 + S}$ 时，这时 $F(x) = 0$，说明此时政府任何的行为策略均是稳定策略，不会随着时间推移而变化。

（2）当 $y \neq \dfrac{\Pi_2 + a + T_2 - \Pi_1}{T_2 + S}$ 时，令 $F(x) = 0$，有 $x_1 = 0$ 和 $x_2 = 1$ 两个平衡点。对 $F(x)$ 求导可得

$$F'(x) = (1 - 2x)(\Pi_2 + a + T_2 - \Pi_1 - yT_2 - yS)$$

① 当 $y < \dfrac{\Pi_2 + a + T_2 - \Pi_1}{T_2 + S}$ 时，有 $F'(x)\big|_{x_1=0} > 0$，$F'(x)\big|_{x_2=1} < 0$，由 $F'(x) < 0$ 可知，$x_2 = 1$ 时为这时的稳定策略。

② 当 $y > \dfrac{\Pi_2 + a + T_2 - \Pi_1}{T_2 + S}$ 时，有 $F'(x)\big|_{x_1=0} < 0$，$F'(x)\big|_{x_2=1} > 0$，则 $x_1 = 0$ 为这时的稳定策略。

2. 物流企业的行为稳定性分析

根据式（9-8）和稳定性理论可知，稳定策略需要 $F(y)=0$ 且 y 处的导数 $F'(y)<0$，因此有以下情况。

（1）当 $x=\dfrac{E_1+C_F-E_2-E_3}{S+C_D+C_F+T_2}$ 时，有 $F(y)=0$，则代表着物流企业任何的策略都是稳定的，不会随着时间推移而变化。

（2）当 $x\neq\dfrac{E_1+C_F-E_2-E_3}{S+C_D+C_F+T_2}$ 时，令 $F(y)=0$，有 $y_1=0$ 和 $y_2=1$ 两个平衡点。对 $F(y)$ 求导可得

$$F'(y)=(1-2y)\left[x(S+C_D+C_F+T_2)+E_2-C_F+E_3-E_1\right]$$

① 当 $x<\dfrac{E_1+C_F-E_2-E_3}{S+C_D+C_F+T_2}$ 时，有 $F'(y)\big|_{y_1=0}<0$，$F'(y)\big|_{y_2=1}>0$，则说明 $y_1=0$ 为这时的稳定策略。

② 当 $x>\dfrac{E_1+C_F-E_2-E_3}{S+C_D+C_F+T_2}$ 时，有 $F'(y)\big|_{y_1=0}>0$，$F'(y)\big|_{y_2=1}<0$，则 $y_2=1$ 为这时的稳定策略。

3. 政府与物流企业混合策略稳定性分析

根据复制动态方程和各自单个稳定策略分析，系统有 5 个纳什均衡点，分别为：$(0,0)$，$(0,1)$，$(1,0)$，$(1,1)$，(x^*,y^*)。

其中：$x^*=\dfrac{E_1+C_F-E_2-E_3}{S+C_D+C_F+T_2}$，$y^*=\dfrac{\Pi_2+a+T_2-\Pi_1}{T_2+S}$，且当 $0\leqslant x^*=\dfrac{E_1+C_F-E_2-E_3}{S+C_D+C_F+T_2}\leqslant 1$，$0\leqslant y^*=\dfrac{\Pi_2+a+T_2-\Pi_1}{T_2+S}\leqslant 1$ 时，上述 1 和 2 的分析才会成立。继续运用雅可比矩阵局部稳定性进行分析，根据上述的常微分方程，可得到 Jacobi 矩阵

$$J_2=\begin{bmatrix}(1-2x)(\Pi_2+a+T_2-\Pi_1-yT_2-yS) & x(x-1)(T_2+S)\\ y(1-y)(S+C_D+C_F+T_2) & (1-2y)\left[x(S+C_D+C_F+T_2)+E_2-C_F+E_3-E_1\right]\end{bmatrix}$$

J_2 的行列式为

$$\begin{aligned}DetJ_2=&(1-2x)(\Pi_2+a+T_2-\Pi_1-yT_2-yS)(1-2y)\\ &\left[x(S+C_D+C_F+T_2)+E_2-C_F+E_3-E_1\right]\\ &-x(x-1)(T_2+S)y(1-y)(S+C_D+C_F+T_2)\end{aligned}$$

J_2 的迹为

$$TrJ_2 = (1-2x)(\Pi_2 + a + T_2 - \Pi_1 - yT_2 - yS) + (1-2y)$$
$$[x(S + C_D + C_F + T_2) + E_2 - C_F + E_3 - E_1]$$

运用上述 Jacobi 矩阵对 5 个均衡点进行分析，如果均衡点满足 $DetJ_2 > 0$，$TrJ_2 < 0$，那么表明该均衡点为系统的渐进稳定点，故其对应的演化稳定策略（ESS）见表9.4。

表9.4　物流企业进入碳交易平台下政府与物流企业演化博弈稳定性结果分析

均衡点	$DetJ_2$ 的符号	TrJ_2 的符号	结果	稳定条件
(0，0)	+	−	ESS	$\Pi_1 > \Pi_2 + a + T_2$，$E_1 > E_2 + E_3 - C_F$
(0，1)	+	−	ESS	$\Pi_2 + a - S < \Pi_1$，$E_2 + E_3 - C_F > E_1$
(1，0)	+	−	ESS	$\Pi_1 < \Pi_2 + a + T_2$，$S + E_2 + E_3 < E_1 - C_D - T_2$
(1，1)	+	−	ESS	$\Pi_2 + a - S > \Pi_1$，$E_2 + E_3 + S > E_1 - C_D - T_2$
(x^*, y^*)	+	0	鞍点	

由表9.4所示，系统的稳定策略可以分为四种情况进行分析。

（1）Π_1 表示政府高初始配额获得的收益，$(\Pi_2 + a + T_2)$ 表示政府进行低初始配额获得收益加上树立好的执政形象获得收益和政府企业进行超额排放向政府缴纳的罚款之和，需要满足前者大于后者；E_1 代表物流企业进行高排放量所得收益，$(E_2 + E_3 - C_F)$ 表示企业进行低排放量所得收益加上进入碳交易平台出售剩余排放权所得收益减去进入碳交易平台所花费的成本，如果这时的前者也大于后者。那么整个演化博弈系统就会收敛于 $x = 0$，$y = 0$ 的状态，即政府选择高初始配额行为，物流企业选择高排放量行为。

（2）如果政府一开始高初始配额所得收益 Π_1 大于低初始配额收益与树立绿色执政形象获得的正面收益再减去政府给予企业的补贴的综合收益 $(\Pi_2 + a - S)$，物流企业选择高排放量的收益 E_1 大于企业进行低排放量收益加上出售多余排放权收益减去进入碳交易平台花费的成本之和 $(E_2 + E_3 - C_F)$。那么这时系统会收敛于 $x = 0$，$y = 1$ 的状态，即政府选择高初始配额行为，物流企业选择低排放量行为。

（3）如果政府高初始配额获得的收益 Π_1 小于其进行低初始配额获得收益加上树立好的执政形象获得收益和政府企业进行超额排放向政府缴纳的罚款之和（$\Pi_2 + a + T_2$），物流企业进行高排放所得收益减去因为超额排放向政府缴纳的罚款和进入碳交易平台购买排放权的花费（$E_1 - C_D - T_2$），大于其进行低排放所得收益与出售剩余排放权所得收益和政府给予的补贴之和（$S + E_2 + E_3$）。那么这时系统会收敛于 $x = 1$，$y = 0$ 的状态，即政府选择低初始配额行为，物流企业选择高排放行为。

（4）如果政府选择低初始配额所得收益加上树立好的执政形象获得收益再减去给予企业的低碳补贴的综合收益（$\Pi_2 + a - S$）大于政府进行高初始配额所得收益 Π_1，同时物流企业进行低排放的收益加上出售剩余排放权所得收益和政府给予企业的低碳补贴之和（$E_2 + E_3 + S$），大于物流企业进行高排放所得收益减去因为超额排放向政府缴纳的罚款和进入碳交易平台购买排放权的花费综合收益（$E_1 - C_D - T_2$），那么这时系统会收敛于 $x = 1$，$y = 1$ 的状态，即政府选择低初始配额行为，物流企业选择低排放行为。

如图 9.2 所示为政府碳交易政策下政府与物流企业碳减排博弈动态相位图。

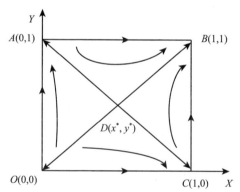

图 9.2　政府碳交易政策下政府与物流企业碳减排博弈动态相位图
（物流企业进入碳交易平台）

由图 9.2 可知，当博弈系统处于 OAD 区域时，整个系统的稳定均衡点为（0，1），这时政府和物流企业的行为策略为｛高初始碳排放配额，低碳排放量｝。当博弈系统处于 $ABCD$ 区域时，系统的稳定均衡点为（1，1），此时的政府和物流企业选择的行为策略为｛低初始碳排放配额，高碳排放量｝。当系统处于在 OCD 区域时，系统的稳定均衡点为（1，0），政府和物流企业的行为

则为 {低初始碳排放配额，高碳排放量}。

9.2.2　物流企业不进入碳交易平台下的演化博弈分析

1. 政府行为稳定性分析

根据式（9-12）所示和稳定性理论可知，稳定策略需要满足 $F(x)=0$ 且 x 处的导数 $F'(x)<0$，则有以下情况。

（1）当 $y=\dfrac{\Pi_2+a+T_2+T_1-\Pi_1}{T_2+T_1+S}$ 时，有 $F(x)=0$，这时任何策略对政府来说都是稳定的，不会随着时间而变化。

（2）当 $y\neq\dfrac{\Pi_2+a+T_2+T_1-\Pi_1}{T_2+T_1+S}$ 时，令 $F(x)=0$，有 $x_1=0$ 和 $x_2=1$ 两个平衡点。对 $F(x)$ 求导可得

$$F'(x)=(1-2x)\big[\Pi_2+a+T_2+T_1-\Pi_1-y(T_2+T_1+S)\big]$$

① 当 $y<\dfrac{\Pi_2+a+T_2+T_1-\Pi_1}{T_2+T_1+S}$ 时，有 $F'(x)\big|_{x_1=0}>0$，$F'(x)\big|_{x_2=1}<0$，由 $F'(x)<0$ 可知，$x_2=1$ 时为这时的稳定策略。

② 当 $y>\dfrac{\Pi_2+a+T_2+T_1-\Pi_1}{T_2+T_1+S}$ 时，有 $F'(x)\big|_{x_1=0}<0$，$F'(x)\big|_{x_2=1}>0$，则 $x_1=0$ 为这时的稳定策略。

2. 物流企业行为稳定性分析

根据式（9-16）和稳定性理论以及上述的分析结果，具体也可分以下两种情形进行讨论。

（1）当 $x=\dfrac{E_1-E_2}{T_2+T_1+S}$ 时，有 $F(y)=0$，则说明这时所有的策略对于物流企业来说都是稳定的，不会跟着时间变化而推移。

（2）当 $x\neq\dfrac{E_1-E_2}{T_2+T_1+S}$ 时，令 $F(y)=0$，有 $y_1=0$ 和 $y_2=1$ 两个平衡点。对 $F(y)$ 求导可得

$$F'(y)=(1-2y)\big[x(T_2+T_1+S)-E_1+E_2\big]$$

① 当 $x<\dfrac{E_1-E_2}{T_2+T_1+S}$ 时，有 $F'(y)\big|_{y_1=0}<0$，$F'(y)\big|_{y_2=1}>0$，则说明 $y_1=0$

为这时的稳定策略。

② 当 $x > \dfrac{E_1 - E_2}{T_2 + T_1 + S}$ 时，有 $F'(y)\big|_{y_1=0} > 0$，$F'(y)\big|_{y_2=1} < 0$，则 $y_2 = 1$ 为这时的稳定策略。

3. 政府与物流企业混合策略稳定性分析

根据上述的复制动态方程和各自单个稳定策略分析，系统有 5 个纳什均衡点，分别为：$(0,0)$，$(0,1)$，$(1,0)$，$(1,1)$，(x^*, y^*)。

其中：$x^* = \dfrac{E_1 - E_2}{T_2 + T_1 + S}$，$y^* = \dfrac{\Pi_2 + a + T_2 + T_1 - \Pi_1}{T_2 + T_1 + S}$，且当 $0 \leqslant x^* = \dfrac{E_1 - E_2}{T_2 + T_1 + S} \leqslant 1$，

$0 \leqslant y^* = \dfrac{\Pi_2 + a + T_2 + T_1 - \Pi_1}{T_2 + T_1 + S} \leqslant 1$ 时，上述 1 和 2 的分析才会成立。继续运用 Jacobi 矩阵局部稳定性进行分析，根据上述常微分方程，可得到 Jacobi 矩阵

$$J_3 = \begin{bmatrix} (1-2x)[\Pi_2 + a + T_2 + T_1 - \Pi_1 - y(T_2 + T_1 + S)] & x(x-1)(T_2 + T + S) \\ y(1-y)(T_2 + T_1 + S) & (1-2y)[x(T_2 + T_1 + S) - E_1 + E_2] \end{bmatrix}$$

J_3 的行列式为

$$\begin{aligned} DetJ_3 = & (1-2x)[\Pi_2 + a + T_2 + T_1 - \Pi_1 - y(T_2 + T_1 + S)] \\ & (1-2y)[x(T_2 + T_1 + S) - E_1 + E_2] \\ & - x(x-1)(T_2 + T_1 + S)y(1-y)(T_2 + T_1 + S) \end{aligned}$$

J_3 的迹为

$$\begin{aligned} TrJ_3 = & (1-2x)[\Pi_2 + a + T_2 + T_1 - \Pi_1 - y(T_2 + T_1 + S)] \\ & + (1-2y)[x(T_2 + T_1 + S) - E_1 + E_2] \end{aligned}$$

运用上述矩阵对 5 个均衡点进行分析，如果均衡点满足 $DetJ_3 > 0$，$TrJ_3 < 0$，那么表明该均衡点为系统的渐进稳定点，故其对应的演化稳定策略（ESS）见表 9.5。

表 9.5　物流企业不进入碳交易平台下政府与物流企业演化博弈稳定性结果分析

均衡点	$DetJ_3$ 的符号	TrJ_3 的符号	结果	稳定条件
$(0,0)$	+	−	ESS	$\Pi_1 > \Pi_2 + a + T_1 + T_2$，$E_1 > E_2$
$(0,1)$	+	+	不稳定点	

续表

均衡点	$DetJ_3$ 的符号	TrJ_3 的符号	结果	稳定条件
$(1, 0)$	+	−	ESS	$\Pi_1 < \Pi_2 + a + T_1 + T_2$, $S + E_2 < E_1 - T_1 - T_2$
$(1, 1)$	+	−	ESS	$\Pi_2 + a - S > \Pi_1$, $E_2 + S > E_1 - T_1 - T_2$
(x^*, y^*)	+	0	鞍点	

由表 9.5 所示，物流企业在不进入碳交易平台的情况下，博弈系统有 3 个均衡点，分别为 $(0, 0)$、$(1, 0)$ 和 $(1, 1)$。它们成为稳定点，都需要以下相应的稳定条件。

（1）当政府选择高初始配额获得收益大于政府选择低初始配额获得收益加上向企业征收的超额排放和不进入碳交易平台的罚款，以及因绿色执政形象获得的收益之和，物流企业进行高排放量的收益大于其进行低排放量的收益。这时系统的均衡点为 $(0, 0)$，即政府选择高初始配额行为，物流企业选择高排放行为。

（2）当政府选择高初始配额获得收益小于政府选择低初始配额获得收益加上向企业征收的超额排放和不进入碳交易平台的罚款以及绿色执政形象获得的收益之和，物流企业进行高排放获得的收益减去向政府缴纳的超额排放和不进入碳交易平台的两项罚款的综合收益，大于物流企业进行低排放获得收益和获得政府的低碳补贴之和。这时的系统的均衡点为 $(1, 0)$，即政府选择低初始配额行为，物流企业选择高排放行为。

（3）当政府进行高初始配额获得的收益小于其进行低初始配额的收益加上因绿色执政形象获得的收益再减去给予物流企业的低碳补贴的综合收益，物流企业进行高排放获得的收益减去向政府缴纳的超额排放和不进入碳交易平台的两项罚款的综合收益，小于物流企业进行低排放获得收益和获得政府的低碳补贴之和。这时博弈系统的均衡点为 $(1, 1)$，即政府选择低初始配额行为，物流企业选择低排放量行为。同理点 (x^*, y^*) 也为系统的鞍点。物流企业不进入碳交易平台的情形下，政府与物流企业的演化博弈相位图如图 9.3 所示。

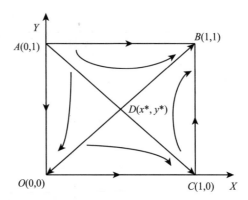

图 9.3 政府碳交易政策下政府与物流企业碳减排博弈动态相位图
(物流企业不进入碳交易平台)

根据图 9.3 所示，当博弈系统处于 *OAD* 区域时，整个系统的收敛结果为 (0,0)，政府和物流企业的行为策略为 {高初始碳排放配额，低碳排放量}。当系统处于 *OCD* 区域时，系统的收敛结果为 (1,0)，政府和物流企业的行为策略为 {低初始碳排放配额，高碳排放量}。当博弈系统处于 *ABCD* 时，整个博弈系统的收敛于 {1,1}，政府和物流企业的行为策略为 {低初始碳排放配额，低碳排放量}。

9.3　基于 MATLAB 的数值实验

9.3.1　物流企业进入碳交易平台的数值仿真

从图 9.1 显示，我们知道当物流企业选择进入碳交易平台时，政府与物流企业的演化博弈系统有 4 个稳定策略，但是每个稳定策略都有特定的稳定条件，随着系统内各项参数取值不同，系统收敛的结果也不相同。于是就需要对系统参数的取值进行调控，发现其对整个系统的稳定结果的影响，从而找出物流企业在政府的碳交易政策下，其碳减排效率的影响因素，总结出其规律，为提高物流企业的碳减排效率作出合理的建议。

运用 MATLAB 对系统的行为影响因素进行分析，为了让博弈系统能够达到主体双方都采取积极策略的理想状态，需要把初始仿真参数的条件设置为：$\Pi_1 > \Pi_2$，$E_1 > E_2$。系统仿真参数设置如下：假设政府进行高初始配额的收益 $\Pi_1 = 150$，政府进行低初始配额的收益 $\Pi_2 = 120$，政府对物流企业超额排放的罚款 $T_2 = 30$，政府进行低初始配额行为时对物流企业的低碳补贴 $S = 25$，政府树立的低碳执政形象所得的量化收益 $a = 20$；物流企业进行高排放量获得的收益 $E_1 = 200$，物流企业进行低排放量 $E_2 = 150$，物流企业进入碳交易平台的花费 $C_F = 20$，物流企业购买排放权的成本 $C_D = 30$，物流企业出售剩余的排放权获得收益 $E_3 = 40$。结合实际和理论分析结果，分别调控了以下 4 个参数：政府树立低碳执政形象获得的收益参数 a，政府因低初始配额行为对物流企业进行低碳补贴参数 S，政府对物流企业超额排放的惩罚 T_2，物流企业进入碳交易平台花费的成本 C_F。具体的数值分析结果有以下情形。

（1）政府树立低碳执政形象获得的收益参数 a 对系统演化的影响。对 a 的取值分别为 20，30，40，数值分析结果如图 9.4 所示。

由图 9.4 可知，可以看到随着参数 a 取值的增加，政府选择低初始配额的比例在增加，同时物流企业进行低碳排放的比例也在上升。

（2）政府因低初始配额行为对物流企业进行低碳补贴参数 S 对系统演化的影响。对 S 的取值分别为 25，35，45，数值分析结果如图 9.5 所示。

由图 9.5 可知，提高低碳补贴 S 时，政府选择低初始配额行为比例在下降，物流企业的低碳排放行为也在下降。

（3）政府对物流企业超额排放的罚款 T_2 对系统演化的影响。对 T_2 的取值分别为 30，40，50，数值分析结果如图 9.6 所示。

由图 9.6 可知，提高超额排放的罚款 T_2 会对政府低初始配额行为产生反比例影响，但是对物流企业的低碳排放行为却起到促进作用。

（4）物流企业进入碳交易平台花费的成本 C_F 对系统演化的影响。C_F 的取值分别为 20，30，40，数值分析结果如图 9.7 所示。

由图 9.7 可知，提高进入碳交易平台成本对政府低初始配额的影响不大，但对物流企业的低碳排放行为起到了抑制作用。

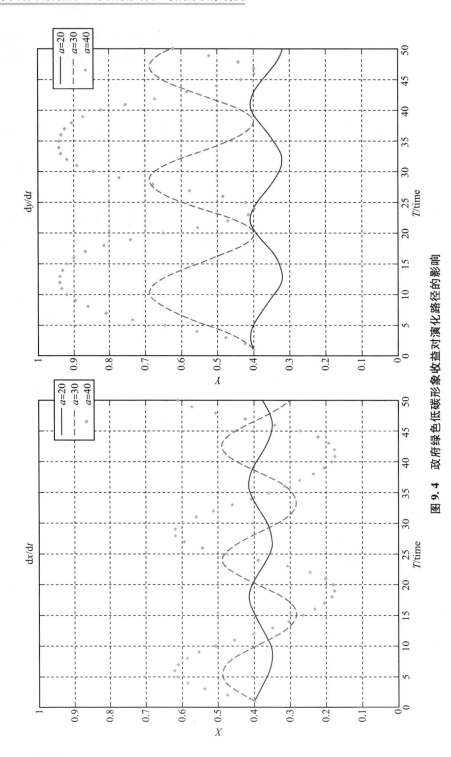

图 9.4　政府绿色低碳形象收益对演化路径的影响

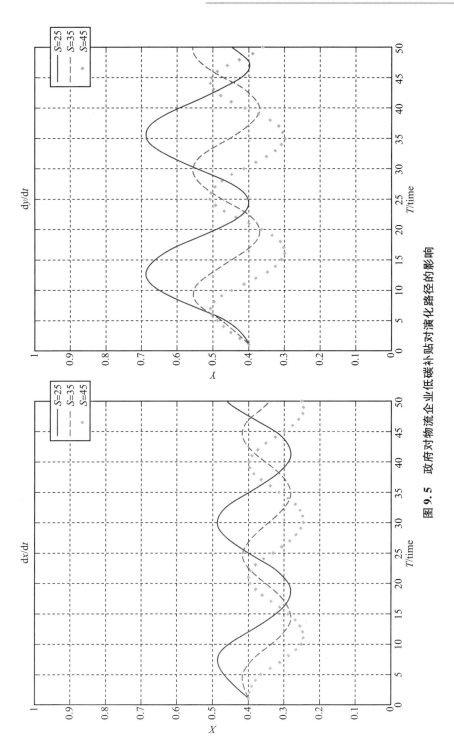

图 9.5　政府对物流企业低碳补贴对演化路径的影响

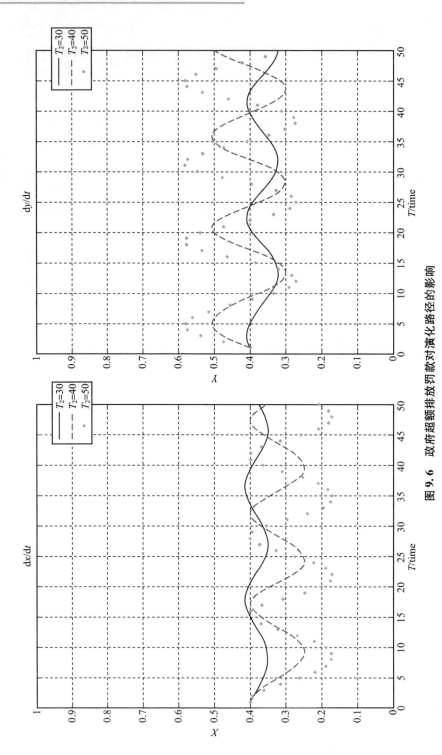

图 9.6　政府超额排放罚款对演化路径的影响

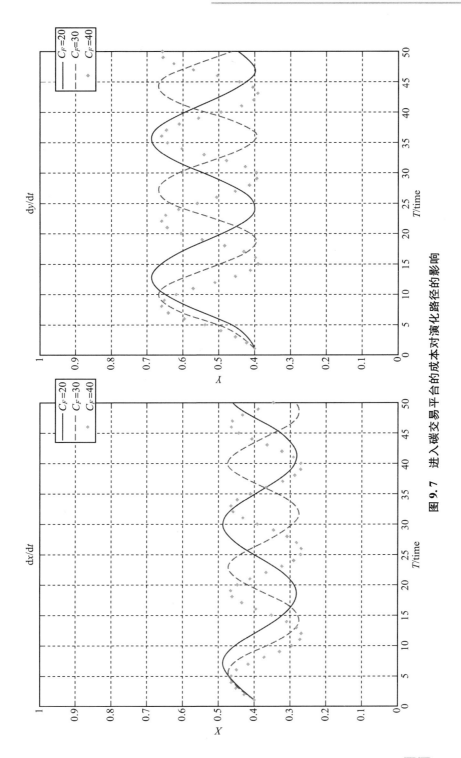

图 9.7　进入碳交易平台的成本对演化路径的影响

9.3.2 物流企业不进入碳交易平台的数值仿真

当物流企业选择不进入碳交易平台时，根据图9.3所示，这时的政府与物流企业组成的演化博弈系统有3个演化稳定策略，且各自也有需满足的稳定的条件。故以下分析也与9.3.1节一样，通过对系统的关键参数进行调控，从而找出物流企业在这个情形下进行碳减排的影响因素，总结物流企业在这个情形下的演化博弈系统的演化规律。

同理，在设置参数时，采取现实情况和前面理论分析结果相结合的方法，为了达到较为理想的分析效果，把初始参数设置如下：政府进行高初始配额的收益 $\Pi_1 = 150$，政府进行低初始配额的收益 $\Pi_2 = 120$，政府对超额排放的物流企业不进入碳交易平台的罚款 $T_1 = 20$，政府对物流企业超额排放的罚款 $T_2 = 30$，政府进行低初始配额行为时对物流企业的低碳补贴 $S = 25$，政府树立的低碳执政形象所得的量化收益 $a = 20$；物流企业进行高排放量获得的收益 $E_1 = 200$，物流企业进行低排放量 $E_2 = 150$，物流企业进入碳交易平台的花费 $C_F = 20$，物流企业购买排放权的成本 $C_D = 30$。同样选取了4个关键参数进行逐个调控，分别为：政府对物流企业因超额排放仍然不进入碳交易平台购买排放权的罚款 T_1；政府对物流企业超额排放的罚款 T_2；政府进行低初始配额行为时对物流企业的低碳补贴 S；政府获得绿色环保执政形象的量化收益 a。以上参数进行调控所得的数值分析有以下情形。

（1）政府对物流企业超额排放时不进入碳交易平台购买排放权征收的罚款 T_1 对系统演化的影响。T_1 分别取值为20，30，40，数值分析结果如图9.8所示。

由图9.8可知，当 T_1 值增加时，政府低初始碳排放配额行为在减少，物流企业的低碳排放行为在增加。这说明提高物流企业不进入碳交易平台的罚款对企业的碳减排行为起到促进作用。

（2）政府进行低初始碳排放配额时对物流企业进行低碳补贴 S 对系统演化的影响。S 的取值分别为20，30，40，数值分析结果如图9.9所示。

由图9.9可知，当 S 值增加时，政府低初始碳排放配额的行为在减少，同时物流企业的低碳排放行为也在减少。这说明当政府对物流企业增加低碳补贴时，反而对物流企业和政府双方的低碳行为都起到一定的抑制作用。

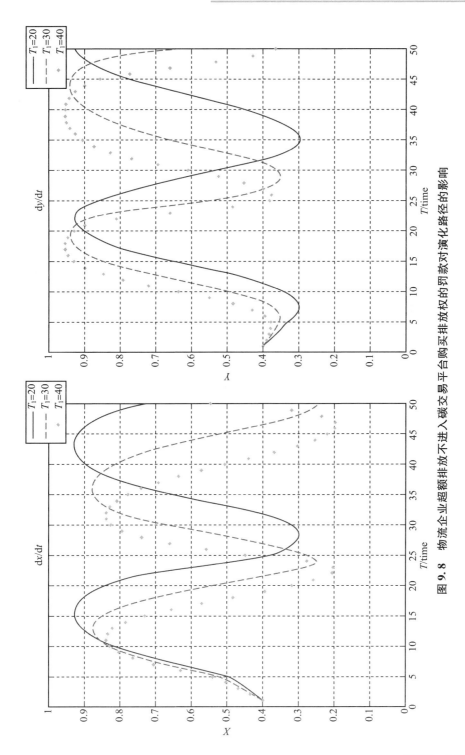

图9.8　物流企业超额排放不进入碳交易平台购买排放权的罚款对演化路径的影响

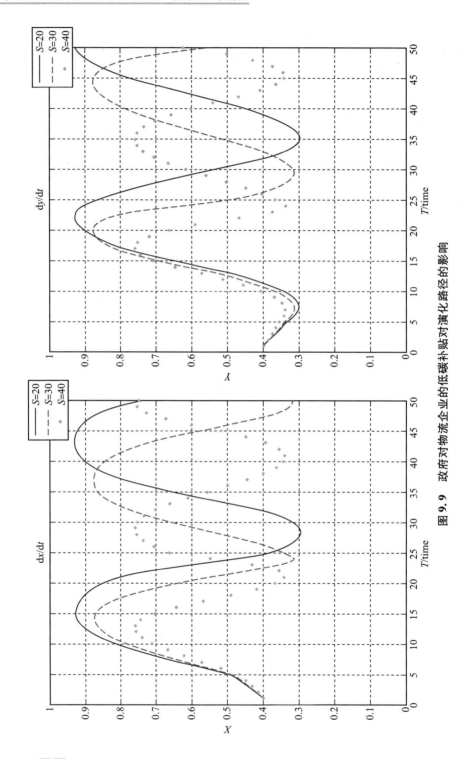

图 9.9　政府对物流企业的低碳补贴对演化路径的影响

（3）政府树立的绿色低碳执政形象所获得量化收益 a 对系统演化的影响。a 的取值分别为 20，30，40，数值分析结果如图 9.10 所示。

由图 9.10 可知，当 a 值在增加时，政府的低初始碳排放配额行为在增加，物流企业的低碳排放行为也在增加。说明了政府树立的绿色低碳执政形象所获得量化收益 a 对演化博弈主体双方的低碳行为起到促进作用。

（4）物流企业因超额排放向政府缴纳的罚款 T_2 对系统演化的影响。T_2 的取值分别为 30，40，50，具体的数值分析结果如图 9.11 所示。

由图 9.11 可知，当 T_2 值增加时，政府的低初始碳排放配额比例在下降，物流企业的低排放行为在增加。这代表着政府对物流企业超额排放的惩罚力度越大，物流企业进行低碳行为的概率越高，但是政府自身的低碳行为却在下降。

9.4　研究结论

本章在许多学者对碳交易政策理论分析基础上，结合现实情况，分为两种情形进行讨论：物流企业进入碳交易平台和不进入碳交易平台。在这两种情形下，分别建立了政府和物流企业的博弈收益矩阵，计算出了各自的复制动态方程，运用了 Jacobi 矩阵分析了政府和物流企业的演化博弈稳定策略，画出了两种情形的演化博弈系统的相位图，最后根据上述的理论分析得出结果，对这两种情况都进行了数值实验，从软件分析出的图形来看，可以发现博弈系统的几个主要的参数对演化博弈系统产生影响，这对我们发现政府碳交易政策对物流企业的碳排放行为的影响起到至关重要的作用。

1. 在物流企业选择进入碳交易平台的情形下

通过 Jacobi 矩阵分析，可以知道此演化博弈系统里有四个均衡点，每个均衡点都需要满足特定的稳定条件，而稳定条件则跟博弈收益矩阵的各项参数的取值有关，为了直观地探究博弈系统的演化路径变化，通过 MATLAB 软件对其进行数值分析，在对各项参数进行了合理赋值和图形处理后，得出以下结论。

（1）政府因树立低碳执政理念所获得的正面收益对政府和物流企业的低碳行为都有较大的促进作用。

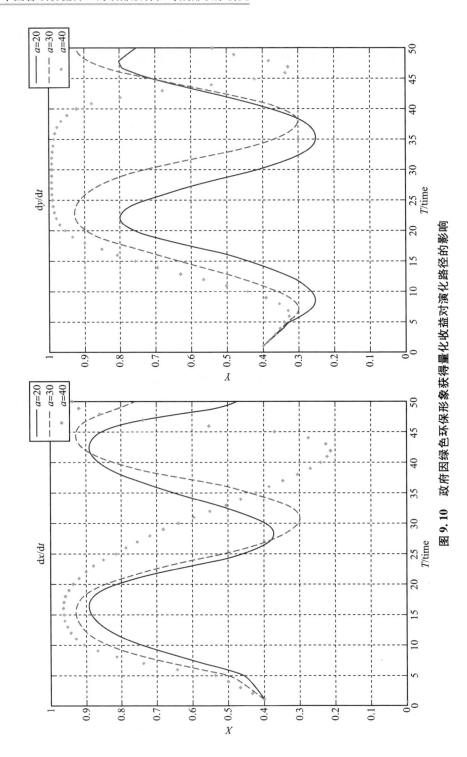

图 9.10 政府因绿色环保形象获得量化收益对演化路径的影响

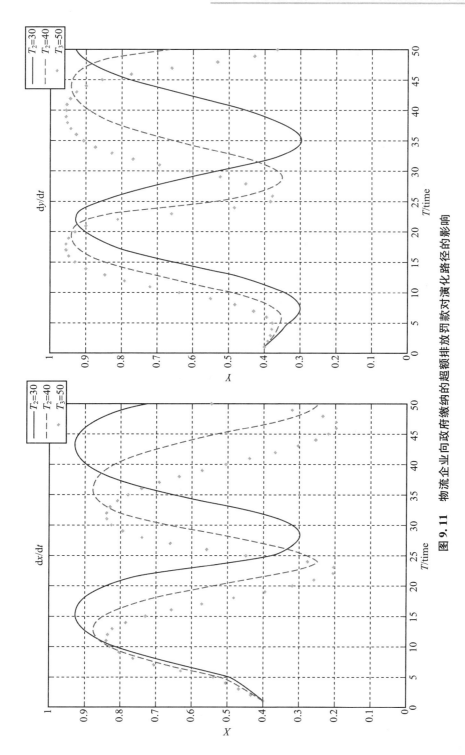

图9.11 物流企业向政府缴纳的超额排放罚款对演化路径的影响

（2）政府一开始对物流企业进行较低的碳排放配额时，其向物流企业的低碳行为进行的适当补贴对政府和物流企业的低碳行为起抑制作用。

（3）当物流企业超额排放时，政府对其征收的罚款对政府自身的低碳行为起到抑制作用，但是对物流企业的低碳排放行为起到促进作用。

（4）物流企业进入碳交易平台的费用对政府的低碳行为不产生较大的影响，而对物流企业的低碳排放行为起到较大的抑制作用。

2. 在物流企业选择不进入碳交易平台的情形下

此时演化博弈系统有三个均衡点，本书同样使用 MATLAB 软件进行了处理，得出以下结论。

（1）当物流企业超额排放，仍然选择不进入碳交易平台去购买碳排放权时，政府对物流企业征收的不进入碳交易平台的罚款对政府的低碳行为起到抑制作用，但对物流企业的低碳排放行为起到促进作用。

（2）政府树立的绿色低碳执政形象所获得量化收益对演化博弈主体双方的低碳行为起到促进作用。

（3）政府在确立低初始碳排放配额时对物流企业进行低碳排放的补贴对政府和物流企业的低碳行为都起到抑制作用。

（4）物流企业因超额排放向政府缴纳的罚款对政府的初始低碳排放额的行为起到抑制作用，但是对物流企业自身的低碳排放行为起到促进作用。

从这两种情形下得出的结论来看，政府对物流企业的低碳补贴，政府低碳执政获得的收益，政府对物流企业征收的超额排放罚款，物流企业进入碳交易平台的费用，政府对物流企业超额排放仍然不进入碳交易平台的罚款这些参数对整个演化博弈系统的演化路径都产生了较大的影响，对政府的初始低碳排放配额行为和物流企业的低碳排量行为都产生了抑制或促进作用。

第 10 章
基于系统动力学的碳减排政策设计：
以区域农产品冷链物流为例

物流活动与交通运输紧密相关，而交通运输行业又是温室气体排放的大户，由此可见，物流产业是温室气体的重要排放源。近年来，随着消费升级需求的拉动，我国农产品冷链物流得到了快速发展，成为我国物流行业的新兴领域和重要组成部分，早在 2010 年，国家发展改革委就出台了《农产品冷链物流发展规划》，规划中明确提出要大力发展鲜活农产品冷链物流，并提出了一系列的政策扶持措施。不同于一般性物流活动，冷链物流过程对全程低温的要求，势必需要消耗大量的化石能源，排放出大量的二氧化碳等温室气体和污染物，这与当前低碳经济发展理念和生态文明建设要求是相违背的。因此，制定有效可行的农产品冷链物流碳减排政策，对于发展低碳经济和绿色物流，促进物流产业节能减排和生态环境保护，具有重要的理论与现实意义。

10.1 模型的假设与构建

在进行模型的构建与假设之前，首先需要明确系统动力学和冷链物流、农产品冷链物流等相关的概念，以及相应的建模步骤。

10.1.1　概念介绍

1. 系统动力学

系统动力学是定性与定量分析相结合的有效工具，被广泛运用于诸多复杂性系统领域的研究。系统动力学出现于 1956 年，创始人为美国麻省理工学院（Massachusetts Institute of Technology，MIT）的福瑞斯特（J. W. Forrester）教授，为分析生产管理及库存管理等企业问题而提出，最初叫工业动态学。它是一门分析研究信息反馈系统的学科，也是一门认识系统问题和解决系统问题的交叉综合学科。系统动力学运用"凡系统必有结构，系统结构决定系统功能"的系统科学思想，根据系统内部组成要素互为因果的反馈特点，从系统的内部结构来寻找问题发生的根源，而不是用外部的干扰或随机事件来说明系统的行为性质。系统动力学将定性与定量分析方法有效结合，研究不同系统之间和系统各要素之间的反馈关系，螺旋上升逐步深化、解决问题。系统动力学以实际系统为依据，在确定系统边界和进行系统分析的基础上，明确其中的反馈关系，建立起系统因果分析图和流图，对系统的作用机理进行定性分析；然后将系统反馈关系运用数学方程式表达，通过实证数据和合理假设，借助 Vensim 软件平台对系统进行模拟仿真分析，为实际社会、经济系统问题提供科学决策支持。在建立和运用模型的全过程中，应该充分紧密地联系实际，深入地开展调查研究，在明确各系统之间和系统各要素之间的反馈作用机理基础上，最大程度地搜集与系统要素相关的数据资料，使所建立的系统尽可能地符合现实情况，通过参数和变量调控，让仿真结果为科学决策和解决实际问题提供有价值的参考。

2. 建模步骤和仿真模拟

（1）系统分析。系统分析是运用系统动力学方法建立模型的第一步，主要工作在于对需要研究的实际问题进行综合性分析，从而初步划定系统的边界，确定变量类型，调查搜集系统的相关数据资料，明确系统需要解决的主要问题。

（2）系统结构分析。对系统结构进行综合分析，明确子系统之间的关系，确定反馈系统元素之间的关系，建立系统的因果分析图，初步估计确定参数值和定义变量关系，确定主要反馈系统及其属性。

（3）导入数据和数学方程式。在确定和估计参数值的基础上，根据步骤（2）建立的系统反馈回路图，运用 Vensim 平台建立系统流图，并对参数、常量、变量和表函数等进行赋值，建立模型仿真方程式，并将其输入至系统流图中。

（4）系统仿真模拟。以系统动力学为理论基础，在步骤（3）确定的初始仿真参数的基础上，进行系统模拟和政策仿真，更深入地剖析整个系统，根据仿真结果获得更多信息，发现问题并给出相应的解决对策。通过系统结构修改和参数调控，修改模型，重复步骤（1）~步骤（3）。

（5）模型的检验与评估。该项步骤贯穿于建模的全过程分散进行，系统动力学模型主要对其结构、行为和参数数据进行检验评估。模型结构检验在于考察模型的现实性和边界是否划分准确；模型行为检验在于观察模拟结果与实际系统数据的相近程度，判断误差范围是否合理，结构和参数的灵敏度是否合适，认真对待异常行为；参数数据的检验在于分析其与实际系统相比，是否具备客观性和变化一致性。

3. 冷链物流

冷链物流（Cold Chain Logistics）泛指冷藏冷冻类食品在生产、储藏运输、销售，到消费前的各个环节中始终处于规定的低温环境下，以保证食品质量，减少食品损耗的一项系统工程。它是随着科学技术的进步、制冷技术的发展而建立起来的，是以冷冻工艺学为基础、以制冷技术为手段的低温物流过程。冷链物流是当前物流产业的新兴领域和重要组成，随着消费升级的拉动，社会对冷链物流的需求不断增加，对冷链物流产品质量和效率的要求也在不断提高。制冷技术的进步推动了冷链物流的发展，不同于一般的物流活动，冷链物流要求在相应的低温环境下，进行产品的生产、仓储、运输和销售，在最大程度上保持产品品质。冷链物流产品主要包括以下几种。

（1）初级农产品：蔬菜、生鲜水果、花卉、蛋类、牛乳和水产品等。

（2）加工食品：速冻食品、水产品、肉禽类食品、乳制品和包装熟食等。

（3）特殊产品：药品、医药器械类产品。

冷链物流包含以下特征。

（1）时效性。由于冷链物流的产品大多具有易腐性特点，为保证产品质量，对物流效率要求较高，这也就要求冷链物流各环节实现标准化和无缝对接。

（2）复杂性。相对于一般的物流活动，冷链物流系统更具复杂性，需要使用冷藏车辆、建设冷藏仓库、安装温控设施，搭建相应的信息系统平台等，这也导致冷链物流建设的前期投入较大。

（3）高排放。在一般物流活动以交通能耗碳排放为主的基础上，冷链物流对全程低温控制的要求，在仓储运输过程中也会产生大量的温控碳排放。

4. 农产品冷链物流

农产品冷链物流泛指水果、蔬菜、肉类等农产品在生产、储藏运输、销售，到消费前的各个环节中始终处于规定的低温环境下，以保证物品质量和性能的一项系统工程。它由冷冻加工、冷冻储藏、冷藏运输及配送、冷冻销售四个方面构成。为了尽快推动我国农产品冷链物流业的快速发展，国家必须尽早制定和实施科学、有效的宏观政策。

（1）在科技政策方面：将冷链物流技术发展作为重要内容，纳入国家发展规划和科技计划；加大国家对农产品冷链物流的科技政策性投入，设立专项基金，并列入预算；加大国家科技支撑计划、863 计划、火炬计划、中小企业创新基金、国际合作等项目计划的资助强度；重视农产品冷链物流平台建设，在国家重点实验室、国家工程中心、部门重点实验室、中试基地、质量标准与检验中心、食品安全评价研究中心等国家工程项目建设中，给予优先支持。

（2）在财政金融政策方面：建议把农产品冷链物流作为国家投资、政策引导和吸引外资的战略重点，在预算安排和工农业建设项目计划中，给予集中支持和倾斜；适当考虑冷链物流企业、批发市场、配送中心减免增值税和所得税；对农产品冷链物流业实行优惠贷款政策，包括低息、贴息、放宽还贷期限、放宽抵押条件、支持外资介入等。

（3）在产业政策方面：尽快理顺多部门管理的局面，成立协调组织，理顺科研、生产、贸易等部门的关系；按照国家产业政策要求，根据优势农产品的区域布局引导农产品冷链物流业的合理布局；加速农产品冷链物流园区建设，引导一体化发展。

（4）在贸易政策方面：鼓励、支持农产品冷链物流企业积极参与国际竞争；采取有效手段和政策，扶持与保护具有自主知识产权的农产品冷链物流商标和品牌，扩大其在国际市场的影响；引进、消化发达国家农产品冷链物流技术，包括项目、设备仪器等硬件，以及产权许可证贸易或软件贸易。

5. 农产品冷链物流碳排放

冷链物流主要覆盖了生产加工、冷库仓储、运输配送和批发销售四大环节，如图 10.1 所示，也是冷链物流主要的碳排放源头。

图 10.1　冷链物流环节流程

（1）在冷链生产加工环节，果蔬类产品需要在产地预冷，肉禽蛋类等产品在经过粗加工后，需要预冷和进行冷链包装，速冻产品和乳制品需要在低温环境下进行冷链加工作业。

（2）在冷库仓储环节，不同冷链产品需要对应不同的低温冷藏环境（冷却或冰冻），并保持温度控制，需要使用各种冷藏（冻）库和冷藏（冻）柜。

（3）在运输配送环节，需要根据运输距离的长短，在满足冷链物流时效性和经济性的基础之上，搭配使用最为合适的冷链运输工具和组合。

（4）在批发销售环节，各级批发商和零售商需要使用冰柜、冰箱和冷藏陈列柜等进行商品的展示和销售，为顾客自主选购提供便利。

10.1.2　建模目的与假设

当前，冷链物流所导致的碳排放问题制约了低碳经济的发展，冷链物流活动存在高碳路径依赖，缺乏相应的碳减排策略，与生态环境冲突明显，这些问题也严重制约了冷链物流的发展。而且冷链物流碳减排系统是一项复杂的系统工程，涉及多个子系统和众多影响因素，相互之间具有很强的动态复杂性关系。本章在对区域农产品冷链物流碳排放内外部影响因素定性分析的基础上，建立起相应的系统动力学模型，揭示其碳减排作用机理和关键因素，通过导入碳税和碳交易政策，进行定量化的模拟仿真和比较分析，力图寻求区域农产品冷链物流最佳碳减排路径，为冷链物流碳减排和相关政策制定提供科学依据。

在明确建模目的的基础上，为进一步简化区域农产品冷链物流碳减排系统，挖掘系统碳减排的关键因素，本书提出以下建模假设。

假设1：政府碳税收入用于填补环境治理成本，不存在税收返还。

假设2：科技环保投资能促进清洁能源的使用，直接影响冷链物流二氧化碳排放量，还能通过影响能源利用效率进而影响能源消耗量，间接影响二氧化碳排放量。

假设3：冷链物流需求量只受冷链物流生产总值影响，但不能完全转化为冷链物流实际供给作业量。

假设4：碳交易配额采取政府免费发放配额形式，不考虑碳配额拍卖情形。

10.1.3　模型分析与构建

1. 系统结构分析与模型边界确定

冷链系统结构分析如图 10.2 所示。

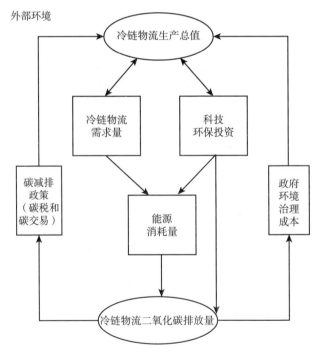

图 10.2　冷链系统结构分析

模型边界主要包含了以下变量：冷链物流生产总值、冷链物流需求量、科技环保投资、能源消耗量、冷链物流二氧化碳排放量、政府环境治理成本、碳减排政策（碳税和碳交易）。根据系统结构分析可知：冷链物流生产总值的增加，能拉动冷链物流需求量和科技环保投资的增加，投资增加对经济增长具有反作用。冷链物流需求量的增加会促进能源消耗量和二氧化碳排放量的增加，科技环保投资的增加能促进清洁能源的使用和能源效率的提高，进而减少能源消耗和二氧化碳排放。而冷链物流二氧化碳排放量的增加，会增加环境治理成本和促进碳减排政策的实施，进而影响冷链物流生产总值的变化。

2. 因果环路图的构建

区域农产品冷链物流碳减排因果环路如图 10.3 所示。

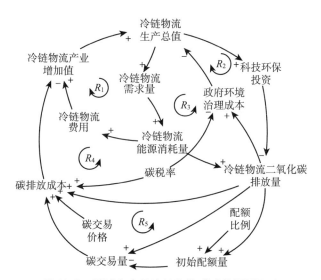

图 10.3　区域农产品冷链物流碳减排因果环路

根据系统动力学反馈环因果链分析确定反馈环的正负性，当反馈环中含有奇数个负因果链时，则为负反馈环，否则为正反馈环。正反馈环具有自我强化作用，负反馈环具有抑制和稳定作用。在该因果环路图中，包含了两个正反馈回路 R_1、R_2，3 个负反馈回路 R_3、R_4、R_5，具体有以下反馈关系。

R_1：冷链物流生产总值——（＋）冷链物流需求量——（＋）冷链物流能源消耗量——（＋）冷链物流费用——（＋）冷链物流产业增加值——（＋）冷链物流生产总值

R_2：冷链物流生产总值——（＋）科技环保投资——（－）冷链物流二氧化碳排放量——（＋）环境治理成本——（－）冷链物流生产总值

R_3：冷链物流二氧化碳排放量——（＋）环境治理成本——（－）冷链物流生产总值——（＋）冷链物流需求量——（＋）冷链物流能源消耗量——（＋）冷链物流二氧化碳排放量

R_4 和 R_5：冷链物流二氧化碳排放量——（＋）碳排放成本（碳税成本，碳交易成本）——（－）冷链物流产业增加值——（＋）冷链物流生产总值——（＋）冷链物流需求量——（＋）冷链物流能源消耗量——（＋）冷链物流二氧化碳排放量

3. 系统流图的构建

在系统结构分析和因果环路图的基础上，建立系统流图如图 10.4 所示。系统流图中主要包含的变量有：冷链物流生产总值、科技环保投资、冷链物流需求量和作业量、冷链物流能源消耗量、冷链物流费用、冷链物流产业增加值、冷链物流二氧化碳排放量、环境治理成本、碳排放成本、碳税率、初始配额量、碳交易量、碳交易价格等。

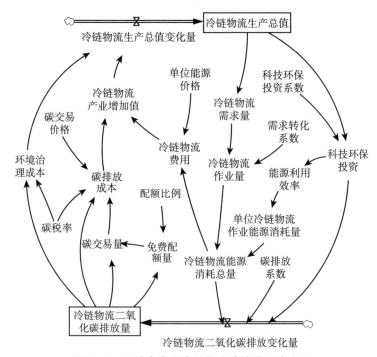

图 10.4　区域农产品冷链物流碳减排系统流图

10.1.4 方程和参数变量说明

关于方程和参数变量的说明见表 10.1。

表 10.1 模型参数变量及方程说明

序号	参数/变量	单位	参数及来源/仿真方程
1	物流业生产总值占地区生产总值比重	Dmnl	=4.6%，以近 6 年交通运输、仓储和邮电业占地区生产总值比重平均值计（来源：《江西省统计年鉴》）
2	冷链物流业占物流业生产总值比重	Dmnl	=0.1，参数估计值
3	冷链物流生产总值	亿元	= INTEG（冷链物流生产总值变化量，67.862），以 2013 年作为起始值
4	冷链物流需求量	万吨公里	=0.318285 × 冷链物流生产总值 + 14858 × 4.6% × 0.1（来源：参考文献［11］整理）
5	需求转化系数	Dmnl	=0.9，参数估计值
6	冷链物流作业量	万吨公里	=冷链物流需求量 × 需求转化系数
7	冷链物流能源消耗总量	万吨标准煤	=冷链物流作业量 × 单位冷链物流作业能源消耗量
8	冷链物流费用	亿元	=冷链物流能源消耗总量 × 单位能源价格 =0.148 ÷ 0.97 = 0.153（1480 元/吨焦煤[18]）
9	单位能源价格	亿元/万吨	《能源统计年鉴》全国主要能源折算标准表（1 吨焦煤 = 0.97 吨标准煤）
10	单位冷链物流作业能源消耗量	万吨标准煤/万吨公里	=0.06 ÷ 能源利用效率，参数估计值
11	能源利用效率	Dmnl	=0.0138 × LN（科技环保投资）+ 0.6184（$R^2 = 0.967$）（回归分析，来源：参考文献［17］整理）
12	科技环保投资系数	Dmnl	=0.01，科技环保投资占 GDP 比重为 1% 左右（来源：《江西省统计年鉴》）

序号	参数/变量	单位	参数及来源/仿真方程
13	科技环保投资	亿元	=冷链物流生产总值×科技环保投资系数
14	物流业能源消耗量	万吨	=604.8，以2013年交通运输、仓储和邮电业能源消耗量作为初始值（来源：《江西省统计年鉴》）
15	冷链物流能源消耗量 / 二氧化碳排放量占物流业比重	Dmnl	0.1，参数估计值，与冷链物流业占物流业生产总值比重设定一致
16	碳排放系数	2.459	外生数据（来源：IPCC 2006二氧化碳排放系数）
17	冷链物流二氧化碳排放变化量	万吨	=冷链物流能源消耗总量×碳排放系数－科技环保投资×10.4×0.045×0.1，每亿元科技环保投资可降低10.4万吨二氧化碳排放；物流CO_2占总排放比重为0.045（来源：参考文献［11］整理）
18	冷链物流二氧化碳排放量	万吨	=INTEG（冷链物流二氧化碳排放变化量，148.72），初始值以2013年冷链物流能源消耗量与碳排放系数之积计
19	环境治理成本	亿元	=0.0258×冷链物流二氧化碳排放量－782.15×4.6%×0.1－碳税率×冷链物流二氧化碳排放量（$R^2=0.967$）（回归分析，来源：参考文献［17］整理）
20	免费配额量	万吨	=冷链物流二氧化碳排放量×配额比例
21	配额比例	Dmnl	=0.3，外生数据（来源：国家碳减排政策及相关文献数据整理）
22	碳交易量	万吨	=冷链物流二氧化碳排放量－免费配额量
23	碳交易价格	亿元/万吨	=0.002，外生数据，参考全国7个碳交易试点交易价格，将初始值与碳税率设定一致（来源：国家碳减排政策及相关文献数据整理）

序号	参数/变量	单位	参数及来源/仿真方程
24	碳税率	亿元/万吨	= 0.002，外生数据，将初始值设为 0.002（来源：碳减排政策及文献数据整理）
25	碳排放成本	亿元	= 碳交易量×交易价格＋碳税率×冷链物流二氧化碳排放量
26	冷链物流产业增加值	亿元	= 冷链物流总费用－碳排放成本
27	冷链物流生产总值变化量	亿元	= 冷链物流产业增加值－环境治理成本

模型的主要数据来源于《江西省统计年鉴》《国家能源统计年鉴》、国家碳减排政策和相关文献整理、中国煤炭网（http://www.coal – china.com/）、《能源统计年鉴》全国主要能源折算标准表、IPCC 2006 二氧化碳排放系数、参数估计值等。将模型的仿真时间设定为 2013—2030 年，仿真步长设定为 1 年，进行实证仿真分析。

10.2 模型的检验与仿真

10.2.1 模型检验与情景设计

本书将不引进碳税和碳交易政策设置为基准情景（current），设定碳税率和碳交易价格均为 0，进行仿真模拟得出结果，选取系统中两个流位变量（冷链物流生产总值和冷链物流二氧化碳排放量），将 2013 年后的变量仿真值和实际值进行对比，计算两者误差率 $= \dfrac{|实际值 - 仿真值|}{实际值}$，对模型的可靠性和真实性进行检验，检验结果见表 10.2。

表 10.2 模型检验

年份	冷链物流生产总值			冷链物流二氧化碳排放量		
	仿真值	实际值	误差率	仿真值	实际值	误差率
2014	69.313	71.008	2.39%	168.170	167.084	0.65%
2015	71.272	73.615	3.18%	187.710	185.775	1.04%
平均误差率			2.785%	平均误差率		0.845%

由表 10.3 模型检验的结果可知，冷链物流生产总值和冷链物流二氧化碳排放量的最大误差率分别为 3.18% 和 1.04%，平均误差率分别为 2.785% 和 0.845%，误差率均小于 4%，由此可知，该模型较好地刻画了区域农产品冷链物流真实系统，具有较强的有效性和可靠性。

本章主要探讨碳税和碳交易政策对区域农产品冷链物流系统的影响，碳税政策作为碳减排价格工具，对碳税率进行调控；碳交易政策作为碳减排数量工具，重点调控碳配额比例。我国环保部规划院课题组建议碳税定为 20 元/吨二氧化碳，到 2020 年征收 50 元/吨二氧化碳。而财政部有关课题组建议 2012 年起步征收 10 元/吨二氧化碳的碳税，到 2020 年碳税税率提高至 40 元/吨二氧化碳[19]。根据国家碳减排政策和相关文献数据，本书将碳税率分别设定为 20 元/吨二氧化碳和 40 元/吨二氧化碳，配额比例分别设定为 0.3 和 0.7，通过结合全国 7 个碳交易试点城市碳交易价格综合考虑，将碳交易价格与碳税率设定一致。为探究各变量对系统的影响，具体情景设计见表 10.3。

表 10.3 不同变量对系统的影响情景设计

变量影响	科技环保投资系数	碳税率/（元/吨）	配额比例	碳交易价格/（元/吨）
基准情景（current）科技环保投资影响	0.01	0	0	0
	0.02			
碳税率影响	0.01	20	0	0
		40		
配额比例影响	0.01	0	0.3	40
			0.7	

10.2.2　模型仿真分析

1. 主要变量对系统的影响

（1）科技环保投资对系统的影响如图 10.5 所示。

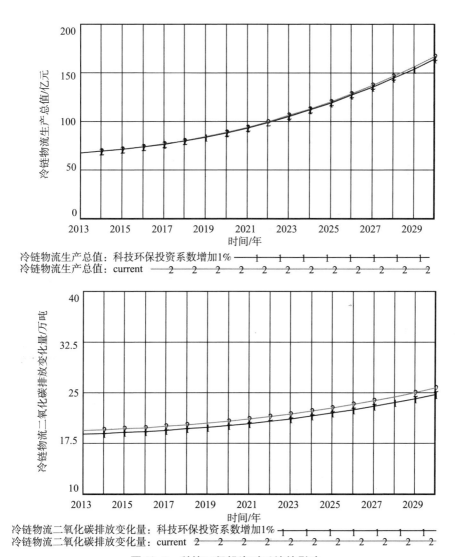

图 10.5　科技环保投资对系统的影响

当科技环保投资系数从基准情景下的1%增加至2%，冷链物流生产总值和冷链物流二氧化碳排放变化量分别下降1.01%和2.23%，冷链物流二氧化碳排放变化量的下降比重明显高于冷链物流生产总值的下降比重，这表明科技环保投资的增加对冷链物流碳减排的促进作用大于对冷链物流产业的负面冲击。

（2）碳税政策的碳税率对系统的影响如图10.6所示。

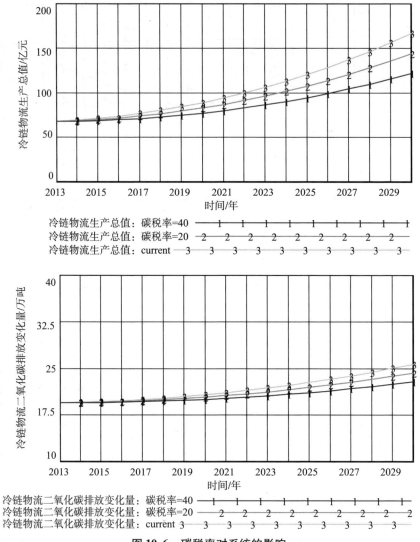

图 10.6　碳税率对系统的影响

碳税政策作为碳减排的价格工具，重点对碳税率进行调控。随着碳税率的提高，冷链物流生产总值和冷链物流二氧化碳排放变化量均有所下降，而且碳税率越高，两者的下降比重越大。当碳税率为 40 元/吨二氧化碳时，冷链物流生产总值和冷链物流二氧化碳排放变化量分别下降 26.99% 和 11.13%，这表明碳税政策在促进冷链物流碳减排的同时对冷链物流产业的负面影响也很大。

（3）碳交易政策的配额比例对系统的影响如图 10.7 所示。

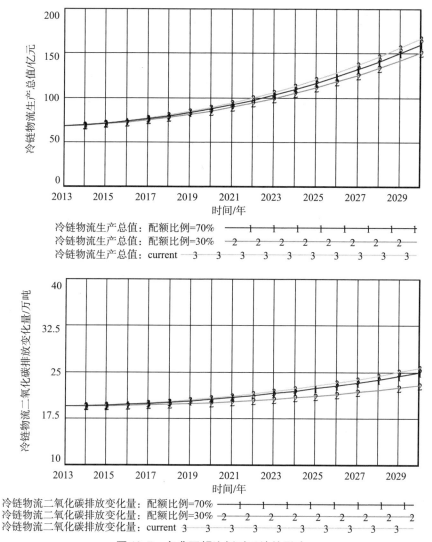

图 10.7 免费配额比例对系统的影响

碳交易政策作为碳减排的数量工具，重点调控配额比例。配额比例的下降，会带动冷链物流生产总值和冷链物流二氧化碳排放变化量降低。当配额比例为30%时，冷链物流生产总值和冷链物流二氧化碳排放变化量分别下降4.10%和6.94%，这表明碳交易配额比例的降低对冷链物流碳减排的促进作用大于对冷链物流产业的负面影响。

2. 碳税和碳交易政策碳减排效果比较

为进一步比较碳税和碳交易政策的碳减排效果，本书拟定：碳减排效果 = $\dfrac{二氧化碳减少率}{冷链物流生产总值减少率}$，以此来剔除碳减排政策对冷链物流产业经济的冲击，对政策碳减排效果进行综合评定。为方便对比，将碳税政策的标准碳税率和碳交易政策的标准碳价格均设定为40元/吨，碳交易政策的标准配额比例设定为0.5，并从长期角度将冷链物流科技环保投资增加至2%。根据模型仿真结果（如表10.4和图10.8所示），到2030年，碳税的碳减排效果值为16.91%，碳交易的碳减排效果值为28.26%。由此可见，与碳税政策比较，碳交易政策在减少冷链物流二氧化碳排放量的同时，也减弱了对冷链物流产业的负面影响，因此，长期而言，碳交易政策的碳减排效果优于碳税政策。

表10.4　　　　　　　　碳税和碳交易政策碳减排效果对比表

政策情景	碳税率	配额比例	碳交易价格	科技环保投资系数	2030年冷链物流生产总值	2030年冷链物流二氧化碳排放量	碳减排效果
current	0	0	0	0.01	166.584	514.439	—
碳税	40	0	0	0.02	120.398	490.325	16.91%
碳交易	0	0.5	40	0.02	153.662	503.158	28.26%

3. 碳税和碳交易复合政策

本书将碳交易价格设定为标准40元/吨，冷链物流科技环保投资增加至2%，设定碳税政策的高碳税率为40元/吨、低碳税率为20元/吨，碳交易政策的高配额比例为0.7、低配额比例为0.3。通过将碳税和碳交易政策进行组

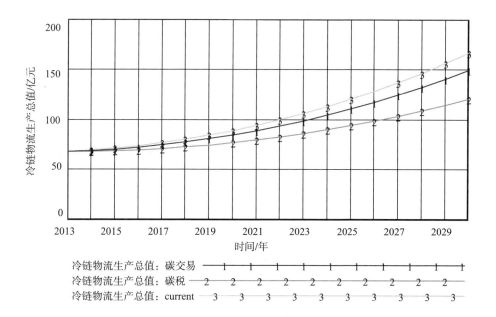

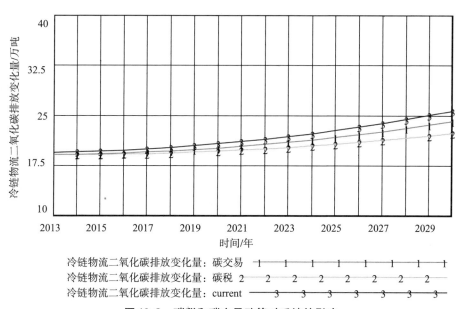

图 10.8　碳税和碳交易政策对系统的影响

合，划分为高碳税高配额、高碳税低配额、低碳税高配额和低碳税低配额四种政策情景，进行系统仿真模拟，在四种政策情景下（如表 10.5 和图 10.9 所示），到 2030 年，低碳税高配额情景的碳减排效果值最高，为 19.11%，表明在碳税和碳交易政策不同组合模式中，实施低碳税率和碳交易高配额为最佳低碳政策，是向长期碳交易政策实施过渡的最佳选择。

表 10.5　　　　　　　　　碳税和碳交易复合政策碳减排效果对比

政策情景	碳税率	配额比例	碳交易价格	科技环保投资系数	2030 年冷链物流生产总值	2030 年冷链物流二氧化碳排放量	碳减排效果
基准 current	0	0	0	0.01	166.584	514.439	—
高碳税高配额	40	0.7	40	0.02	113.828	487.783	16.36%
高碳税低配额	40	0.3	40	0.02	105.111	484.407	15.82%
低碳税高配额	20	0.7	40	0.02	135.836	496.289	19.11%
低碳税低配额	20	0.3	40	0.02	126.996	492.875	17.64%

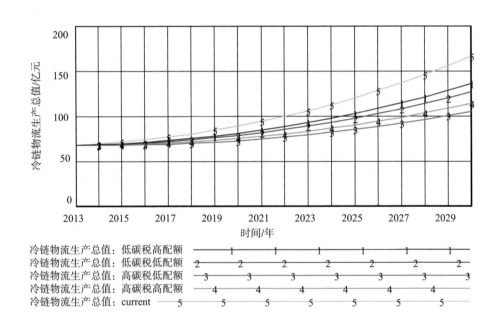

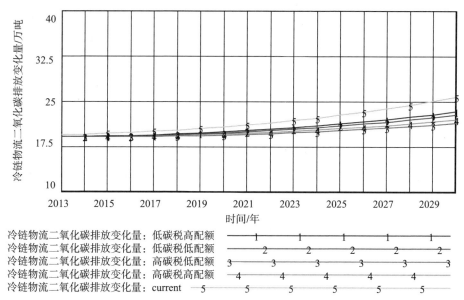

图 10.9 不同碳减排政策组合模式对系统的影响

10.3 研究结论

本章主要有以下研究结论。

（1）加大科技环保投资，是实现区域农产品物流碳减排的重要技术手段。模型仿真发现，科技环保投资系数增加 1% 时，物流行业生产总值和二氧化碳排放变化量分别下降 1.01% 和 2.23%，这表明科技环保投资的增加，对物流碳减排的促进作用大于对物流产业的负面冲击。近年来随着消费升级的拉动，我国农产品物流需求在不断增长，与之带来的碳排放和环境污染也日益严重。国家应加大科技环保投资，一方面要积极鼓励农产品物流低碳化技术研发，加快低碳冷藏和运输设备硬件的投入和使用，加强物流科技软件和信息化平台的建设，提高物流效率；另一方面应降低物流对化石能源的依赖程度，促进清洁能源的使用和提高能源利用效率，降低农产品物流二氧化碳排放量。

（2）碳税和碳交易作为当前国内外实现低碳经济的主要制度安排，能够在区域农产品物流碳减排中发挥作用。碳税政策作为碳减排的价格工具，重点对碳税率进行调控，碳税率的提高，会降低物流生产总值，并促使物流二氧化碳排放量下降。模型仿真发现，当对每吨二氧化碳征收 40 元碳税时，物流生产总值和物流二氧化碳排放变化量分别下降26.99%和11.13%，表明碳税政策在促进物流碳减排的同时，对物流产业的负面影响也很大。碳税可作为短期碳减排政策选择，长期由于对经济冲击较大，不是促进物流行业碳减排的长久之计。

（3）碳交易政策作为碳减排的数量工具，重点在于控制碳配额比例，配额比例的下降，会促进物流行业生产总值和物流二氧化碳排放量降低。模型仿真发现，当配额比例为30%时，物流行业生产总值和物流二氧化碳排放变化量分别下降4.10%和6.94%，这表明碳交易配额比例的降低对物流碳减排的促进作用大于对物流产业的负面影响。碳交易政策在实现物流碳减排的同时，降低了对经济的冲击，是促进物流行业碳减排的长期选择。

（4）本书拟定指标碳减排效果 $= \dfrac{二氧化碳减少率}{物流生产总值减少率}$，对不同政策情景下的碳减排效果进行综合评定。模型仿真发现，到2030年，碳税的碳减排效果值为16.91%，碳交易的碳减排效果值为28.26%，结合上述分析，表明长期而言碳交易政策的碳减排效果优于碳税政策，而短期内碳税政策更有效。在碳税和碳交易复合政策的四种情景中，模型仿真发现，低碳税高配额情景下的碳减排效果值最高，为19.11%，是向长期碳交易政策过渡的最佳低碳政策组合。

因此，加大科技环保投资，短期内实施碳税政策，通过低碳税和碳交易高配额政策组合，向长期碳交易政策过渡，是实现区域农产品物流碳减排的最佳低碳政策设计。

第 11 章
研究结论与展望

11.1　主要结论

在全球气候变暖和生态环境恶化的趋势下，实施相应的低碳政策、发展低碳经济，已经成为世界各国需要面临的共同难题。我国作为世界上最大的发展中国家，碳排放量位居全球首位，超过欧盟和美国的总和，减排压力十分巨大。2015年《中美气候变化联合声明》中，我国承诺于2016年制定完成下一阶段载重汽车整车燃油效率标准，并于2019年实施、到2020年城镇新建建筑中绿色建筑占比达到50%，大中城市公共交通占机动化出行比例达到30%、到2030年单位国内生产总值二氧化碳排放将比2005年下降60%～65%。而低碳政策作为实现减排目标、发展低碳经济的重要工具，在兑现我国在《中美气候变化联合声明》中的承诺将扮演着重要角色。根据2009年国际能源署发布的《运输、能源与二氧化碳：迈向可持续发展》报告显示，全球 CO_2 排放量约有25%来自交通运输，国际化标准组织（International Organization for Standardization，ISO）在2011年发布的国际产品碳足迹标准中指出，供应链生产活动产生的碳足迹占总量比例高达75%[218]。由此可见，物流产业在国民经济碳排放总量中占据着重要位置。

本书通过物流行业能源消耗、物流行业 CO_2 排放概况以及运用多元回归、SE - DEA 和 GWR 等方法对省域物流行业碳排放特征的进行分析，再通过理论政策研究、系统动力学和演化博弈论等方法对物流行业碳排放政策进行研究，得出以下几个主要研究结论。

（1）目前，我国物流业的发展与环境之间仍然处在不协调的两难区间，全国大部分地区碳排放量还没有达到阈值点，未来一段时间碳排放量还会处于增长状态，物流行业面临着巨大的减排压力。

（2）物流业能源强度、周转货物量对物流碳排放影响较大。能源强度对物流业碳排放影响较大的省域大部分都集中在西部地区，西部地区由于经济发展相对落后，人口密度相对东部较小，西部地区更应该利用当地资源环境的优势。由于周转货物量的增加所带来的碳排放增加主要来源于交通运输，因此，需要通过合理规划运输路线，运用大数据分析和物联网的云端计算技术，实现智能化物流管理，对优化物流行业结构和减少碳排放都有重要的意义。

（3）政府对物流企业的单纯的财政低碳补贴对物流企业碳减排行为没有产生非常明显的影响，意味着政府依靠单纯的补贴对遵守碳减排的物流企业进行奖励，不能对物流企业产生比较大的碳减排动力，应该结合多种手段，以当前物流企业低碳运营过程中出现的关键问题解决为出发点，做好其碳排放政策的顶层设计和科学实施，推动物流企业主动减排和低碳运营。政府初始碳监管概率越高，物流企业遵守碳减排政策的概率也会越高，这说明政府需要从源头上加强自身的行政效率，为物流企业的低碳发展创造一个健康有序的市场环境，正确把握物流企业的低碳发展方向，在政府与物流企业中形成良好的低碳长效互动机制。

（4）碳交易平台交易费用对物流企业的碳减排行为有反向抑制作用，因为碳排放权具有商品属性，自由市场形成使得碳交易平台基本是第三方机构在进行管理，政府并没有直接介入市场进行干预，若第三方机构处于盈利目的，把进入碳交易平台的费用定得过高，那么就会额外增加物流企业的隐形经营成本，扼杀物流企业的碳减排热情，所以这时政府这只"有形的手"就要对碳交易市场进行管控，在保证市场交易的灵活性的同时，让其朝着促进物流企业低碳减排方向发展。

11.2 研究不足与展望

1. 研究中的不足之处

（1）受知识、时间和资源的限制，物流碳排放的影响因素分析中未能全面、系统地把物流高碳排放的更多影响因素纳入研究范围中，仅研究了物流业的周转货物量、物流业人均 GDP 和能源强度对物流业碳排放的影响，因而关于物流碳排放影响机理的研究还需要进一步完善。

（2）由于数据资源的限制，对物流物流碳排放特征的研究，仅使用了物流业 2004—2016 年这 13 年间的统计数据，样本相对较少，使研究结果带有一定的局限性。

（3）本书借助系统动力学方法，从宏观层面构建了区域冷链农产品物流碳减排系统动力学模型，通过导入碳税和碳交易政策进行模型仿真，分析了科技环保投资系数、碳税率和碳交易配额比例等主要变量变化对系统的影响，并分别对碳税和碳交易政策的碳减排效果、碳税和碳交易复合政策不同政策情景下碳减排效果进行了比较。在确定系统边界、建立模型时进行了许多简化，许多变量未纳入模型进行考虑，因此模型与真实系统存在一定的差距。从宏观视角进行分析，研究内容还不够细化，比如，未细分物流仓储作业和运输作业，未涉及具体化石能源的消耗。

（4）政府碳监管政策不全面。本书选取了世界上目前最常用的两种政府碳监管方式，但是多数并不能代表全部，仍然有许多其他的有价值的政策方式值得花时间去深入分析，同时在讨论碳税政策和碳交易政策对物流企业行为的影响时，采取了分开讨论的方式，并没有考虑到这两种政策组合后去实施的情况。

（5）对物流企业碳减排的影响机制不够系统。本书通过系统动力学仿真软件 VENSIM 和 MATLAB 软件只对碳税政策和碳交易政策的演化博弈模型的参数进行了调控，根据仿真得出的图形，可以发现物流企业碳减排行为的影响因素，虽然各项影响因素也能反映出政府碳监管政策对物流企业行为的作用，但是不能从一个较为系统化的角度来对碳监管政策进行讨论，故而所得的结论也较为分散。

2. 研究展望

在弥补上述研究不足的基础上，本书的后续研究主要从以下几个方面展开。

（1）从理论和实践中归纳和总结出物流业碳排放的影响因素，扩展影响机理的研究范围，使影响机理的研究更完善、更全面。

（2）更加全面深入地研究物流业运营机制中各具体机制构成要素间的相互作用关系，将物流业的研究内容细化，将更多变量纳入实证研究的模型当中。

（3）设计出评价物流企业低碳运营机制的量化指标，为实证研究提供可借鉴的工具和基础，为政府提供更明确的低碳政策。

11.3　物流行业低碳政策实施的建议

通过本书前面章节的归纳、分析和总结，本书对物流行业低碳政策实施提出以下几点建议。

（1）完善物流行业的低碳政策法规和标准。政策法规，旨在促进低碳生产，稳定的、具体可操作的低碳产品标准和其他低碳法规要求的支持，可以刺激建立长期的低碳战略和投资低碳技术标准[219]。根据前面的分析，可知我国物流行业的低碳政策法规和标准还不够健全，相应的政策法规体系亟须建立。政府应科学合理地建立碳税税率和初始碳排放额度管理机制。税收作为政府强制性的宏观调控手段，若一味地想要增加政府财政收入，制定过高的碳税税率，会增加物流企业的经济负担，同时也会加大碳排放税和其他环境税种的推广普及难度，但是制定的碳税税率过低，那么就对物流企业的排放行为形不成较强的约束力，那么许多物流企业宁愿多纳税，也不愿意把低碳排放政策彻底执行到位，因此可以把碳税税率进行动态管理，在政策前中后期，征收不同的碳税税率，根据企业减排效果和政策制定者的减排目标进行动态调整。物流企业的初始碳排放配额的科学确立对政府碳交易政策的有效运作和能否实现低碳减排起到非常关键作用，无论是以企业前几年的碳排放数据为依据进行分配，还是对国家出台的总减排目标量化后，逐步分解总目标下发给各个行业都不能准确地反映出企业实际排放状态，可以结合这两种方法，建立可靠的碳排放监测系统，加强碳排放的核算和监督，及时跟进和更新企业碳排放数据，建立科学准确的企业碳排放数据库，避免物流企业碳排放数据虚高或过低，为政府分发初始碳排放配额提供正确指导。

在政策法规方面，可以在现有的物流行业政策和规划基础之上，针对其在已经实施过程中发现的问题，逐步修订完善，再加以法律化和规范化，为后续有关低碳物流的发展政策法规的出台做好充分准备和前期铺垫。但是，没有一个单一的政策，可以有效地解决所有的体制性障碍，就像分布式能源项目建设中所遇到的障碍一样，物流行业的低碳政策法规同样需要能源、交通运输等政策法规的相应配合支持[220]。在低碳物流标准方面,可以学习和借鉴国外的先进经验,促使其在国内试点实施,根据效果并加以推广,加快其本土化进程,比如学习国外成功经验对物流相关要素进行低碳指标评价,最终实现建立我国低碳物流综合评价体系的目标。

(2)积极推进物流信息化建设。物流行业碳排放核算计量困难,是物流行业多方面融合、跨区域动态性和资源分散及产业化的本质特征所造成的,提高物流信息化水平是解决这一问题的重要途径。应该大力推广 GPS、北斗卫星导航、GIS、大数据和云计算等先进的信息技术在物流行业的应用和普及,实现区域物流碳足迹的实时追踪、动态统计和有效监测,一方面增强物流产业的碳排放核算数据的准确性;另一方面解放人力,降低物流产业的碳排放计量核算成本。同时,利用先进的信息技术还能进行相关的碳排放数据分析,为物流管理部门对物流企业的监管提供相应的决策支持。

(3)构建行业主管与多部门协同机制。通过建立详细的实施计划和监测部门。创建规则是:有助于提供有关温室气体排放和低碳生产的社区与非政府组织,并使用和参与到碳减排有关的执法工作。首先应从顶层设计着手,在我国各级主管物流行业发展的行政管理部门建立碳监管的统筹协调机构和主管分部门,实现其在全国范围内的统一行政管理,解决其管理主体不清、责任不明等体制问题。首先要明确管理职能,加强物流行业的碳监管,规范物流行业的低碳发展,为推进低碳政策在全国各省各地区物流行业的实施和推行提供强有力的体制保障。物流企业和第三方碳交易平台之间可以采取合作伙伴关系的形式,从而构建出互相信任的合作机制。政府、自由交易市场、企业本来就是经济社会发展的主体,加强三方主体的合作可以解决政府、第三方机构、企业之间的信息延迟和不对称问题,实现资源共享以及碳产品各个生产与流通环节的无缝对接,避免资源无谓的损耗,降低物流企业的单位低碳成本,从而增强物流企业的低碳生产意愿,同时又加强了政府对自由碳排放交易市场的监管,让其形成对碳减排有利的买卖秩序,为物流企业创造一个健康的碳交易环境。

此外,在物流行业碳监管方面,应充分整合和利用各方资源,寻求交通部门、环境监测机构和物流行业协会等相关部门及专业人员的支持和配合,协同开展物流行业监管和考核评价工作。比如定期统计物流企业的碳排放量,以实现对区域物流活动碳排放量的有效监测,并对监测到的数据建立数据库,定期进行分析评比,对低碳物流考核中卓有成效的企业,给予一定的优惠政策激励；对于低碳化进程缓慢或者未有成效的物流企业，及时监督指导，帮助其改善[221]；对物流业务重复外包（社会化服务）等活动也必须统一纳入企业的碳排放核算体系中，避免出现碳排放的转移，对于碳排放转移的物流企业，应该给予严厉惩处和打击，防止其阻碍低碳物流政策的有效实施。

（4）加强低碳物流理念宣传和文化教育。公众低碳观念和意识的淡薄给低碳政策在物流行业的实施推行带来了较大的阻力。应当支持更广泛的低碳文化和行为模式的实施，比如个人低碳环保方面，消费者的行为应该通过教育，进一步提高低碳环保意识，给中小企业提高自身的低碳技术和碳减排能力，提供更多的财务技术支持以及低碳政策鼓励。应大力开展全社会尤其是物流人才的低碳物流教育，丰富低碳物流的宣传形式，进行大力度、多样化的宣传和引导，着力提高企业和公众的低碳意识，形成全社会低碳环保的良好风气，在潜移默化中促使物流行业和公众低碳行动的自觉实现。每个人、每个企业都应该承担低碳物流发展的社会责任，低碳物流发展与利润、成本之间不是矛盾的两个方面；相反，低碳物流发展可以为企业、社会带来巨大的经济效益、生态效益和社会效益[222]。

（5）充分学习借鉴国外优秀经验。在物流标准化和信息化建设上，可以参照德国在集装箱、托盘、运输工具等物流设施统一标准化示范，用信息网络将全国需求信息与连锁经营网络相连接，实现物流信息一体化操作；在低碳物流政策法规及标准方面，可以学习日本政府通过限制企业货车车型、实施专门针对二氧化碳排放的税制改革、出台货物的托盘使用率，货物在停留场所的滞留时间一系列实施低碳物流的具体目标值等做法，来降低物流运输工具排放对环境造成的污染。此外，美国在低碳物流业制定了大量相关的法律法规，有详细的发展规划，针对二氧化碳的排放也有严格的标准，并且建立了物流业综合运输体系，经验同样值得借鉴；同时，还可以积极引进国外 AHP 和 MFA 等先进的低碳指标评价方法，将其本土化并应用到物流行业中，构建我国低碳物流的综合评价体系。

参 考 文 献

［1］段向云. 物流服务低碳化运营机制研究［M］. 杭州：浙江大学出版社，2014.

［2］张立国. 中国物流业能源消耗与二氧化碳排放效率测度及分析［D］. 南京：南京航空航天大学，2015.

［3］IPCC. Climate Change 2007：Mitigation of Climate Change. http：//www. ipcc. cn.

［4］樊星. 中国碳排放测算分析与减排路径选择研究［D］. 沈阳：辽宁大学，2013.

［5］IPCC，. 2006 IPCC Guidelines for National Greenhouse Gas Inventories ［EB/OL］. http：//www. ipcc-nggip. Iges. or. jp/public/2006gl/index. html.

［6］陈红敏. 国际碳核算体系发展及其评价［J］. 中国人口·资源与环境，2011，21（9）：111 – 116.

［7］刘竹，耿涌，薛冰，郗凤明，焦江波. 城市能源消费碳排放核算方法［J］. 自然资源科学，2011（7）：1325 – 1330.

［8］孙建卫，赵荣钦，黄贤金，陈志刚. 1995—2005 年中国碳排放核算及其因素分解研究［J］. 自然资源学报，2010（8）：1284 – 1295.

［9］Peter C，Fiore A，Hagemann U，Nendel C. *Improving the Accounting of Field Emissions in the Carbon Footprint of Agricultural Products：a Comparison of Default IPCC Methods with Readily Available Medium-effort Modeling Approaches* ［J］. *The International Journal of Life Cycle Assessment*，2016（21）：791 – 805.

［10］李肖如，谢华生，寇文，王文美，张宁. 钢铁行业不同二氧化碳排放核算方法比较及实例分析［J］. 安全与环境学报，2016（5）：320 – 324.

［11］王海鲲，张荣荣，毕军. 中国城市碳排放核算研究——以无锡市为例［J］. 中国环境科学，2011（6）：1029 – 1038.

[12] 沈杨，胡元超，施亚岚，张千湖，张红梅，崔胜辉. 城市酒店业的碳排放核算及低碳指标分析 [J]. 环境科学学报，2017 (3)：1193 – 1200.

[13] 史祎馨. PAS 2050 规范下物流服务碳足迹研究 [J]. 物流工程与管理，2014 (5)：105 – 106.

[14] Sen P K. CO₂ *Accounting and Abatement：An Approach for Iron and Steel Industry* [J]. *Transactions of the Indian Institute of Metals*，2013 (66)：711 – 721.

[15] 冯文艳，吴雄英，丁雪梅. LCA 分配方法在纺织服装碳足迹核算中的应用 [J]. 印染，2014 (13)：39 – 42.

[16] Liptow C，Janssen M，Tillman A M. *Accounting for Effects of Carbon Flows in LCA of Biomass-based Products—exploration and Evaluation of a Selection of Existing Methods* [J]. *The International Journal of Life Cycle Assessment*，2018 (22)：1 – 16.

[17] 余艳春，邵春福，董威. 情景分析法在交通规划中的应用研究 [J]. 武汉理工大学学报，2007 (2)：304 – 307.

[18] 娄伟，李萌，董威. 情景分析法在能源规划研究中的应用 [J]. 中国电力，2012 (10)：17 – 21.

[19] 朱婧，刘学敏. 能源活动碳排放核算与减排政策选择 [J]. 中国人口·资源与环境，2016 (7)：70 – 75.

[20] 曾忠禄，张冬梅. 不确定环境下解读未来的方法：情景分析法 [J]. 情报杂志，2005 (5)：14 – 16.

[21] 于红霞，钱荣. 解读未来发展不确定性的情景分析法 [J]. 未来与发展，2006 (2)：12 – 15.

[22] 宗蓓华. 战略预测中的情景分析法 [J]. 预测，1994 (2)：50 – 51，55.

[23] 赵捧莲，杨来科，闫云凤. 中国碳排放的影响因素及测算：模型比较及文献述评 [J]. 经济问题探索，2012 (2)：131 – 136.

[24] 国家发展和改革委员会能源研究所课题组. 中国 2050 年低碳发展之路：能源需求暨碳排放情景分析 [M]. 北京：科学出版社，2009.

[25] Leontief W. Ford D. *Air Pollution and the Economic Structure：Empirical Results of Input-output Computations* [C]. Paper presented at Fifth International Con-

ference on Input-Output Techniques, January, Geneva, Switzerland, 1971.

［26］Grossman G M, Krueger A B. *Environmental impacts of a North American free trade agreement* ［J］. *Social Science Electronic Publishing*, 1991, 8（2）: 223 – 250.

［27］Casler D D, Rose A. *Carbon Dioxide Emissions in the U. S. Economy*: *A Structural Decomposition Analysis* ［J］. *Environmental and Resource Economics*, 1998（3）: 349 – 363.

［28］Chen Y Y. Wu J H. Simple Keynesian *Input-output Structural Decomposition Analysis Using Weighted Shapley Value Resolution* ［J］. *The Annuals of Regional Science*, 2008（4）: 879 – 892.

［29］闫云凤, 杨来科, 张云, 黄敏. 中国 CO_2 排放增长的结构分解分析 ［J］. 上海立信会计学院学报, 2010（5）: 83 – 89.

［30］Xia Y, Yang C H, Chen X K. *Structural Decomposition Analysis on China's Energy Intensity Change for 1987—2005* ［J］. *Journal of Systems Science & Complexity*, 2012（1）: 156 – 166.

［31］Akpan U S. Green O A. Bhattacharyya, S. Isihak S. *Effect of Technology Change on CO_2 Emissions in Japan's Industrial Sectors in the Period 1995—2005*: *An Input-Output Structural Decomposition Analysis* ［J］. *Environmental and Resource Economics*, 2015（2）: 165 – 189.

［32］周国富, 田孟, 刘晓琦. 雾霾污染、能源消耗与结构分解分析——基于混合型能源投入产出表 ［J］. 现代财经, 2017（6）: 3 – 14.

［33］王丽萍, 刘明浩. 基于投入产出法的中国物流业碳排放测算及影响因素研究 ［J］. 资源科学, 2018, 40（1）: 195 – 206.

［34］鲁万波, 仇婷婷, 杜磊. 中国不同经济增长阶段碳排放影响因素研究 ［J］. 经济研究, 2013（4）: 106 – 118.

［35］Gandar J. Loschky D. *The Impact of the Paasche-Laspeyres Choice upon Econometric Results* ［J］. *Empirical Economics*, 1995（2）: 265 – 269.

［36］孙慧钧, 孙桂娟. Laspeyres 指数与 Paasche 指数进行比较 ［J］. 财产问题研究, 1996（10）: 57 – 58.

［37］黄元生, 李慧. 基于 Laspeyres 分解法的东部地区经济增长与碳排放分析 ［J］. 华北电力大学学报, 2015（1）: 15 – 19.

[38] 刘晓洁. 贵州省碳排放核算与碳生产率评估研究 [D]. 贵阳: 贵州财经大学, 2017.

[39] 蒋金荷. 中国碳排放量测算及影响因素分析 [J]. 资源科学, 2011, 33 (4): 597-604.

[40] Ang B W, Zhang F Q. *A Survey of Index Decomposition Analysis in Energy and Environmental Studies* [J]. *Energy*, 2000, 25 (12): 1149-1176.

[41] 姜向亚. 基于 LMDI 模型的我国碳排放影响因素的区域分异研究 [D]. 开封: 河南大学, 2013.

[42] Cahill C J, Bazilian M, Gallachoir B P. *Comparing ODEX with LMDI to Measure Energy Efficiency Trends* [J]. *Energy Efficiency*, 2010 (3): 317-329.

[43] 顾阿伦, 何崇恺, 吕志强. 基于 LMDI 方法分析中国产业结构变动对碳排放的影响 [J]. 资源科学, 2016 (10): 1861-1870.

[44] 杨磊玉. 我国行业碳排放测算、结构分解及影响因素研究 [J]. 统计与决策, 2016 (2): 105-108.

[45] 林伯强, 蒋竺均. 中国二氧化碳的环境库兹涅茨曲线预测及影响因素分析 [J]. 管理世界, 2009 (4): 27-36.

[46] 刘华军, 闫庆悦, 孙日瑶. 中国二氧化碳排放的环境库兹涅茨曲线——基于时间序列与面板数据的经验估计 [J]. 中国科技论坛, 2011 (4): 108-113.

[47] 宋马林, 王舒鸿. 环境库兹涅茨曲线的中国"拐点": 基于分省数据的实证分析 [J]. 管理世界, 2011 (10): 168-169.

[48] Ehrlich P R, Holden J P. *Impact of Population Growth* [J]. *Science*, 1971, 171 (3977): 1212.

[49] 孙敬水, 陈稚蕊, 李志坚. 中国发展低碳经济的影响因素研究——基于扩展的 STIRPAT 模型分析 [J]. 审计与经济研究, 2011 (4): 85-93.

[50] 卢娜, 曲福田, 冯淑怡, 邵雪兰. 基于 STIRPAT 模型的能源消费碳足迹变化及影响因素——以江苏省苏锡常地区为例 [J]. 自然资源学报, 2011 (5): 814-824.

[51] 黄蕊, 王铮, 丁冠群, 龚洋冉, 刘昌新. 基于 STIRPAT 模型的江苏省能源消费碳排放影响因素分析及趋势预测 [J]. 地理研究, 2016 (4): 781-789.

［52］马宏伟，刘思峰，赵月霞，马开平，袁潮清. 基于 STIRPAT 模型的我国人均二氧化碳排放影响因素分析［J］. 数理统计与管理，2015（2）：243－253.

［53］Nordhaus W D. *Optimal Greenhouse-Gas Reductions and Tax Policy in the "DICE" Model*［J］. *American Economic Review*，1992，83（2）：313－317.

［54］Baranzini A，Goldemberg J，Speck S. *A Future for Carbon Taxes*［J］. *Ecological Economics*，2000，32（3）：395－412.

［55］Bruvoll A，Larsen B M. *Greenhouse-Gas Emissions in Norway：Do Carbon Taxes Work*［J］. *Energy Policy*，2004，32（4）：493－505.

［56］Lee C F，Lin S J，Chang Y F. *Effects of Carbon Taxes on Different Industries by Fuzzy Goal Programming：A Case Study of the Petrochemical-related Industries，Taiwan*［J］. *Energy Policy*，2007，35（8）：4051－4058.

［57］Metcalf G E，Weisbach D. *The Design of A Carbon Tax*［J］. *Harvard Environmental Law Review*，2009，33（2）：499.

［58］Meng S，Siriwardana M，Mcneill J. *The Environmental and Economic Impact of Carbon Tax in Australia*［J］. *Environmental and Resource Economics*，2013，54（3）：313－332.

［59］Yusuf A A，Resosudarmo B P. *On the Distributional Impact of A Carbon Tax in Developing Countries：the Case of Indonesia*［J］. *Environmental Economics and Policy Studies*，2015，17（1）：131－156.

［60］Lee S，Chewpreecha U，Pollitt H，Kojima S. *An Economic Assessment of Carbon Tax Reform to Meet Japan's NDC Target under Different nuclear assumptions using the E3ME Model*［J］. *Environmental Economics and Policy studies*，2018，20（2）：411－429.

［61］王金南，严刚，姜克隽，等. 应对气候变化的中国碳税政策研究［J］. 中国环境科学，2009，29（1）：101－105.

［62］陈诗一. 节能减排与中国工业的双赢发展：2009—2049［J］. 经济研究，2010（3）：131－143.

［63］杨超，王锋，门明. 征收碳税对二氧化碳减排及宏观经济的影响分析［J］. 统计研究，2011，28（7）：45－54.

[64] 周晟吕, 石敏俊, 李娜, 等. 碳税政策的减排效果与经济影响 [J]. 气候变化研究进展, 2011, 7 (3): 210-216.

[65] 林伯强, 刘希颖, 邹楚沅, 等. 资源税改革: 以煤炭为例的资源经济学分析 [J]. 中国社会科学, 2012 (2): 58-78.

[66] 娄峰. 碳税征收对我国宏观经济及碳减排影响的模拟研究 [J]. 数量经济技术经济研究, 2014, 32 (10): 84-96, 109.

[67] 刘宇, 肖宏伟, 吕郢康. 多种税收返还模式下碳税对中国的经济影响——基于动态CGE模型 [J]. 财经研究, 2015, 41 (1): 35-48.

[68] 吴士健, 孙向彦, 杨萍. 双重治理体制下政府碳排放监管博弈分析 [J]. 中国人口·资源与环境, 2017, 27 (12): 21-30.

[69] Stavins R N. *Transaction Costs and Tradeable Permits* [J]. *Journal of Environmental Economics and Management*, 1995, 29 (2): 133-148.

[70] Christiansen A C, Arvanitakis A, Tangen K. etc. *Price Determinants in the EU Emissions Trading Scheme* [J]. *Climate Policy*, 2005, 5 (1): 15-30.

[71] Stranlund J K. *The Regulatory Choice of Noncompliance in Emissions Trading Programs* [J]. *Environmental and Resource Economics*, 2007, 38 (1): 99-117.

[72] Perdan S, Azapagic A. *Carbon Trading: Current Schemes and Future Developments* [J]. *Energy Policy*, 2011, 39 (10): 6040-6054.

[73] Venmans F. *A Literature-based Multi-criteria Evaluation of The EU ETS* [J]. *Renewable and Sustainable Energy Reviews*, 2012, 16 (8): 5493-5510.

[74] Nazifi F. *Modelling the Price Spread between EUA and CER Carbon Prices* [J]. *Energy Policy*, 2013 (56): 434-445.

[75] Gulbrandsen L H, Stenqvist C. *The Limited Effect of EU Emissions Trading on Corporate Climate Strategies: Comparison of A Swedish and A Norwegian Pulp and Paper Company* [J]. *Energy Policy*, 2013 (56): 516-525.

[76] 汤铃, 武佳倩, 戴伟, 等. 碳交易机制对中国经济与环境的影响 [J]. 系统工程学报, 2014, 29 (5): 701-712.

[77] 任松彦, 戴瀚程, 汪鹏, 等. 碳交易政策的经济影响: 以广东省为例 [J]. 气候变化研究进展, 2015, 11 (1): 61-67.

[78] Aldy J E, Krupnick A J, Newell R G. etc. *Designing Climate Mitigation Policy* [EB/OL]. *National Bureau of Economic Research Working Paper*, http://www.nber.org/papers/w15022.pdf. 2009, 7.

[79] Cháve C A, Villena M G. Stranlund J K. *The Choice of Policy Instruments to Control Pollution Under Costly Enforcement and Incomplete Information* [J]. *Applied Economics*, 2009, 12 (2): 207 - 227.

[80] 刘小川, 汪曾涛. 二氧化碳减排政策比较以及我国的优化选择 [J]. 上海财经大学学报, 2009, 11 (4): 73 - 80, 88.

[81] 石敏俊, 袁永娜, 周晟吕, 等. 碳减排政策: 碳税、碳交易还是两者兼之? [J]. 管理科学学报, 2013, 16 (9): 9 - 19.

[82] 高杨, 李健. 考虑成本效率的碳减排政策工具最优选择 [J]. 系统工程, 2014, 32 (6): 119 - 125.

[83] 吴立波, 钱浩祺, 汤维祺. 基于动态边际减排成本模拟的碳排放权交易与碳税选择机制 [J]. 经济研究, 2014 (9): 48 - 61, 148.

[84] 魏庆坡. 碳交易与碳税兼容性分析——兼论中国减排路径选择 [J]. 中国人口·资源与环境, 2015, 25 (5): 35 - 43.

[85] 赵黎明, 殷建立. 碳交易和碳税情景下碳减排二层规划决策模型研究 [J]. 管理科学, 2016, 29 (1): 137 - 146.

[86] 芮小明, 张宗益. 我国交通运输业能源强度影响因素研究 [J]. 管理工程学报, 2012 (4): 90 - 99.

[87] 柯水发, 王亚, 陈奕钢, 刘爱玉. 北京市交通运输业碳排放及减排情景分析 [J]. 中国人口·资源与环境, 2015 (6): 81 - 88.

[88] 袁长伟, 张帅, 焦萍, 武大勇. 中国省域交通运输全要素碳排放效率时空变化及影响因素研究 [J]. 资源科学, 2017 (4): 687 - 697.

[89] 王炜. 城市交通系统可持续发展规划框架研究 [J]. 东南大学学报(自然科学版), 2001 (3): 1 - 6.

[90] 周银香. 基于系统动力学视角的城市交通能源消耗及碳排放研究——以杭州市为例 [J]. 城市发展研究, 2012 (9): 99 - 105.

[91] 常世彦, 胡小军, 欧训民, 等. 我国城市间客运交通能源消耗趋势的分解 [J]. 中国人口·资源与环境, 2010, 20 (3): 24 - 29.

[92] 张秀媛, 杨新苗, 闫琰. 城市交通能耗和碳排放统计测算方法研究 [J]. 中国软科学, 2014 (6): 142 – 150.

[93] 朱长征, 曹英, 赵亮. 基于 LMDI 模型的西安市城市交通碳排放影响因素研究 [J]. 城市发展研究, 2017 (6): 85 – 87.

[94] 张立国, 李东, 龚爱清. 中国物流业全要素能源效率动态变动及区域差异分析 [J]. 资源科学, 2015, 37 (4): 754 – 763.

[95] Dai Y H, Gao O. *Energy Consumption in China's Logistics Industry: A Decomposition Analysis Using the LMDI Approach* [J]. *Transportation Research Part D: Transport and Environment*, 2016 (46): 69 – 80.

[96] Zajac P. *The Idea of the Model of Evaluation of Logistics Warehouse Systems with Taking Their Energy Consumption Under Consideration* [J]. *Archives of Civil and Mechanical Engineering*, 2011, 11 (2): 479 – 492.

[97] 张诚, 周安, 张志坚. 低碳经济下物流能源效率与结构调整研究——基于技术差异视角 [J]. 生态经济, 2014, 30 (9): 59 – 63.

[98] 武富庆, 韩凤晶, 黄永涛. 物流发展、物流能源消耗与产业结构: 基于 VAR 模型的实证研究 [J]. 南京工业大学学报, 2016 (3): 123 – 128.

[99] 戴定一. 物流与低碳经济 [J]. 中国物流与采购, 2008 (21): 24 – 25.

[100] 徐旭. 低碳物流的内涵、特征及发展模式 [J]. 商业研究, 2011 (4): 183 – 187.

[101] 杨辰晨, 何伦志. 我国低碳物流发展的内涵、特征、问题及对策 [J]. 商业经济研究, 2015 (32): 38 – 40.

[102] 汤中明, 周玲. 物流业发展对低碳经济影响的实证研究 [J]. 生态经济, 2016, 32 (11): 84 – 87.

[103] 范璐. 低碳物流发展路径研究 [J]. 中国流通经济, 2011 (8): 46 – 51.

[104] 李丽. 京津冀低碳物流能力评价指标体系构建——基于模糊物元法的研究 [J]. 现代财经 (天津财经大学学报), 2013, 33 (2): 72 – 81.

[105] 李蜀湘, 陆小成. 中国低碳物流金融支持模型研究 [J]. 中国流通经济, 2010 (2): 27 – 30.

[106] 李进. 基于可信性的低碳物流网络设计多目标模糊规划问题 [J]. 系统工程理论与实践, 2015 (6): 1482 – 1492.

［107］林君暖. 低碳经济下物流优化设计的网络均衡简析 ［J］. 农业经济与科技，2017（1）：74.

［108］刘龙政，潘照安. 中国物流产业碳排放驱动因素研究 ［J］. 商业研究，2012（7）：189－196.

［109］李创，咎东亮. 基于 LMDI 分解法的我国运输业碳排放影响因素实证研究 ［J］. 资源开发与市场，2016，32（5）：518－521.

［110］杨建华，高卉杰. 北京城市物流业碳排放及驱动因素研究 ［J］. 数学的实践与认识，2016（6）：54－61.

［111］金凤花，马洪伟，朱培培.1997—2014 年区域物流碳排放影响因素分析 ［J］. 开发研究，2016（5）：89－92.

［112］Woensel T V, Creten R, Vandaele N. *Managing the Environmental Externalities of Traffic Logistics：The Issue of Emissions* ［J］. *Production and Operations Management*，2001（10）：207－223.

［113］Palmer A. *An Integrated Routing Model to Estimate Carbon Dioxide Emissions from Freight Vehicles* ［C］. Logistics Research Network 2007 Conference Proceedings，Hull：University of Hull，2007：27－32.

［114］Ubeda S, Arcelus F J, Faulin J. *Green Logistics at Eroski：A Case Study* ［J］. *International Journal of Production Economics*，2010（3）：1－8.

［115］Piecyk M I, McKinnon A C. *Forecasting the Carbon Footprint of Road Freight Transport in 2020* ［J］. *International Journal of Production Economics*，2009（9）：1－12.

［116］Hickman R, Ashiru O, Banister D. *Transport and Climate Change：Simulating the Options for Carbon Reduction in London* ［J］. *Transport Policy*，2010，17（2）：110－125.

［117］王晓华. 基于 LEAP 模型的北京市物流发展对节能减排影响研究 ［D］. 北京：北京交通大学，2009.

［118］温宗国，李瑞娟，黄丽雅，等. 中国公路交通系统的物质代谢分析 ［J］. 清华大学学报（自然科学版），2009，49（9）：84－87.

［119］朱松丽. 北京、上海城市交通能耗和温室气体排放比较 ［J］. 城市交通，2010，8（3）：58－63.

[120] 孙玮珊，杨斌. 基于模糊数学的不确定性绿色物流网络设计 [J]. 合肥工业大学学报（自然科学版），2014，37（5）：624－630.

[121] 钟聪儿，邱荣祖. 综合考虑碳排放与运输费用的配送路径优化 [J]. 数学的实践与认识，2016，46（21）：89－94.

[122] 潘双利，祝海波，郑贵军. 区域物流低碳化发展的思路与对策 [J]. 特区经济，2011（12）：243－245.

[123] 刘慧，杨超，杨珺. 基于成本—碳排放权衡的物流网络设计问题研究 [J]. 工业工程与管理，2013，18（5）：61－66，73.

[124] 唐丽敏，曾颖，王成武，曹荻. 基于系统动力学的物流节能减排政策模拟 [J]. 系统工程，2013，31（6）：87－94.

[125] 李碧珍，叶琪. 福建省低碳物流发展的影响因子评价——基于网络层次分析法 [J]. 福建师范大学学报（哲学社会科学版），2014（3）：14－20.

[126] 张华. 京津冀协同发展视角下的低碳物流发展对策探析 [J]. 改革与战略，2016，32（9）：118－120.

[127] 世界资源研究所，世界可持续发展工商理事会，中国标准化研究院. 温室气体核算体系：产品寿命周期核算与报告标准 [M]. 北京：中国质检出版社，2013.

[128] 国家统计局国民经济核算司. 中国投入产出表（1997—2012）[M]. 北京：中国统计出版社，2016.

[129] Schaltegger S, Sturm A. *Ecology Induced Management Decision Support. Starting Points for Instrument Formation* [R]. Basel：WWZ，1989.

[130] WSCSD. *Eco-efficient Leadership for Improved Economic and Environmental Performance* [R]. Geneva：WBCSD，1996.

[131] Hoffren J. *Measuring the Eco-efficient of Welfare Generation in a National Economy* [D]. Tampere：Tampere University，2001.

[132] 周国梅，彭昊，曹凤中. 循环经济和工业生态效率指标体系 [J]. 城市环境与城市生态，2003，16（6）：201－203.

[133] 刘丙泉，李雷鸣，徐小峰. 基于 DEA 交叉评价的山东省区域生态效率评价研究 [J]. 华东经济管理，2010，24（12）：38－41.

[134] 王宏志，高峰，刘辛伟. 基于超效率 DEA 的中国区域生态效率评价 [J]. 环境保护与循环经济，2010（6）：64－67.

［135］杨斌.2000—2006 年中国区域生态效率研究——基于 DEA 方法的实证分析［J］.经济地理，2009，29（7）：1197 – 1202.

［136］戴铁军，陆钟武.钢铁企业生态效率分析［J］.东北大学学报（自然科学版），2005，26（12）：1168 – 1173.

［137］盛昭瀚，朱乔，吴广谋.DEA 理论、方法与应用［M］.北京：科学出版社，1996.

［138］Andersen P，Petersen N C. *A Procedure for Ranking Efficient Units in Data Envelopment Analysis*［J］. *Management Science*，1993，39（10）：1261 – 1264.

［139］周叶，王道平，赵耀.我国省域物流作业的 CO_2 排放量测评及其低碳化对策研究［J］.中国人口·资源与环境，2011（9）：81 – 87.

［140］赵希和，周叶，刘晨晨，白晓松.我国省域物流行业 SO_2 排放量的测评与减排对策分析究［J］.物流技术，2014（10）：166 – 169.

［141］周叶，张孟晓，杨洁.基于 SE – DEA 的省域物流行业生态效率研究［J］.北京交通大学学报（社会科学版），2015，14（4）：99 – 106.

［142］Duan Y L. *The Empirical Study between Economic Growth and Environmental Pollution in China's Municipalities*［J］. *International Business and Management*，2014，9（1）：44 – 61.

［143］Kaika D，Zervas E. *The Environmental Kuznets Curve（EKC）theory—Part A：Concept，Causes and the CO_2 Emissions Case*［J］. *Energy Policy*，2013，62（5）：1392 – 1402.

［144］Babu S S，Datta S. *The Relevance of Environmental Kuznets Curve（EKC）in A Framework of Broad-based Environmental Degradation and Modified Measure of Growth—a Pooled Data Analysis*［J］. *International Journal of Sustainable Development & World Ecology*，2013，20（4）：335 – 341.

［145］Park S，LeeY. *Regional model of EKC for air pollution：Evidence from the Republic of Korea*［J］. *Energy Policy*，2011，39（10）：5840 – 5849.

［146］Salih T K. *Testing the Tourism-induced EKC Hypothesis：The Case of Singapore*［J］. *Economic Modelling*，2014（8），41：383 – 391.

[147] Al-mulaliU，Choong WW，Low ST，Abdul HM. *Investigating the Environmental Kuznets Curve（EKC）Hypothesis by Utilizing the Ecological Footprint as an Indicator of Environmental Degradation* [J]. *Ecological Indicators*，2015（1），48：315 –323.

[148] ZhaoY B，Wang S J，Zhou C S. *Understanding the Relation between Urbanization and the Eco-environment in China's Yangtze River Delta Using an Improved EKC Model and Coupling Analysis* [J]. *Science of the Total Environment*，2016，571（11）：862 –875.

[149] 陈勇，李首成，税伟，康银红. 基于 EKC 模型的西南地区农业生态系统碳足迹研究 [J]. 农业技术经济，2013（2）：120 –128.

[150] 何为，刘昌义，刘杰，郭树龙. 环境规制、技术进步与大气环境质量——基于天津市面板数据实证分析 [J]. 科学学与科学技术管理，2015（5）：51 –61.

[151] 赵爱文，李东. 中国碳排放的 EKC 检验及影响因素分析 [J]. 科学学与科学技术管理，2012（10）：107 –115.

[152] 赵爱文，何颖，王双英. 中国能源消费的 EKC 检验及影响因素 [J]. 系统管理学报，2014，23（3）：416 –422.

[153] 田素妍，郑微微，周力. 中国畜禽养殖业低碳清洁技术的 EKC 假说检验 [J]. 中国人口资源与环境，2012，22（7）：28 –33.

[154] 罗能生，刘滔. 需求结构对我国环境质量影响的实证研究 [J]. 中国软科学，2014（12）：38 –47.

[155] 段向云. 物流企业低碳化发展的影响机理与运营机制研究 [D]. 天津：天津财经大学，2011.

[156] Pachauri，R. K.，Reisinger，A. *Climate Change* 2007：*Synthesis Report* [R]. Geneva，Switzerland：IPCC，2007.

[157] 陈诗一. 能源消耗、二氧化碳排放与中国工业的可持续发展 [J]. 经济研究，2009（4）：41 –55.

[158] 王铮. 气候保护及其对社会经济影响的模拟研究 [J]. 地理研究，2010（11）：1921 –1931.

[159] Ang，BW. *Decomposition Analysis for Policymaking in Energy：Which is the Preferred Method* [J]. *Energy Policy*，2004（32）：1131 –1139.

［160］Reitler, W. Rudolph, M. Schaefer, H. *Analysis of the Factors Influencing Energy Consumption in Industry*: *A Revised Method* ［J］. *Energy Economics*, 1987, 14 (1): 49 – 56.

［161］Howarth, R B. Schipper, L. Duerr, P A. *Manufacturing Energy Use in Eight OECD Countries* ［J］. *Energy Economics*, 1991, 13 (2): 135 – 142.

［162］Kaya, Y. *Impact of Carbon Dioxide Emission on GNP Growth*: *Interpretation of Proposed Scenarios* ［R］. Presentation to the Energy and Industry Subgroup, Response Strategies Working Group, IPCC, 1989.

［163］Birdsall N. *Another Look at Population and Global Warming Population*, *Health and Nutrition Policy Research* ［C］. Working Paper, Washington, DC: World Bank, WPSl020, 1992.

［164］Chang T C, Lin S J. *Grey Realation Analysis of Carbon Dioxide Emission from Industrial Production and Energy Uses in Taiwan* ［J］. *Journal of Environmental Management*, 1999, 56 (4): 247 – 257.

［165］Anselin, L. and R. J. G. M. Florax. *Small sample properties of tests for spatial dependence in regression models*: *Some further results* ［M］. Berlin: Springer-Verlag, 1995.

［166］Burnett J W. , Bergstrom J C. , Dorfman J H. *A Spatial Panel Data Approach to Estimating U. S. State-level Energy Emissions* ［J］. *Energy Economics*, 2013, 40 (11): 396 – 404.

［167］Marbuah G. , Amuakwa-Mensah F. *Spatial Analysis of Emissions in Sweden* ［J］. Energy Economics, 2017, 68 (10): 383 – 394.

［168］肖宏伟，易丹辉，张亚雄. 中国区域碳排放空间计量研究 ［J］. 经济与管理，2013 (12): 53 – 62.

［169］付云鹏，马树才，宋琪. 中国区域碳排放强度的空间计量分析 ［J］. 统计研究，2015 (6): 67 – 73.

［170］高鸣，宋洪远. 中国农业碳排放绩效的空间收敛与分异——基于 Malmquist-luenberger 指数与空间计量的实证 ［J］. 经济地理，2015 (4): 142 – 185.

[171] 韩峰，谢锐．生产性服务业集聚降低碳排放了吗？——对我国地级及以上城市面板数据的空间计量分析 [J]．数量经济技术经济研究，2017 (3)：40 – 58.

[172] 姜磊，季民河．中国区域能源压力的空间差异分析——基于 STIR-PAT 模型 [J]．区域经济，2011 (4)：64 – 70.

[173] Diet T，Rosa E A. *Rethinking the Environmental Impacts of Population, Affluence, and Technology* [J]. *Human Ecology Review*，1994 (1)：277 – 300.

[174] 丁唯佳，吴先华，孙宁，王桂芝，巢惟忐．基于 STIRPAT 模型的我国制造业碳排放影响因素研究 [J]．数理统计与管理，2012，31 (3)：499 – 506.

[175] 苏方林．中国 R&D 与经济增长的空间统计分析 [D]．上海：华东师范大学，2005.

[176] Lesage J P. *A family of geographically weighted regression models* [M]. Berlin：Springer Berlin Heidelberg，2004.

[177] 卢亚灵，蒋洪强，黄季夏，徐丽芬．基于 GWR 的中国地级城市 SO_2 年均质量浓度模拟 [J]．生态环境学报，2014，23 (8)：1305 – 1310.

[178] 陈志建，王铮．中国地方政府碳减排压力驱动因素的省际差异 [J]．资源科学，2012，34 (4)：718 – 724.

[179] 魏艳旭，孙根年，李静．基于技术进步的中国能源消耗与经济增长：前后两个 30 年的比较 [J]．资源科学，2011，33 (7)：1338 – 1345.

[180] Brunsdon C，Fotheringham S，Charlton M. *Geographically Weighted Regression* [J]. *Journal of the Royal Statistical Society：Series D (The Statistician)*，1998，47 (3)：431 – 443.

[181] 吴玉鸣，李建霞．省域经济增长与电力消费的局域空间计量经济分析 [J]．地理科学，2009，29 (1)：30 – 34.

[182] Akaike H. *Information Theory and An Extension of the Maximum Likelihood Principle* [D]. *Budapest：International Symposium on Information Theory*，1992 (1)：610 – 624.

[183] Fotheringham A S，Brunsdon C，Charlton M. *The analysis of spatially varying relationship* [M]. New Jersery：Jone Wiley & Sons，LTD，2002.

［184］Zsidisin G A, Siferd S P. *Environmental Purchasing*：*Framework for Theory Development*［J］. *European Journal Purchasing & Supply Management*, 2001, 7（1）：61 – 73.

［185］Ken Green, Barbara Morton, Steve New. *Greening Organizations Purchasing Consumption And Innovation*［J］. *Organization & Environment*, 2000, 13（2）：206 – 225.

［186］Jeremy Hall. *Environmental Supply Chain Dynamics*［J］. *Journal of Cleaner Production*, 2000, 8（6）：455 – 471.

［187］叶蕾, 麦强, 王晓宁, 安实. 国外物流节能减排措施综述［J］. 城市交通, 2009, 7（5）：27 – 31, 84.

［188］张娜, 蔡睿贤. SO_2、NO_x 与 CO_2 排气罚款的应有数量级［J］. 中国电机工程学报, 1997（4）：2 – 6.

［189］Gerard P. Cacho, Robert Swinney. *The Value of Fast Fashion*：*Quick Response, Enhanced Design, and Strategic Consumer Behavior*［J］. *Management Science*, 2011, 57（9）：778 – 795.

［190］Hadi Moghimi, Ghadikolaei, et al.. *Integrated Day-ahead and Hour-ahead Operation Model of Discos in Retail Electricity Markets Considering DGs and* CO_2 *Emission Penalty Cost*［J］. *Applied Energy*, 2012, 95（6）：174 – 185.

［191］［希］亚里士多德. 尼各马可伦理学［M］. 廖申白, 译. 北京：商务印书馆, 2003.

［192］聂华林, 周建鹏, 张华. 基于减排效应的能源类企业碳税政策的优化选择研究［J］. 资源科学, 2011（10）：1906 – 1913.

［193］范允奇, 王文举. 欧洲碳税政策实施对比研究与启示［J］. 经济学家, 2012（7）：96 – 104.

［194］段茂盛, 张芃. 碳税政策的双重政策属性及其影响：以北欧国家为例［J］. 中国人口·资源与环境, 2015（10）：23 – 29.

［195］于维生, 张志远. 中国碳税政策可行性与方式选择的博弈研究［J］. 中国人口·资源与环境, 2013（6）：8 – 15.

［196］马晓哲, 王铮, 唐钦能, 朱永彬. 全球实施碳税政策对碳排放及世界经济的影响［J］. 气候变化研究进展, 2016（3）：217 – 229.

［197］王璟珉，李晓婷，居岩岩．碳交易市场构建、发展与对接研究：低碳经济学术前沿发展［J］．山东大学学报（哲学社会科学版），2017（1）：148－160.

［198］闫云凤．全球碳交易市场对中国经济—能源—气候系统的影响评估［J］．中国人口·资源与环境，2015（1）：32－39.

［199］上海市人民政府．上海出台碳排放管理办法［J］．建材发展导向，2013（6）：67.

［200］徐大伟，涂少云，常亮，等．基于演化博弈的流域生态补偿利益冲突分析［J］．中国人口·资源与环境，2012（2）：8－14.

［201］郭本海，方志耕，刘卿．基于演化博弈的区域高耗能产业退出机制研究［J］．中国管理科学，2012（4）：79－85.

［202］朱庆华，王一雷，田一辉．基于系统动力学的地方政府与制造企业碳减排演化博弈分析［J］．运筹与管理，2014，23（3）：71－82.

［203］徐建中，吕希琛．低碳经济下政府、制造企业和消费群体决策行为演化研究［J］．运筹与管理，2014，6（23）：81－91.

［204］Tian, Y. Govindan, K. Zhu, Q. A System Dynamics Model Based on Evolutionary Game Theory for Green Supply Chain Management Diffusion Among Chinese Manufacturers［J］. Journal of Cleaner Production, 2014, 80（1）：96－105.

［205］朱怀念，张光宇，张成科．机会主义下协同创新行为的演化博弈仿真分析［J］．科技管理研究，2016（4）：13－18.

［206］Barari, S. Agarwal, G.（Chris）Zhang, W. etc. A Decision Framework for the Analysis of Green Supply Chain Contracts：An Evolutionary Game Approach［J］. Expert Systems with Applications, 2012, 39（3）：2965－2976.

［207］张伟，周根贵，曹柬．政府监管模式与企业污染排放演化博弈分析［J］．中国人口·资源与环境，2014（S3）：108－113.

［208］王芹鹏，赵道致，何龙飞．供应链企业碳减排投资策略选择与行为演化研究［J］．管理工程学报，2014（3）：181－189，180.

［209］张宏娟，范如国．基于复杂网络演化博弈的传统产业集群低碳演化模型研究［J］．中国管理科学，2014（12）：41－47.

［210］Xiao，Z. Jiang，J. Zhu，Y. Ming，Z. Zhong，S. Cai，S. *A Solution of Dynamic VMs Placement Problem for Energy Consumption Optimization Based on Evolutionary Game Theory* ［J］. *Journal of Systems and Software*，2015（101）：260 - 272.

［211］郑君君，闫龙，张好雨，等. 基于演化博弈和优化理论的环境污染群体性事件处置机制［J］. 中国管理科学，2015（8）：168 - 176.

［212］张国兴，程素杰，汪应洛. 消费者对不同排量汽车购买行为的演化研究［J］. 中国管理科学，2015（8）：148 - 157.

［213］吴虹雨，毛德华，冯立攀. 城市土地低碳利用中政府、企业和消费者的演化博弈分析［J］. 地域研究与开发，2015，34（2）：125 - 129.

［214］Zhao. R，Zhou. X. Han，J. Liu，C. *For the Sustainable Performance of the Carbon Reduction Labeling Policies under an Evolutionary Game Simulation* ［J］. *Technological Forecasting and Social Change*，2016（112）：262 - 274.

［215］钟永光，贾晓菁，李旭. 系统动力学［M］. 北京：科学出版社，2010.

［216］武春友，郭玲玲，于惊涛. 区域旅游生态安全的动态仿真模拟［J］. 系统工程，2013，31（2）：94 - 99.

［217］甘筱青，高阔. 生猪供应链模式的系统动力学仿真及对策分析［J］. 系统科学学报，2012，20（3）：46 - 49.

［218］李剑，苏秦. 考虑碳税政策对供应链决策的影响研究［J］. 软科学，2015（3）：52 - 58，83.

［219］Yong Liu. *Barriers to the Adoption of Low Carbon Production：A Multiple-case Study of Chinese Industrial Firms* ［J］. *Energy Policy*，2014（67）：412 - 421.

［220］Jian Liu，Run Wang，Yanwei Sun，etc.. *A Barrier Analysis for the Development of Distributed Energy in China：A Case Study in Fujian Province* ［J］. *Energy Policy*，2013（60）：262 - 271.

［221］罗凌妍. 低碳物流发展研究——基于国外低碳物流发展经验的借鉴［J］. 环境科学与管理，2015（7）：1 - 5.

［222］高辉. 低碳物流发展的文化思考［J］. 科技管理研究，2015（12）：247 - 250.